每天的生活，都是靈魂的精心創造

You create your own reality.

每天的生活，都是靈魂的精心創造

You create your own reality.

You create your own reality.

每 天 的 生 活 ， 都 是 靈 魂 的 精 心 創 造

粉賽斯 3

一日一修練
——重新找回你的感覺

主講——許添盛
執筆——戴禹鑌
總編輯——李佳穎
責任編輯——管心
校對——謝惠鈴
美術設計——唐壽南
版面構成——黃鳳君
內頁攝影——呂秀甜
發行人——許添盛
出版發行——賽斯文化事業有限公司
地址——新北市新店區中央七街 26 號 4 樓
電話——22196629
傳真——22193778
郵撥——50044421
版權部——陳秋萍
數位出版部——李志峯
行銷業務部——李家瑩
網路行銷部——高心怡
法律顧問——北辰著作權事務所
印刷——鴻柏印刷事業股份有限公司
總經銷——吳氏圖書股份有限公司
地址——新北市中和區中正路 788-1 號 5 樓
電話——32340036　傳真——32340037
2016 年 9 月 1 日　初版一刷
2020 年 7 月 1 日　初版四刷
售價新台幣 450 元（缺頁或破損的書，請寄回更換）

ISBN 978-986-6436-93-2
賽斯文化網站 http://www.sethtaiwan.com

One Practice A day, Brighten Your Way, Book 3

一日一修練

重新找回你的感覺

許添盛醫師◎主講
戴禹鑌◎執筆

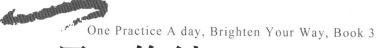

關於賽斯文化

發行人　許添盛 醫師

我是個腳踏實地的理想主義者。賽斯文化，是為了推廣賽斯心法及身心靈健康理念而成立的文化事業，希望透過理性與感性層面，召喚出人類心靈的「愛、智慧、內在感官及創造力」，讓每位接觸我們的讀者，具體感受「每天的生活，都是靈魂的精心創造」（You create your own reality）。我們計畫出版符合新時代賽斯精神之書籍、有聲書、影音商品及生活用品，並提攜新進的身心靈作家，致力於賽斯思想及身心靈健康觀念的推廣，期待與大家攜手共創身心靈健康新文明。

一日一修練

重新找回你的感覺

One Practice A day, Brighten Your Way, Book 3

目錄

關於賽斯文化

八月

九月

十月

愛的推廣辦法

八月

Aug.
1

應無所住而生其心

賽斯在《早期課》中，曾提到「解離」的概念，如果自我太過關切日常實際的事務，過度受制於負面的反應，然後因為它的執著，會創造屬於它自己的恐懼模式，於是恐慌、痛苦與不安被自我投射出來，整個人就會處於那些感覺裡。

進一步的說，自我與內我的關係就好比樹皮與樹的內在。解離的概念可以視為樹皮和樹內部之間微小的距離，樹皮如果是柔軟有彈性的，不但可保護樹的內在，也可隨著它一起生長；但若樹皮為了怕暴風雨的侵襲，而想要硬化來對抗天氣，就將善意保護樹的精神扭曲，戕害樹的成長空間，反而置樹於死地。

當我們的世界越來越走向自我意識的路線，就是什麼事情都一直要追求效益、很快的看到成效，用這種過度實際的方式，去處理人生重大的問題，反而最後會失落得更多，也是我們最大痛苦的根源。譬如，我們每天都在處理種種事情，賺錢、孩子的學業、健康的問題，甚至是經營一家公司，如果跟事情產生太強的關聯、過度關心時，就會與之連結過深，「執著」於焉產生，然後自我意識強勢起來，想要用最實際、直接的方法，控制事情往它要的方向走。

殊不知，創造不是自我意識之專長，它只能狹隘地看到事件的一小部分。自我意識最擅長的是計較利弊得失，會很快的從這個世界收集到負面訊息，根據外在的效果產生回饋，如果業績、健康、孩子學業等等不如預期，會因為過度執著，而把自己變得焦慮、恐懼跟不安，這叫關心則亂。比如，你越執著於拚命想改善與太太的關係、拚命想幫孩子安排一個未來，偏偏經常會發生令人意想不到的事情，讓你措手不及。自我意識忽略了真正造成外在效應的，是內在心靈。而當自我意識被打擊到的時候，它就開始不信任內心世界了，所以通常成功的人有個特質，他不會被眼前的現實所擊敗。

自我意識只願意相信看得到的，看不到的當作不存在，人類幾乎已被自我意識掌控跟催眠了。而自我意識只有一個邏輯，「給我看到最明顯實際的效果，否則我根本就不相信。」例如對自我意識而言，人死掉就沒有了、不存在了，因為已看不到了。可是心靈是所有一切存在背後的能量，我們看不到風，難道就認為風不存在嗎？信心、勇氣或愛是肉眼看不到的，可是我們能否定它們的效應嗎？心靈是自我不可見的自己，但我們可以透過它的效應，而感受到它存在的本質。所以你要開始去注重所產生的效應，藉由你所感受到的感覺，知道其背後有一個心靈的實相。

而有沒有可能我們都開始以一種不執著的心態，似有心若無意地去賺錢、創業、學習、治療疾病、關心孩子的未來與前途。因為當自我意識太目的性、太斤斤計較、

太以成效為考量，密切聚焦在問題上，容易陷入恐慌焦慮的陷阱裡，以致忽略了心靈的力量。我們必須以一種好像不實際的心態，來解決最實際的問題。所謂的「解離」，就像樹皮與樹木之間一定要有空隙，所以要保持自身與最煩惱、最關心的事情之間的空隙。因為當我們的心被捲進去了，例如賺不到錢、離婚會不會死定了，或者生病治不好怎麼辦，就會陷入恐慌，而立刻去找所有最實際的解決方法，一旦掉入這個陷阱，反而壓制住潛意識蘊藏的潛能，真正的心靈力量是出不來的。

這並不是說，我們遇到困難或阻礙就撒手不管的放棄，而是以一種不執著的心、出離心、「應無所住而生其心」的心，來面對生命中最實際的事情，可能一開始不知道有什麼方法去解決事情，最後它反而會在實際的世界當中產生很好的效應。就像楊過的「黯然銷魂掌」，在理性思維下無法施展，必須在似有意若無意的時機，才能發揮其作用。「有心栽花花不開，無心插柳柳成蔭」，但還是要去插柳啊！沒插柳什麼都是空談，還是需要行動，憑信心而行，但重點是在「應無所住而生其心」的心，來達到人生的目標。

以「應無所住而生其心」的心去體驗，全力以赴，可是並不執著一定要在什麼時間達到什麼進度或成效，才覺得是成功的。例如你不直接為了賺錢而賺錢，反而會賺到越多的錢；或你不直接為了挽留一個人而挽留他，最後他仍會在你身邊。你不直接以最現實的方式去計算一個東西，最後是你得到的最多，因為其背後是你對宇宙本質的信任。

要如何解離呢？賽斯建議了幾種方式，一趟旅行、練練瑜伽、做做呼吸練習、多親近大自然。其實像藝文活動、冥想靜心、看書和電影等等也很好，就是從事一些不相關的事情，好像在浪費時間，沒有生產價值，其實是擺脫自我意識的束縛。

「應無所住而生其心」是個意境，如想體會覺察，便需要多做感覺基調，以及心理時間的練習。在《早期課2》裡面，賽斯非常要求魯柏他們練習運用心理時間，因為當心理時間被利用時，物質世界的偽裝就會變少，內在感官就能發展，可見修習心理時間相當重要。所謂的心理時間屬於內我，是內在感官的一部分；它是一條天然通道，作用是來回內在與外在世界的一條捷徑，任何來自內在感官的這種通訊，都會存在於我們的心理時間內。

心理時間是在睡眠的夢中裡，以及我們醒時意識安靜的時候運作。例如在一個夢裡，你好像經歷了兩天的時間，身體上卻並沒有變老兩天。又比如在意識清醒時，用任何五分鐘的心理時間，可以找到等同鐘錶一小時的休息。適當利用心理時間，不僅會引領你到內在世界，還會防止你在物質世界裡被催趕。在心理時間的架構內，你會發現一種安靜沉著的平安；你會看到鐘錶和你一度以為的內在時間一樣，如夢似幻，稍縱即逝。你更會發現你的全我們在其他的世界裡，同時向內和向外窺視，發現所有的時間都是同一個時間，所有的劃分都是幻相。

要如何做心理時間的練習？上身打直，抬頭挺胸，不要彎腰駝背。同時給自己心理暗示：「我的頭腦漸漸地放鬆、我的身體漸漸地放鬆，漸漸地，我感覺不到身體的存在，漸漸地，我把專注力從物質實相，轉到內在的心靈實相。」慢慢地告訴自己，「我要進入內在的心理時間。」進入心理時間，會有一種感覺，好像輕安入定，整個人很放鬆，在一種半醒半睡、半知覺半覺察的狀態，然後就可以給自己很多心理的暗示。

如果身體有什麼病痛，就跟內我說，「請幫助我把療癒的能量集中在我患病的區域。」或睡前告訴自己，「我要記得我的夢，然後在夢裡醒過來。」運用心理時間進入輕度夢的狀態；用心理時間做靈魂出體，可能你以為在做夢，半夢半醒之間，其實已經靈魂出體去別的地方了。

心理時間的練習非常重要，是所有賽斯心法裡面最基礎的練習，建議每天都要做二十到三十分鐘。在早上起床賴床時、中午睡午覺休息時間、晚上吃飽飯後或睡前等等都可以做，甚至在坐車旅途上也可以閉著眼睛做。一旦進入心理時間，就可以開發我們內在的愛、慈悲、智慧、創造力跟神通。

賽斯說「放鬆是最偉大的鬥士之一」，記得要慢慢來，放輕鬆，創造力才會出來。

（取材自《早期課1》與《靈界的訊息》讀書會）

Aug.
2

所有的外在都是假戰場

在我們的世俗生活中有很多假戰場。賽斯說，任何的表達，可能都是一個假戰場，人要會解讀，否則就會困在痛苦裡。例如孩子說「我恨你」，其實他要表達的是一份愛的落空，恨是為了得回愛，但這方法可能很傷人。

一旦解讀對了，就會明白這件事的背後，是來自一份愛，只不過被說話者扭曲了。例如一個爸爸在指責兒子，「你為什麼不上進，不肯努力認真點？」其實爸爸內心說的是，「我不像王永慶那樣，沒有那麼多的錢留給你，你不趕緊奮鬥靠自己，將來生活怎麼辦？」他的話某部分是在自責。

多少的親子關係、人際互動，都是卡在表面的東西。表面的煩躁怒罵，其實常常是在自責，但往往那自責的防衛機轉，很快會投射為對外的憤怒。例如你在怨嘆女兒沒有用，其實是在怪自己沒有用，為什麼教出這樣的女兒，或為什麼沒有能力幫助女兒。賽斯心法就像一台無敵心靈翻譯機，幫助你一層一層的往下剝，於是很多時候你的遷怒、不耐煩，實際上可能是自我要求，擔心自己會遲到或做不好。

所謂的假戰場，是讓你們看到世俗的生活瑣事。例如你跟先生的爭執衝突，也是

一個假戰場；真正的戰場是，你從來不肯定自己的價值，而且你認可的價值還是沿用先生的，結果必須要用先生的標準才能展現自己的價值。你要去思考在人生當中有多少的假戰場，所有一切我們認為的功成名就、世俗生活，會不會都是假的，連親子關係也是假的。雖然是假的，不代表它不存在，而是要藉假修真，來成就我們的內在世界。

有些父母來找我，是因為孩子有些問題或精神狀況。其實孩子的精神問題是個假戰場，真正的原因是，在親子互動中，如果爸爸或媽媽對這個世界憤世嫉俗，孩子絕對會受到影響。同樣，孩子今天有躁鬱症或思覺失調症，表示父母本身也有問題，必須一併接受家族治療，才能幫助孩子的疾病。如果父母有一堆問題不去承認與面對，一天到晚寄望醫師與心理師把孩子治好，那是不可能的。

你有看到真正的問題，並不是表面的問題了嗎？假設你的問題是常常為了帳單、為了買不起房子在傷腦筋；或是為了很多事情在憤憤不平，問問自己，會不會那是個假戰場？買不起房子這件事，在你內在深處，會不會覺得自己是不夠的？是自我價值、自我肯定不夠的問題。所有的現實問題都是幻相，背後都是自己信念的問題。

譬如你當家庭主婦已嫌煩了，很想出去工作，先生卻一直不讓你出去工作，所以你一輩子在跟先生抗爭工作權。但如果你真的那麼想出去工作，誰又能綁得住你？你一直在跟他吵，表示沒真的那麼想要出去工作——這又是一個假戰場。

就像你在家裡跟爸媽的衝突，也是假戰場。真正的戰場在於，你現在覺得自己是失敗、不夠好的，所以當你覺得爸媽看不起你的時候，其實是你看不起自己。如果你沒有看不起自己的地方，那麼爸媽說的任何事情，你可能就會一笑置之，因為你明白那是一個假戰場。

說「假」的意思，第一那是你聚焦的結果，第二就是你會在假戰場裡面糾纏不清。吵了一輩子，但你不明白為什麼。原來所有的東西都是假戰場，就像假議題一樣，只是拋出去，但所有你們談的，都不是內在真正的感受。

會不會你現在還在人生的假戰場裡面？婚姻的問題，你每天跟先生吵外遇，請問你先生跟對方結束了關係，你們的婚姻會更好嗎？會不會那是一個假戰場？請問他沒有外遇之前，或外遇結束之後，你們的婚姻品質會更好嗎？那假戰場是來自於你自己，你根本對這段婚姻早就沒有信心了，你早就不快樂了。

還有人說對自己的工作不滿意，主管對他挑剔，又要經常值班。我跟他說，會不會這是一個假戰場？真正的戰場是，其實你早就想離開這份工作了，可是你覺得一旦離開後，怕會中年失業，找不到更好的工作，所以你卡在這個假戰場裡面，在原來的工作中，壓抑、委屈與忍耐。

每個身心疾病，都是假戰場，你要試著找出內在的點是什麼，每個點底下還有點，要運用賽斯心法做心靈的解讀，當每個點打開後，你都會有恍然大悟的感覺。發現原來：「從頭到尾都是我不原諒自己，所以才會得鼻咽癌，跟媽媽沒有關聯；因為我覺得自己很丟臉，還覺得讓爸媽失望了，這才是真正的戰場，不是我的鼻咽癌。」所以單純治鼻咽癌沒有用，真正的戰場可能是你價值觀的認定，會發現自己才是真正的元兇。同理可證，只是治療高血壓、糖尿病有沒有用？沒有用！那些都是假戰場。

賽斯曾以一位來求助的女子為例，他說：「我們形成物質實相，好似內在概念之複製品，她疲於這經常不斷的戰局，卻從未明白多半的戰爭只是單方面而莫須有的，她將她對實相的概念投射出去，而它們真的把她帶向毀滅。」

這些外面的投射都是我們內在沒有面對的感受，你必須注意自己用想像力畫出的圖畫，頓悟到所有的外在都是假戰場，都是表面的現象。

Aug.

3

家庭是心靈學習的道場

「家庭都具有潛意識的目的，在兩次肉體存在之間便已設立，往往四或五個人為他們自己設定某一項挑戰，而分配給每個成員不同的角色去扮演。然後在一次具體的存在中，演出這些角色。」賽斯如此說。

婚姻跟家庭結構是在兩世之間就設定好的，你出生在目前這個家庭裡也許有很多理由，哪些人是你的父母親、兄弟姊妹，在出生前早已約定好了。每個人的靈魂事先知道，是何種理由與挑戰來組成這個家庭，賽斯說，是你選擇了童年的環境，安排挑戰、訂定目標的是你，布置人生舞台的也是你，為的是讓自己成長、了解及完成某些能力，其他人同樣也是。例如，上輩子有未了結的恩怨、繼續沒有完成的功課，或曾是某些軍事、宗教團體的成員。只不過表面上你會不明白為何生在這個家，或成為某人的兄弟姊妹。

畫出家系圖，問自己跟這群人組成家庭是來自什麼樣的緣分，每個人在其中扮演不同的角色，都代表一個象徵。例如，某個小孩代表乖和優秀，另外有小孩代表這個家的叛逆能量，還有特別懂事聽話的、不聽話而走出自己路的，彼此角色之間是平衡

的。所以看一個家庭，要多用戲劇的觀點去看，到底是在演哪齣戲。

有時候會發生一些事，好讓成員凝聚情感，對每個人或許是個刺激，或許是個打擊，可能也是劇烈的成長因素。例如，沒有藉由弟弟不斷的賭博、欠卡債，爸爸媽媽怎麼會覺醒，而不再盲目的寵孩子。因此，去回想並列出家庭裡發生的大事，它們都是在引領整個家共同面對、成長，看到它們帶來的禮物。請記著下面三句話：

一、在所有帶給我們痛苦的家庭事件當中，都伴隨著宇宙最大的祝福與禮物。

二、每一個家庭發生的每一件事，都是要幫助這個家庭走上心靈成長的道路。

三、所有你在家裡承受的痛苦、折磨，都是要逼你走上學習成長的道路，否則你不會反省、覺悟。

我們都有此生的靈魂藍圖、使命，也有婚姻的、原生家庭的生命藍圖，這些拼湊起來，才能了解你此生的命運與挑戰。很簡單，你在婚姻、原生家庭當中受折磨，才會發現原來這是個共同的挑戰，才能把每個人的功課還給自己。

兒童的心靈是主動的，他主動認同爸媽之一的個性為其個性，且經由與家庭的互動，選擇他要的信念，來組成此生的個性。所以，你此生的個性是自己與內我共同組成的，是兒童主動的利用原生家庭、父母親的個性，作為自己個性的培養皿。唯有確定這個理論，才能拿回自己的力量，否則你永遠會覺得是家庭婚姻的受害者，然後想一直去找療癒，治療在原生家庭所受的傷。

賽斯心法強調，即使到你活到今天這個年紀，都還可以改變你的個性，如果你不喜歡的話，沒有改不了這回事。因為，你的個性是今天的你決定的，誰都無法決定你，更沒有「童年定終生」的胡說八道理論。

記住，人從來不被過去決定，這句話就是解脫法門。

（取材自講座「看關係手足：兄弟姊妹好關係」、《靈魂永生》、《個人實相的本質》）

Aug.

4 愛的極致是放手

愛要怎麼得到？這有時並不是太大的問題，反而，要怎麼放才是問題啊！我們常常不敢去愛，第一是怕失去，第二是難捨難分，不知怎麼下車、怎麼放手。例如，你很愛你的肉體，每天勤保養，有一天要不要跟它說再見呢？

人間有時不在於怎麼得到，最後怎麼去捨，才是最高的智慧。會不會在我們內心，一直都沒有學會什麼叫放手的勇氣，而只是表面的放手？我們常常以為愛了、在一起了，然後天長地久，王子跟公主從此過著快樂的日子，別傻了！我們沒有真的知道愛的極致是放手。

有人說，「放得出去回得來的，才是你的。」回不來的就不會是你的，愛藉由放手而完成了彼此的價值。例如孩子不放他出去闖蕩，緊緊留在你身邊，供他三餐當宅男，請問他會有成就嗎？保護過度的結果是害了他。愛就是放手，這需要多大的勇氣、信任與祝福啊！讓他去經驗、到外頭闖闖、去面對人生該面對的痛苦與挫折，所以放手並不會失去。

在愛情裡最能看出人性的真貌。愛情是人性的顯影劑，可以看出人品，這與學識地位無關。當你有個對不起你、傷你心的人，你會怎麼對付他？經常是由愛生恨，從憤怒到報復。於是，情殺或因感情不順而發洩殺人的新聞層出不窮。

但是很多東西都不能用單一標準來看，外遇的人一定是錯的嗎？大家活到這把年紀，也該長智慧了，別再用對錯看事情，世上有絕對的對跟錯嗎？過去在愛情裡面有太多的道德批判、傳統的家庭包袱，以及社會文化的是非角度。

有多少對夫妻真的做到好聚好散，如果真的走到離婚，那時候是最容易看出一個人的人格跟性格的本質，是否成熟健全。婚姻的溝通在於彼此要能對話，而不是要把無辜的人捲進來，例如要孩子選邊站，或把家族的人拖下水。

常常夫妻兩人的情愛糾葛變成了全家族的事，小姑大姑都跳進來參一腳。問題是人家的婚姻、愛情，干家族其他人什麼事啊！許多人很喜歡管人家的家務事、亂出主意。人家需要的是支持與陪伴，並沒有叫你隨便發表意見啊！可見我們的社會有多不成熟。

在愛情裡面，當你占有的時候，就有背叛；當你擁有的時候，就有失去；當它是你的時候，有一天就會變成不是你的。可是愛情裡面，也許從來沒有存在著背叛，那是你自己以為的。愛情是一種關係的建立，誰背叛誰？背叛了什麼？你什麼地方被背叛了？認為是你的，你才會覺得被背叛。可是在愛情裡面，從來就沒有誰是誰的、誰屬於誰。

你有沒有把對方當成一個獨立自主的個體，有沒有真的尊重這個獨立的個體，他有生命的選擇與自由。而你們因著一份關係，彼此成就、成長、珍惜與感恩。當緣分來的時候，你們互相感謝對方，當緣分結束的時候，你們帶著更深的感謝，因為完成此生的一段緣分了。有多少情侶在關係結束時，不是帶著感謝的心，而是帶著憤怒、受傷，不是傷害對方就是傷害自己，結束得有多難看就有多難看。

當你年紀漸長，慢慢進入身心靈後，會問自己：真的需要結束得那麼難看嗎？真的要用彼此傷害的心情嗎？人跟人之間不就是緣分、學習與感恩嗎？愛的極致最後不是尊重與放手嗎？為什麼放手不能是一種祝福？我們需要帶著心安、祝福、感恩的心情，「謝謝你陪我走一段，謝謝你曾經愛過我。如果你真的沒有愛過我，那我就更感謝你，因為你願意陪我走這一段。」

在愛情當中，我們遇見自己。在親密關係裡面，就是我們學習成長最好的道場。當彼此在一起的時候，我們相互的成長，當關係結束的時候，它可以是一種感恩，而不是「我不能沒有你」、「你不能離開我」、「你是屬於我的」。記得，愛的極致是放手。我們要學習面對內在的愛、祝福跟智慧，而在人間的愛情婚姻過程當中，我們更要學會自我面對、自我成長，以及尊重善待彼此。

放手之後，生命其實是走向更大的豐盛！當你放了手，生命不但沒有失去，反而變多了。親子之間如此，夫妻之間何嘗不是這樣。就像當萬物被一切萬有放出來後，一切萬有既懷念不捨，但又驕傲欣慰，祂實際上從來沒有與我們分開過。輪迴轉世中，一旦成為親人、伴侶、朋友，這所有的關係就是永恆的，緣起不滅。

你要愛什麼就去愛吧，愛不是一個給出去就沒有的東西。愛是一個價值完成，愛越給越多。愛的極致是放手：「是的，我可以沒有你，但是你永遠在我心裡，因為你早就永遠跟我在一起了。」

也許你有往生的親友，千般萬般的不捨，或是親情愛情裡的生離死別，請記得這個事實，只要這個人還活在你心裡，他就從來沒有死掉過。

不管是愛你或你愛的人，你的腦海中還有這個人，他就在你心裡，在你身邊。很多人在你身邊，卻從來沒有進過你心裡；很多人已經沒有在你身邊，但他一直活在你的心裡。外在感官會騙人，我們都被肉眼所騙，以為看不到就已經不存在了，其實在你的心裡才是最真實的存在。

電影阿甘正傳中，阿甘曾對女性朋友說：「當我在亞歷桑那沙漠，在海天一線的時候，妳其實一直陪著我！」當你進入心靈領域而能理解，你就能勇敢去愛，就能勇敢放手。

你從來沒有失去過，從來都在一切萬有裡面。

（取材自講座「在愛情的背叛裡遇見賽斯」）

Aug.
5

走過心靈
認識自己

我們其實很不認識、了解或體驗自己，那個部分就是未知的自己、未知的實相，要到哪裡去找這未知的自己呢？答案在我們自己裡面，而不在外界。外在的情況只不過是很完美地，反映我們內在、個人與群體的經驗。

賽斯說，「你不認識自己，就不認識你的世界；你不認識自己，就不認識你的丈夫、妻子或父母；你不認識自己，就不認識上帝；你不認識自己，就不認識大自然。」很多人說「我不了解我的孩子、我的先生」，對不起，你是不了解自己。人通常對自己都不夠認識。你說你不了解他為什麼要這樣對你，不了解為什麼會生病，也不了解兒子為什麼不念書，很多時候對外界的不了解，從頭到尾，都是因為不了解自己。

我們對自己是怎麼樣的觀念？賽斯說，我們並非一個迷你、卑微、渺小的自己，附屬在於某個超級的存在體上。我們真正的自己根本就是那個「超級自己」，等同於神佛般，內含百千萬億分身，每一個皆是神佛。於是祂對所有的實相皆能覺察，於其內也包含所有轉世的、對等的、可能的自己，而每個又與其他的相連，沒有一個否定

其他，彼此互相幫助支持。所以我們並不孤單、無助，更是具足了愛、慈悲、創造力與神通。

在我們認知的每個片刻裡，都有一種無限性。心靈本來就不受時間限制，過去和未來都可以回去改變。生命在每一個點都可以轉彎，每個片刻都存在無限的可能性，如此才能有奇蹟發生。賽斯講的「無限性」，真的是無所不在，讓我們把局限頭腦認知的單一性打開，想像萬事萬物，真的有不同種類的無限性，就連數字背後或裡面，1、3、5、7，也有它的無限性。而我們自己也是無限的，即使你認為最無限小的自己也是無限的，那個擴展到極限的自己也是無限的，因此有無限的可能性在那兒等著，需要我們去開展。

「真正的無限性伸展到遠超過過去與

未來，而進入所有的可能性。」這並非只是在時間中筆直的向前與向後。我們目前之所以感知不到無限性，覺得自己是有限的，是因為用線性時間觀來看，太與自己的外在、世界的外在認同了。一般理性的觀念認為，外在的肉體、身分、地位、處境就是代表真正的「你」，於是大家迷失了正確方向，找不到真實的自己。

要如何體會到無限性呢？你必須願意與心理實相、身體內在的意識認同，去跟隨思想與感受的內在結構。不壓抑否定思想與感受，讓它們做為探索自己真面目的動力，去感覺自己的存在、內在的感覺基調，感受生命力帶來的偉大能量，你會發現一個向內的心理無限性。人真正的自己並不受任何限制，「自己」是沒有局限的，所以能由「自己」分裂開來而沒有變少，是以沒有任何分割與區別可言。

賽斯曾說，你不用問賽斯是誰，你知道你是誰，就知道賽斯是誰了。你周遭的每個人事物都是幫助你了解自己、認識自己的，例如，你孩子在學校被霸凌，媽媽很自責，想要幫助她的孩子，可是這個過程，其實是告訴媽媽，妳有力量嗎？妳拿回自己的力量了嗎？如果妳不認識自己的力量，怎麼教兒子有力量？

在《躁鬱症跟你想的不一樣》一書中，我曾提到「假裝與承認」。當內在那個膽小幼稚的自己害怕被人發現時，就開始假裝的人生，假裝成熟、假裝勇敢、假裝有錢⋯⋯。否則會覺得沒有面子、被人嘲笑，甚至無法立足，一直都沒有面對真實的自己。所以人有兩件事一定要承認。第一，承認自己是膽小害怕的；第二，承認自己可以是失敗的。這不同於自責，自責是自我怪罪，心理會不舒服，但接受自己的失敗，心情卻是平靜的。

賽斯告訴我們，未知的實相、未知的自己的存在是一種挑戰、一個令人興奮的目標。需要我們用喜悅心，在心靈的大地旅行，直接去體驗生命的原創性，而將別人貼在我們上面的標籤撕掉，不要預設既定想法在個人的日常行事上，去掉局限自己自然天性的觀念。有意識地覺察直接的主觀感受，覺察任何既定片刻的原創性，走過自己意識與經驗的心靈朝聖之旅，如此才更能認識自己。

（取材自《個人實相的本質》、《未知的實相》賽斯書與有聲書）

Aug.
6

回來關照自己的感受

在賽斯心法的學習裡面，有一個很重要的地方是，你有沒有常常回來關照自己的感受？百分之九十九點九的人，或多或少都有壓抑情緒、感覺、感受的問題。無論是經歷災難，或成長過程的經驗，我們內在都累積了恐懼、害怕的情緒。

對於感覺，我們經常會有錯誤的觀念，一般認為感覺、感受是不值得被信任的，必須頭腦清楚、理性邏輯、正確思考，以致長大後很少人去信任自己的感覺。

如果你自己是較偏向理性思考的人，或平常習慣講道理、聽人家講道理，不知不覺中，你已是壓抑情緒、感覺與感受的人了。

回來問自己一個問題，我是經常能夠說出真心話的人嗎？能夠表達真實感受嗎？我們經常壓抑丟臉、沒面子的感覺。一個成年男性不見得比女性更不害怕、不緊張，卻很難去呈現出害怕膽小的情緒，以及比較不敢面對容易緊張的那個自己，多半採壓抑、否認的態度，如此一來，感受是不容易被承認與釋放的。

當你無法主動去接受及釋放有一個膽小、害怕、緊張的你，這些感受會累積，到後來容易被恐慌襲擊。因此，承認有一個膽小的自己很重要，以前告訴自己「我不怕，男子漢有什麼好怕的」，這些理性話語就甭提了。要反過來告訴自己「我好怕，我就是膽小鬼」，承認面對了，於是就自在解脫了。

以前當我們說：「我好害怕！」父母親常常第一句話會說：「這有什麼好怕的。」這種觀念延續到下一代，甚至自己的孩子說：「我很怕同學欺負我！」「那有什麼好怕的，大不了跟老師說啊！」所以想想，我們也沒有被容許或容許他人，表達與接納內在害怕的情緒。

回應別人或孩子的第一句話，不要再脫口而出：「有什麼好怕的！」這不見得是他想聽的答案，可以回答：「要不要多說說你的害怕、你的感覺。」我們會希望有人了解自己的害怕，有人同理自己的感受。而當恐懼的情緒被同理、了解，心裡

有一種舒服的感覺油然而生，最後才是談到如何處理事情的問題。

身體每天都在應付我們壓抑、累積、否認的負面情緒和感受，而所有我們身心的病痛，都是身體在幫忙清除負面感受、情緒、內在能量的過程。當我們學會處理這些負面能量的能力，疾病至少會減少百分之九十五以上。很多專家主張食物、空氣、飲水的毒素會致癌，那是投射，毒素是由內而生，不是由外而來。

想想看，你都會把內心的痛苦煩惱說出來，還是放在心裡醞釀？如果今天你工作沒了，放無薪假，是否會「假裝沒事」，不想讓父母親知道而煩惱？有些人回到家，在房間看自我激勵的書或賽斯書，激勵自己，「信念創造實相，我創造我自己的實相，我一定會很快的找到工作」。做信念的處理沒有問題，可是在你處理信念的當時，壓抑情緒了沒有？如果做信念的處理之前，沒有先處理好你的情緒，就好像沒有先掃地就開始拖地，可能越拖越髒；或者舊的油漆沒有刮掉，就直接塗上新漆。這樣你再怎麼強調正面的思想，可能徒勞無功，或只有短暫的賞味期而已。

我們都忽略了要處理感受。因為從小到大的教育裡面，讓人不再真情流露，把感受埋在心裡，這就是賽斯心法很重要的部分。很多人說要找回自己，但是用思考是找不回自己的，跟著感受才能找到自己，才能重新發現自己，因為感受的你，更接近你自己。

所謂的自在，是對自己內在的每一個自己都接納，接納自己可以失敗、可以丟臉，不要框架自己，讓感受出來。賽斯說，如果你想以最深的方式瞭解自己，必須以你自己的感受、情緒、欲望、意圖與衝動開始。

我們內在有難過的心情會壓抑，不想讓別人知道，因為想到別人會不會嘲笑自己，於是把很多負面情緒壓抑在內心。表面上一樣在上班工作，可是心情沒有紓解。身心靈學習鼓勵表達自己的感受，沒有必要壓抑自身的難過，那是必須去面對、釋放的，用疏導的方式跟著情緒，找到內在平安與喜樂。

在《心靈的本質》裡，賽斯講了一段有意思的話：「許多人說：『我要認識自己，或我想找到自己。』但事實是很少人想花那份時間與精力。然而，有一個開始著手之處：試著與你現在的自己變得較為熟稔！」

（取材自《夢、進化與價值完成》有聲書）

Aug. 7

簡單而深厚的信心

「如你所知的世界，是一套複雜『密碼』的結果，每個都環環相扣，以那種說法，每個都依賴著其他的。那麼，你精確感知的宇宙所有部分都來自密碼模式，每一個都完美地嵌入另一個。改變這些之一到某個程度，你就踏出了那個範疇。任何一種事件若沒直接無瑕地與你們的時空連續相交，就不會發生，而會掉落離開去。它在你的系統裡變成了可能的，卻在找自己的『層面』，當落入另一個適合自己『密碼順序』實相的適當位置時，它便實現了，就是如此。」

賽斯這段說的是，我們所知的世界是個密碼的世界。並不是所有的念頭都會實現，哪些念頭會產生實相，要看你的信念與情感強度夠不夠強，以及有沒有契合現在的群體實相。因此所有發生在你身上的事，都是經過你的意識心、內我同意的，也都是全世界的人同意的。

神奇之道就是你了解整個密碼運作方式，這不是在用理性運作的。這個密碼系統有效地提供一種架構，然後我們個人或群體在某個特定的時候，同意把某些內在資料具體化。是以你的未來早已幫你準備好了，而要遭遇那個未來，是當下的你所決定

的。每個當下都是威力之點，因為每個當下都有資格決定你的過去與未來。

根據賽斯心法，每天發生在你身上的事情，都是你願望的具體化，沒有例外，這就是我創造我自己的實相。但你可能會問，會有人希望自己落選失敗嗎？這個問題要反過來問，每個人都肯定自己、讚美自己嗎？事實上有很多人在否定自己，不喜歡自己，覺得自己不值得人家愛。

賽斯要大家去找自己未知的實相時，有個步驟很重要，要常常注意你發出去的願望是什麼？是真的發出好的願望嗎？其實你的信念就是你的願望，你的每個信念都是你對宇宙發出去的願望啊！

如果一個人的信念，相信人的本性都是壞的，那就是在跟宇宙發出一個願望，「我相信人的本質都是壞的」，宇宙回應的就是給他遇到壞人壞事。又例如很多人都希望自己身體健康，但是他們相信自己身體會很健康嗎？不一定。而相信自己身體體質不好的人大有人在，這就是他的願望了。所以要明白自己的心，宇宙會回應它，越不明白自己心的人，命運越亂七八糟。

我們要效法自己體內細胞的信念，它們有與生俱來的信心，相信個人環境是獨特且適合自己的，任何一個人的生命都會完成他自己，會發展與成熟。賽斯說，「每個細胞都相信明天會更好。」這就是神奇之道的信仰。

對於生命，我們要有簡單而深厚的信心，從頭到尾就是相信，不需要花力氣說服自己。很多人說「我要說服我自己是有福的、是受到恩寵的」，越花力氣說服自己什麼，就表示越不相信。因為越不相信，所以才要花力氣說服自己。你真正相信的東西，一點都不用花力氣說服！

真正的信心是不需要加強的，例如把手伸出來，你要不要加強認為這是自己雙手的信心？不用！它本來就是！你一點都不會懷疑，這才叫做信心。信心，不是要花很大的力氣說服自己相信它。信心就是本然地相信。

很多人在練習「我創造我自己的實相」時，花很大的力氣說服自己，「我是健康的、幸福的、被愛的。」對不起，你不需要花力氣說服自己。真正的信心是簡單深厚，而且不需要加強。你一點都不懷疑，這就是賽斯心法。

很多人都想「我要很用力地去學」，可是賽斯的神奇之道是把它看得很簡單。把你的人生會幸福，看成很簡單的事；把你會健康，當成很簡單的事；把你心想會事成，當成很簡單的事；它的確就很簡單。在架構一的世界裡面，我們相信不簡單，當心念一生起「不簡單」這個念頭，困難就來了，比什麼都快，信念會創造實相！

（取材自《未知的實相》與有聲書）

Aug.
8

破除情緒低落的恐懼

情緒低落對大多數人而言，都是生命的正常起伏，只有少數人會一直持續，然後變成憂鬱症。當情緒低落時，先不要對自己隱瞞這個情緒、先不要讓自己振奮起來，順著情緒走下去，該請假就請假、該難過就難過、該悲傷就悲傷。

記住，一定要「容許自己情緒的自然流動」，扼殺自然情緒的企圖一定會產生副作用。賽斯說情緒沒有好壞之分，甚至憤怒、難過與悲傷的情緒還有助於清除體內的毒素。「情緒就只是情緒，它們沒有破壞性，它們是意識力量的要素，且充滿了能量。」所以，賽斯心法會鼓勵大家去了解、接納情緒低落的自己，然後回來問自己，為什麼會情緒低落？別讓自我意識妨礙意識心之內的情緒流動，人開心大笑、難過或悲傷，本來就是對的，不必把自己弄到沒有情緒起伏，猶如活死人。

例如，一個人有生氣的情緒了，為了展現修養與好脾氣，把它壓抑下來，就會一直停留在生氣的情緒裡面。生氣不會讓人生病，不會高血壓及中風，縱使血壓升高，也只是短暫的效應；明明生氣了，卻不讓自己發出來，就會導致高血壓。進而，當他越來越不容許自己生氣，每次都覺得自己不應該生氣，以致在生氣的同時又壓抑內心的憤怒，沒有自然的流動，久而久之，就會走向中風之路。很多理論強調高血壓的人不要生氣，肝病的人不要動怒，其實這樣死得更快。殊不知當憤怒或憂鬱自然轉變之後，會神清氣爽的回到愛裡面。

當你情緒自然流動的時候，一個情緒會導向另一個情緒，順勢轉變，開啟你的療癒過程。「當你排斥某種情緒，或對它們感到恐懼，你就阻止了情感不斷的流動，如果你誠實地體驗它，就會變成另外一個，不然的話，你就阻塞了系統的自然流動。」

例如某個肝癌末期的病人，說他自己很正面，努力對抗病魔，其實說穿了，只是表面試圖讓自己很正面，可是他的內心一定隱藏了更多的負面。當人的負面情緒沒有宣洩時，所有的「正面」，包括正向思考、正面情緒，一點用都沒有！好像一間漂亮的房子，看起來還不錯，但它是建立於沙子的地基上，這樣的房子沒有根基，隨時會垮掉。

「沒有一個情緒會將你帶到死胡同，情緒永遠在動，且永遠會導入另外一種情緒。當它流動時，將改變你整個身體狀況。」情緒是一個自然流動的過程，所以你一定要對自己的情緒帶著尊重的心情，包含你的憂鬱。憂鬱有它的目的和理由，在你沒了解它的目的與理由之前，根本不能認為它是一個疾病。

現在很少人會下工夫去注意自己的情緒了，經常一下子就轉移掉。情緒要下工夫，它是非常重要的學習，唯有跟著所謂的負面情緒走，你才能找到背後根深柢固的信念。「信念造成情緒，你的信念生出它所暗示的貼切的情緒感受。」跟著情緒走，如此才有機會改變你的信念，未來不會再度的憂鬱。

例如一個人被公司炒了，開始傷心難過，跟著這個負面情緒，他可以找到信念：「原來我一直把工作認為是我的價值，我一直認為只要有工作，爸爸媽媽才會愛我，要成為他們對外有面子、有成就的小孩，才對得起他們。」當一個負面信念帶給你痛苦情緒時，你終於有機會跟著低落的情緒感受，去找到它的源頭了。

真正帶給你痛苦的是，你錯誤的限制性負面信念，因為它帶來很多的負面情緒，影響你的身體狀況。所以低落的、憤怒的情緒本身沒有罪，也永遠沒有錯。一個不曾或不容許自己落入情緒低谷的人，可能從來也沒有反思的空間；跟著情緒走，最後會進入你內心最深的感覺基調。

每個情緒背後，都有個你沒有去處理的信念。所以賽斯心法會讓你跟著情緒找到信念，回觀內心，去處理你的信念，甚至找到橋梁信念。不斷透過種種的情緒，回到你的內心，包含你的罪惡感、自責，這甚至是每天要進行的過程。

（取材自講座「破除情緒低落的恐懼」與《個人實相的本質》）

Aug.
9

慈悲與疼惜自己

佛家要我們對人、萬事萬物慈悲，可是忽略了必須對我們自己慈悲。幾千年來儒家的傳統思想更有過之而無不及，講求「嚴以律己，寬以待人」，有很多壓抑、受苦、委屈等必須放在心裡，不知不覺地讓我們對自己很殘忍。

當你對自己慈悲了，這既不是縱容自己，也非給自己找藉口，卻可讓自己健康快樂，如此才能對眾生慈悲，才得以服務眾生；當你信任人性，對自己寬容、寬大，同樣展現於外的就是一種寬容、寬大、包容。就像賽斯心法講的「利己、利人、利益眾生」。

我們要很切身的反省，是否對自己很殘忍。例如，身體生病的時候，一定是有某部分對不起自己，沒有用愛來餵養自己的身體，是不是對自己殘忍！愛面子不敢把心裡的委屈說出來，是不是對自己殘忍！怕得罪別人、起衝突、自己壓抑委屈，是不是對自己殘忍！要錢不要命，寧願犧牲自己，也捨不得對自己好一點，是不是對自己殘忍！經常指責自己比不上人，責備自己不夠好，是不是對自己殘忍！寧願去做符合爸媽、別人對我們期望的事，討好別人、希望別人開心，也沒有真的去做自己喜歡做的事，是不是對自己殘忍！

不知不覺中，我們活得並不快樂。所以在這樣的概念下，要去面對自己，甚至對自己懺悔——我是否應該再對自己多一點慈悲、寬容，是否要讓自己再快樂一點？

這個世界最大的問題是，我們都在向外求。強調外在的名利物質，價值完成也幾乎都是外在的。但再怎麼樣的外在價值，滿足得了心靈嗎？

心靈永遠知道物質，甚至外在的一切成就，都是幻相。心靈永遠知道擁有再多的物質，甚至得到越多人的肯定，都有可能是空虛的。所以一個越努力想表現完美的人，只因為他越相信自己不夠完美。

真正的完美，不是排除了不完美、改變了不完美、修改了不完美、隱藏了不完美，而是，接受了一切的不完美。傳統的宗教會造成善與惡、完美與不完美的精神分裂，以為完美就是改變了越多的不完美、就是越接近完美，這觀念是錯誤的。賽斯心法的究竟在於，越接受了一切的不完美，就越看到生命的完美。

我們常說要疼惜自己，但是什麼叫疼惜自己？就像當你端了一盤剛出爐的銅鑼燒出來，有人一個箭步上來要搶第一塊的時候，你投給他一種兇狠的眼神——你要疼惜那個投給別人兇狠眼神的自己。那個自己不是故意對別人兇狠的，辛辛苦苦做好的東西，自己都還沒享用，怎麼就要被別人先拿走？這個自己值得被疼惜。

不夠好的自己，值不值得被疼惜？

長得醜的自己，值不值得被疼惜？
表現不好的自己，值不值得被疼惜？
從小到大讓爸媽灰心失望的自己，值不值得被疼惜？
疼惜你自己！疼惜那犯了錯的自己，疼惜覺得不夠好的自己，這叫做真正的自我疼惜。
我就是這麼胖，還一直嘴饞，疼惜這一直想吃的自己，這叫疼惜自己。
如果你是個殺人犯，怎麼疼惜自己？你同時知道殺人是錯的，但誰天生喜歡殺人，也疼惜自己是不得已的、扭曲的，所以才去殺人，要疼惜自己想殺人的那個情緒啊！
要發自內心深處疼惜自己。

（取材自《健康之道》有聲書）

Aug.
10

自我意識與意識心

每個人都有一個自我意識，它就是你所認為的自己，每天在行住坐臥、最表層、時時刻刻你認識的自己。而意識心是什麼？就是我們的內心，也就是當你靜心下來，要自我面對、關照、覺察與探索的那個內心；它是從本我所來，具足了愛、智慧、慈悲、創造力與神通。

意識心裡面有許多自我意識累積的東西，假設書桌是自我意識，你為了要保持書桌的乾淨，而把桌上的東西塞到抽屜裡去，抽屜就好比我們的意識心。如果你沒有靜觀、內觀、很誠實的回來面對自己，就沒有辦法面對你的意識心，而永遠用自

我來直覺反應。

自我不斷地被習性牽引，有很多的不信任、恐懼與懷疑。當整個意識心被塞滿了這些負能量——抽屜都塞滿了，東西只好放在桌上，最後自我意識也開始得到精神官能症、焦慮症與躁鬱症，開始失眠、不快樂或煩躁不安，所以它是個雙向系統。

自我意識每天會換新的一個，所以本來沒事。但自我意識會猛塞東西到意識心裡去，它要開始自我覺醒、自我面對，每個抽屜都要打開看清楚，一個個好好去面對。大多數人可能都不想面對內心，因為自我最在乎面子。其實也可以不用去面對，但最後會變得像行屍走肉、生活的機器，每天上班下班、渾渾噩噩過一輩子。

賽斯對於自我與內我的關係，在《早期課2》一書中有很精闢的說明：「在你們層面上的各個轉世裡，轉世的自我是同一個自我。前世的資訊都被那個自我的潛意識保留著，但是，這個資訊可以被汲取。理論上，這樣一個自我可以用這樣的方式無限期地繼續轉世，一直成長發展，但也一直處理能量的操縱和物質建構的問題。如果在自己，也就是內我和外在自我之間，有良好的溝通，那麼自我就會開始瞭解它是什麼，也會開始認識到它擁有的能力，比它在單一層面持續轉世所能實現的還要大。」

自我可以不斷的轉世，在學世俗的操作時，如賺錢、成功、自我實現等等，但這個自我發展仍不夠，最後一定要回來跟內我做連結。學習身心靈，無可避免地一定要回來面對內心，在我們的內心當中，可能有很多的恨沒有被化解，很多的理想沒有去追求，很多的遺憾、自卑與孤單沒有被處理。

當你找到你的天命，能量會回來。外在自我不能只是追求外在價值了，必須回來跟內我的能量連結。當你汲取了偉大的內我能量，拿出你的熱情、行動力，就能走出屬於你的生命道路。

當你沒有回來面對內心，會一直停留在受傷裡，但往內更深一層去看時，你又發現內心隱藏著過去沒看到的。自我意識經常把意識心蒙蔽、綁架，使我們只看到那個恨、自卑與對自己的不肯定。回到內在清明自在心的時候，它天生會知道自己是被恩寵、被祝福的，所有它需要的都會來到它身邊。而你也會再次感受、發現到，原來爸爸媽媽從來沒有不愛你，只是一直用他們的方式罷了，原來那個愛永遠都在，那個受傷只不過是來自一個誤解。

給自己一個信念：「我要好好地面對內心。」然後你會發覺，自我意識與內心世界所認定的你，可能是兩個人；你以為的自己跟內心的自己差很遠，搞不好你一輩子以為你是的那個人，根本就不是你。好比有些人在外面衣冠楚楚、斯文有禮，回到家卻變成衣冠禽獸，家暴、罵髒話樣樣都來。或者你以為自己很勇敢，直到恐慌發作後，才知道內在藏著一個脆弱、孤單、恐懼的自己。

自己的內心世界，有多痛、多害怕都要面對，它很難但很重要。一日不去面對內心，你所有的身心疾病就一日不能解決。任何的身心疾患，透過面對內心的世界，一定可以找到療癒之道。

要怎麼面對自己的心？常常在行住坐臥當中問自己，「我是誰？我當下的心境是什麼？有沒有我自己沒有覺察到的黑暗面？」擁抱自己的黑暗面，承認自己真實的感受，你才會發現「它其實是我的感受，但不是事實」。有句話說，遺忘最好的方法是憶起；如果想忘掉一件事情，不是藉由忘記，越想忘記，會記得越牢。你真的想忘記一件事，很簡單，徹底的面對它，把它看清楚，回憶它每一個細節。

一個不願意認輸的人，其實某部分知道自己早就輸了。一個徹底認輸的人，最後會發現其實自己根本沒有輸。當你對一切無所求的時候，最後會獲得真正的力量。

Aug. 11

對情緒消化不良

在門診常聽到病人主訴胃部悶悶、脹脹的，也看到許多年輕人有胃、十二指腸潰瘍的毛病，所以腸胃不適可說是許多人的困擾。腸胃道連接口腔、食道，食物經咀嚼後，進入胃、小腸消化，然後吸收營養，以維持肉體的存活，它們是很重要的器官，但怎麼常常出問題呢？

原來除了吃的食物外，我們還吞了很多消化不了的東西，它們是很多的自責、悲傷、罪惡感與怨氣等負面情緒，而使得腸胃無法負荷與消化。任何疾病都跟情緒有關，通常我們都已經習慣隱藏、壓抑，所以問病人有沒有什麼情緒或內在壓力等心理因素，絕大多數得到的答案是，「沒有啊，我覺得很好啊，也沒什麼壓力啊！」

經常我們把所有悲傷、受到的委屈和痛苦都往肚裡吞，吞下所有的情緒，而沒有適度表達「自然的攻擊性」。負面能量日積月累，即便好像表面有從事一些紓壓的休閒娛樂，也抵擋不住這些吞下肚而無法消化的痛苦情緒。例如有一位得到胃癌的癌友，剖析自己內心的後悔、自責，怪自己為何要和前夫離婚、讓女兒失去爸爸，她把所有悲傷吞下去，導致胃出了問題。

所以，去想想你是否對工作消化不良、對長官消化不良、對伴侶消化不良。在乎你的感覺就是愛自己，出現脹氣、消化不良的症狀，那表示你面臨的問題或衝突。例如我的痛風發作，以前認為跟尿酸高有關，但實驗報告證明兩者沒有正相關，而飲食控制對尿酸的降低影響很小，不到一個百分點，吃藥解除痛風的症狀，更是治標不治本。回來自我覺察後，發現我內在性格是很壓抑的，有個熱情奔放的自己出不來，被律己甚嚴、不容閃失的主人格打壓了，以致產生衝突抗爭。

賽斯心法強調，症狀反映了我們內在問題的程度，例如當症狀在表層，像是皮膚的毛病，表示面臨的內在問題很快就顯現出來，容易被看見。若症狀本身是在身體內部的時候，如胃或十二指腸潰瘍，代表此人人格還不願面對問題，因此症狀埋得很深，不能為肉眼所見。

「許多人常常害怕表達愛，或優雅地接受情感上的滋養，結果這種人變得容易被胃潰瘍嚴重折磨，因此他們的胃在接受物質滋養時，也變得疼痛及潰瘍了。」

如果症狀出現了，看醫生吃藥打針，減緩疼痛不適感，是最常見也最迅速的做法，但也掩蓋了症狀所要表達的意義。症狀不是故意要找我們麻煩，它好比上帝派出的橡皮艇、直升機，要拉我們脫離洪水的危難，而我們錯誤的認知，只想要以自己執著的方式被幫助，於是限制了受幫助的機會。

賽斯說，在身心合一的系統內，每一個問題如果被誠實的面對，都會含有自己的解答。每一個症狀，精神或肉體的，都是在其後衝突的解答線索，而其中含有它自己療癒的種子。不管是什麼樣的疾病，對身心靈的觀念來講，都是要引導你進入學習成長的過程。如果疾病來自心靈或心理能量的扭曲，那麼你得回來面對自己，做自我覺察與修正。

任何一個疾病都有症狀，會帶來不舒服與痛感，沒有人喜歡一天到晚咳嗽、關節痛，但如果沒有做出有效的努力來處理自己的問題，那些症狀只會以一種新的方式出現，同樣的過程又將會重新開始。為什麼疾病會讓你痛得受不了，甚至威脅到性命？那就是要逼你改變，在於自己的固執，那個「死人個性」。所以我們要以病為師，不斷承認面對自己的害怕和恐懼，沒有必要抗拒——抗拒必須要用力，活得會很累，一旦承認，你就輕鬆自在了。

當你生病、挫敗的時候，要告訴自己，一定有辦法，只是還沒找到，也一定可以找到。身心靈三大定律——身體天生就是健康的、身體有偉大的自我療癒能力、身體是心靈的一面鏡子，絕對沒有錯，必須不斷地做心理建設、強化自己的信心。

（取材自《靈界的訊息》有聲書、《個人實相的本質》）

Aug.
12

告別過去，迎向新的未來

賽斯心法名言「我創造我自己的實相」，但如果我們沒有放下過去的實相、執著，要怎麼創造？我們從來都沒有學習如何放下，手上提滿了物品，如何再拿東西？頭腦裝滿了過去的觀念，如何裝得下新觀念？執著在過去的慣性模式，如何開始新的人生？

如果我們從來沒有好好的告別過去，就永遠沒有辦法真的活在當下，與適應、接受未來。你之所以沒有新的未來，不是因為你沒有未來，也不是因為你的生命不能有新的未來，其實關鍵在於，你從來沒有跟過去好好說再見。以修行的術語來講，你從來沒有放下所執著的過去。如果一個人從來沒有放下所執著的過去，有可能活在當下嗎？有可能面對未來人生每一個新的變化嗎？

現在流行一個名詞「魯蛇」，就是失敗者的意思。而失敗者得憂鬱症，到捷運拿刀亂砍人，你會覺得很正常。可是那些所謂成功者就不會憂鬱嗎？其實不一定。甚至有時候所謂人生勝利組的自殺率，不一定比人生失敗組低。因為失敗組還會想要成功，想要上進，要買房子車子，還會有前進的動力；可是成功組只能等著失敗，他們

已經得到了，卻發現並不快樂，再努力頂多是一樣，也有可能會失敗，那為什麼要活著？因此憂鬱症不是魯蛇的專利，會有越來越多的成功者得到！

什麼叫告別過去？試著問自己一個問題，「現在我人生的一切，能不能放下，或能放下多少？」當你可以把過去、現在的人生全然放下時，就可以跟你的過去完全告別。這是一種心理感覺或心情，有多少人能真的做到告別過去？在這個當下，開始去體會這個感覺——自己是可以把一切放下的。如果沒有好好地把所有一切的過去放下，你開始不了任何新的未來。於是你的人生就產生兩個字「無聊」，因為種種的執著、放不下，覺得人生越來越索然無味。

很多人的人生，後來變成越來越多責

任、壓力、義務跟不得不。任何人生問題、所有的適應不良，例如新的婚姻、新的環境、新的職場生涯或退休生活，都在於我們沒有好好的告別過去。例如以前你都住豪宅、開名車，習慣優渥的生活，如何再以平常心去住普通的房子；或夫妻恩愛一甲子，其中一方提早離開，這些過去你告別得了嗎？老年人為什麼不容易適應新的環境？如果過去他很成功、輝煌、所有人都聽他的，他怎麼告別過去？

你可能會以為過去的失敗，才是內心的陰影，才是內在的折磨，需要面對、釋放。但是你有沒有想過，過去的成功、習以為常的日子會不會也是你的陰影？例如你是一個負責任的媽媽，進入更年期，孩子離開家之後，開始不適應了；或是你突然發現另一半有了外遇，你開始痛苦了。所有的痛苦，都在於沒有好好跟過去告別，而你沒有跟過去告別，就根本接受不了新的變化。

假設你的手機不慎掉入水裡，進水損壞而必須告別它了。如果你沒有辦法跟這件事告別，就會產生自責、懊悔、痛苦、不方便的情緒，因為你還在用舊思維想這件事，你還在想為什麼會掉手機、又為什麼偏偏掉到水裡？但如果你幫手機辦了告別式，跟過去告別了，你就會對新手機有了另一種新的喜悅感覺。

當我們說，過去有失敗所以要告別，其實，失敗的陰影反而讓你告別得更快。失戀的人一定想要趕快脫離失戀的痛苦；至親往生了，你一定想要很快的遠離悲傷，重新開始新的生活；成績不好，你一定很努力想讓自己變好。所以，告別過去負面失敗的陰影不難；難的是真正讓我們痛苦的、告別不了的，反而是「好」的過去。例如你過去的女友是林志玲，以後你還會交哪一類的女朋友？過去你都用魚翅漱口的，現在你還會吃什麼？最難告別的，是那美好的過去！所以成功的過去也一樣要告別，如果你不告別成功的過去，它同樣也是你的陰影。

我們以為人生的失敗，才是陰影或痛苦，才是內在的折磨，才是內在要面對與釋放的，才是要找心理醫師做治療的，不！在《靈魂永生》一書中，賽斯曾說過，那些死後下「地獄」的人常較快恢復神智，也就是較快覺醒，因為在「地獄」受到的折磨比較多，自己的恐懼在內心激發了答案的釋放，於是會想要改變才能很快離開那個地方。最慘的是那些上了天堂的人，因為舒適又不用受苦，而賴著不想走，直到靈界的輔導員來提醒該投胎了，麻煩的是，他們不能告別過去，尤其是好的、輝煌的過去。

我們往往遇到痛苦才要去修行，離婚、事業失敗以及人生挫敗，並沒什麼了不起，那是自然而然要尋求解脫的。然而最苦的「苦」是什麼？沒有苦的苦、說不出的苦！很多人說自己明明過得很好、錢也不缺、孩子也大了，沒有事情好煩惱，偏偏就是不快樂，因為，他們沒有一個苦要去打破，捨不下過去所有的勝利、美好與成就。

所有你生命中想追求的，愛情、事業、婚姻或親子，可能就是你該告別的。為什麼？那會上癮，人生都是前後比較出來的，例如孩子從小就呆呆笨笨的，考上二三流的大學，你會高興的去買鞭炮來放；如果他有考上國立一流大學的實力，卻考上私立大學，你可能會想要去跳海。你告別不了的是，你覺得你能做，但不能做到的。

我們要捨的不是過去的陰影與失敗，而是心中最放不下、捨不得的，過去一直在追求的東西。當那個心念出來了，表示我們才真的要進入內在身心靈的世界了，走上解脫、放下、心靈更大財富的歷程。但這個捨，不是今天就把所有財富放棄，那是一種「因無所住而生其心」的心境——我沒有想擁有任何東西，所以我擁有的可以瞬間放棄，因為心靈有更大的財富，可以隨時不斷成長、學習與創造，不是藉由占有與控制。

我們永遠必須學習，如何跟所有的過去說再見，而無論有沒有學會，最後還是得告別的。告別不是為了什麼都不要，而是過去種種的創造，已經是我們的限制與負擔了，所以，告別是為了更大的創造。

Aug.

13

夢可以化解人生種種問題

賽斯說，夢是最偉大的治療師，解決了我們肉體疾病與心理的難題。但在實質上，我們不可能完全回憶起自己的夢，記起所有夢的細節。在我們每天的生活中，從早到晚很多的活動，可能都跟夢有關，「一般人常常就在正常意識的門檻之下，與夢的片段相遇，沒有認出它們是什麼。」我們只是跟著靈感、直覺與衝動去做，至於行為的真正理由，不一定會知道。所有夢都在不斷影響我們的行為。

請記住，夢境實相與醒時實相一樣的真實！並非你覺察不到夢，好像它就會煙消雲散。賽斯說，一個人到某個程度是受到物理環境的塑造，例如家庭、工作或婚姻，但也被自己創造的夢所塑造。因此，夢的確會影響我們的日常生活，可以讓我們改善健康、獲取靈感、恢復活力、解決問題，並且豐富家庭關係。

或許我們會遺忘了所做的夢，但它會一直藏在我們的潛意識裡。所以賽斯心法告訴你，可能你衝動地有了一個預感，那就不妨試試看——如果不是什麼作奸犯科的壞事。很少感覺到靈感與直覺的人，也不用擔心，因為衝動也可能會透過邏輯性的思考，將潛意識的夢顯示出來。

例如，某人早遺忘了他做過的夢，只是憑著直覺的衝動，或邏輯性的推理，而取消某一天的飛機旅程，而後來發現那班飛機失事了，於是逃過一劫。所以一個遺忘了的夢，說出了可能的災禍。

在夢裡的資料，不斷的在無意識層面被處理，考慮要不要讓事件發生的可能性。若某人在心理上或肉體上，還沒準備好死亡的話，他的潛意識和夢會通知有關災禍的訊息，而免於一死。其他有同樣資訊的人，如果覺得死亡是個可以接受的可能性，那就會選擇接受要發生的災禍，可說是「準備好要上路」，在潛意識已經做好決定了。

對於死亡的理解，我們通常是不夠的。請先拿掉好壞與批判，等到有一天，你的內在會準備好要上路。當我們活著的時候，有兩股力量存在，一個是想繼續存在於物質實相，另一個是必須離開了。但是當我們做了要離開的決定時，有意識的自己不一定知道。

賽斯說，在無意識的基礎上，我們對即將發生的事是相當清楚的，因此對於自己的死亡，都有其理由，選擇了死亡的「時間」與「方法」。每個人的死亡方式，跟個性息息相關，什麼樣個性的人，就會有什麼樣的死法。例如個性很乾脆、不拖泥帶水的人，也會死得很迅速，不給家人添麻煩，突然一下子就拜拜了。

這個世界有各式各樣的死法，看起來好像都不是我們所能決定的。但是依照賽斯心法，其實能夠慢慢地去了解。看起來再怎麼意外的死亡，以身心靈層面來看，絕對不是意外，只是我們看不到，那都是內在已經寫好劇本、做好決定的。《最後十四堂星期二的課》中有句話說得好：「等你學會面對死亡，你才知道要怎麼面對人生。」

但是這樣一個內在的決定，並沒有強迫性地加諸於有意識的個人上。有些內心做的決定，逃過了有意識層面的注意力，所以當我們說「你創造你自己的實相」，沒有大家想得那麼簡單。

夢有預知性，也有創造性，很少人知道如何創造性地利用夢，賽斯在這方面教我們很多。轉變人生方向的良師益友，不一定非要在醒時實相才有，在夢裡也許有更多的貴人。所以請建立一個觀念——我能在夢境中得到大量的幫助。實際上，我們的人格會試圖建造夢境來解決問題，因為常常在醒時生活中，要進行適當的表達有其限制。如果用夢境解決問題的企圖失敗了，那麼在醒時實相便可能具體化為疾病。很多疾病都是從睡不好開始，所以睡眠非常重要，要正確的睡覺，也就是分段睡眠。

賽斯提供一個做夢的練習方法。例如，一個人內心想要依賴，不想承擔責任與壓力，但現實生活卻不容許他這樣做。那麼，他如果能建構出一個夢，在夢中扮演依賴者的角色，或許醒來後他記不起曾做過那個夢，但這個經驗仍是有效的，問題在夢境裡獲得解決了。

同理可應用在人生種種問題上。先覺察內在到底有什麼渴望，很希望得到肯定、愛，還是很想賺錢、重拾健康，都可以到夢裡面去解決。例如你很渴望找一個理想中的伴侶，可是又覺得自己不夠好，那麼可以告訴自己，「在夢裡我要找一個理想中的伴侶」。現實世界裡面你達不到的願望，可以在夢境裡面實現；當夢境被建構出來了，於物質世界裡的實現就會很快，因為夢是物質世界的前身。

你可能會說那是假的、騙人的，但它是另外一個層面的真實，它們在夢裡面被實踐了。現實生活中，你存款沒了、工作丟了、被嫌棄了，你要到夢裡去建構你的理想、發揮你的價值。在隔天醒過來後，夢中所得到的喜悅與信心，就會進入你的潛意識裡。

以前很少人會去教你有意識、有目的地去做夢，但這是一個很實際的練習，對身心都有好處。如果你在現實世界是孤單的，可以去夢裡交很多良師益友。但夢絕不是作為現實生活的逃避與虛無的幻想，而是在夢裡面累積經驗，在現實生活中就容易了。重要的是，透過夢境治療，能避免許多疾病。因此生病的人，要很建設性的去做夢，在夢裡得到需要的關心和愛，自由地表達攻擊性，以及擺脫壓抑的情緒。

（取材自《心靈的本質》與《靈界的訊息》有聲書）

Aug.
14

減重須從自信做起

減肥一直是眾人關注的話題，也有許多的減肥方法、療程應運而生，但都不是根本解決之道，用處也很有限。例如很多人以為減肥是要少吃，要克制食欲；但這種壓抑造成的反彈也會很大，被你逮到時機，搞不好又大吃了一頓，作為以前的補償。而身心靈的減肥法，反而是最快速健康的——究其根本，要從自信下手。

賽斯曾說，「你體重過重，試過節食卻沒效。於是改變信念，想像自己有著理想的體重，而不是相信自己過重。但這招失敗了，你發現你仍然吃得太多，仍在想像那些美食。」在自然的情況下，每個人

其實都有個「理想的自己」，也都有理想的體重，一個人什麼時候會需要過多的體重？

再深一層看進你自己，可能會發現，有以下幾個信念：「相信我這人沒有價值，因此不該看來具有吸引力；或者體重是健康的表徵，纖瘦是危險的；或者相信自己如此的脆弱，隨時會受欺侮，因此需要重量。」你需要重量，因為你覺得在別人的心目中沒有分量！可能是你的家庭重男輕女，你覺得在爸媽的心目中夠分量嗎？或者在職場上，你在老闆、同事心目中有分量嗎？或者婚姻生活，你在另一半的心目中有分量嗎？你覺得在這個世界上，自己夠不夠分量、在別人眼中有沒有一席之地？

減肥首先要相信你現在並不胖，去掉內心的矛盾與價值批判。你要開始喜歡自己，覺得自己這樣子也滿好看的，接受現在所是的樣子，不管是什麼外型。當你能夠欣賞自己的福態，沒有那麼討厭「胖」這件事，對自己產生信心，恢復了自尊心之後，身心會慢慢恢復平衡。當你的情緒安定了，內分泌也會趨於平衡，食欲本身就開始按照自然的節奏，飲食運動會恢復常態，因此會回到理想的體重。

例如有人說，「都是因為我太胖，沒有自信心，我老公都不碰我了，因此我要減肥下來，才會有自信心。」這個思考邏輯不對，要反過來看，一定是首先恢復自己的信心，開始相信自己沒有那麼胖，透過信念、認知，然後再改變你的情緒。

究竟，並沒有所謂的標準體重這件事，因為每個人最美的外貌不一樣。當你身心平衡的時候，不需要恢復到標準體重，你會恢復到自己最美的樣子，體重會回到你的平衡點，那才是真正的標準。

然而體重不是重點，重要的是你如何看自己。很多人的問題不是體重過重或過輕，而是缺乏自信、安全感這兩者。賽斯曾說，「有些人認為體重是健康的象徵，瘦弱是危險的；或者相信自己是如此的脆弱，隨時會受欺侮，因此需要重量。」

從內在心理來看，有人讓自己變胖，是因為害怕自己美麗到誘惑力太強，惹來很多麻煩或嫉妒；或者讓周遭的同性朋友，不把你當作敵人，減低別人的戒心，而得到需要的友誼。還有人變胖是為了找一個心安的理由，「就是因為我變胖了，所以他才沒那麼愛我」，它用來合理化自己，也給「為什麼沒有得到愛」一個很好的解釋。所以，如果你對愛有需求，要直接表達；很多的厭食症、暴食症都是對愛有渴求，可是又沒有得到父母或家人朋友的愛，於是用食欲來滿足自己，在吃東西的時候，好像食物代表了媽媽的愛，只有藉著吃，才覺得有力量。

你要建立一個堅定不移的信念：「我在宇宙的造物主（包括神、佛、上帝、一切萬有）的心目中，是有分量、有一席之地的。造物主認識我，造物主知覺到每一隻落下的麻雀，我們是在『上帝』內，每件事都是在其內的，根本沒有外面。」

你要確定的，不是你每天要唸佛，佛才會存在你心中；而是佛心中本來就有你，阿彌陀佛每天都在思念著你，因為祂心中有你。不是你心中有主耶穌，而是主耶穌心中本來就有你。經由這個信念來建立我們的自我價值，每個人的那一席，在上帝眼

中，都是無可替代的。

體重過重的人，就是不確定他在別人（尤其是在乎的人）心目中有沒有分量，不確定他是安全的，所以需要額外的體重讓自己有分量、有安全感，潛意識就會讓體重增加了。這時候無論你怎麼減，效果都不好，連喝水都會胖。

如果以賽斯心法來減重，你必須建立起「我在別人心目中是有分量的、我是安全的、我是被愛的」信念，自然而然會有標準的體重，自然而然地不會吃過多，自然而然有適當的運動量，這就是最好的減重方法。當你確定自己在宇宙之中有一席之地，不必透過多高的學歷、多好的社會地位，不用透過殘酷的競爭，就是心安的開始。

所以，先建立自信，建立自己是安全的、被愛的信念，相信周遭人都有善良的意圖，自然而然有平衡的身心、食欲與運動量，自然而然會有適合你的標準體重。

（取材自《個人實相的本質》賽斯書與有聲書）

Aug. 15

看見孩子的靈魂與天賦

如何用欣賞與接納的眼光看孩子？賞識你的孩子是很棒沒錯，但不是用社會的標準、學校的角度、老師的眼光，而是要回到以孩子為主體的考量，肯定孩子的特色。例如，孩子平常話是多了點，但那會怎樣？搞不好以後也會像許醫師那樣地演講呢！

每個孩子都不一樣，都有其獨特性，但如果採用齊頭式的教育，好比以種玫瑰花的方法來栽植百香果，兩者需要的條件並不同，如此百香果怎麼長得好？現在許多家長都很怕聽到老師說孩子怎樣怎樣，又在學校闖禍不守規矩之類的，常氣到恨不得衝回去打小孩。但奉勸一句話，老師說的話不要過度聽信。通常他們想要你的孩子乖巧、聽話、好管、符合社會標準的成績優秀，反而引起很多父母親的焦慮與憂鬱，以為孩子又為自己惹麻煩了。

傳統教育的特點是改變、塑造與灌輸，但這樣的基本思想是錯誤的。試問，今天任何人要來改變、塑造與灌輸你，你會開心嗎？所以孩子從幼稚園開始，就已在累積憤怒與不爽了。例如一個生性害羞內向的孩子，興趣是思考與寫作，而大人卻認為他膽小怯懦，這樣成不了大器，於是想要改造他，逼孩子去參加運動競賽，讓他成為活潑外向的人。父母的用意或許出於善意，但是沒有真正接納孩子的一切，孩子需要的是被了解、欣賞與接納。

目前教育的本質，在心靈方面往往是無知與盲目的，它迷信外在的神經心理學，好比訓練海豚的那一套，靠表現好給予獎勵，告訴孩子這個不對、那個是錯的，就是灌輸、修正、塑造。於是，給了孩子那麼多的挫折，卻期望他要越來越好，其實孩子內心在想，「你根本不了解我，根本不知道我是玫瑰還是百香果，不了解我的感受與靈魂派我來這一世的目的，你只想改變我，只想我符合你要我成為的樣子。」

首先父母要做的，是去了解小孩，去接納他本然的樣子。接納是改變最好的方法，而不是想用「溝通」來改變他。說實在的，孩子怪就怪嘛！不正常就不正常嘛！有什麼了不起的。不要用一個單純簡單的外在標準去導正或糾正他，孩子需要的不是被指責、被挫折，他需要的是被引導，需要的是一個能展現機會的舞台。

教育是要適性教育、隨性教育，要適合他的個性、跟隨他的特性，不能用同一套方法來教育小孩，也不是要他學會很多知識與技能。有時候，孩子讓自己被糾正成父母心中認為「好」的樣子，他卻也被毀了，孩子會對大人死心，不再感覺是被愛與被接納的。

大多數孩子都是在教育學習以及學校群體生活中受挫折，因為我們還是要孩子以課業為第一位。而賽斯心法強調人的心靈具有愛、慈悲、智慧、創造力與神通，還有所有的「知識」（knowledge）。所以，教育的目的是讓孩子知道他有多棒，這才是教育，除了這句話之外，沒有其他。教育是讓一個人越來越快樂的引導過程，孩子應該是越上學越喜歡自己、越喜歡學習，如果不是，就表示這個教育或老師出了問題。如果教育變成摧殘孩子心靈的殺手，那可以考慮換環境學習了。

或者父母可以跟老師溝通，「老師你很棒噢，我送孩子到學校，最在乎的是孩子開心與否、在乎他的人格與自信心，如果孩子功課不好沒有關係，老師請放心，我不會怪你。」如此老師的顧慮就能放下了，因為他們最怕的就是家長的怪罪。

很重要的是，鼓勵孩子不要跟人家競爭、比較，因為大多數孩子都是在競爭比較中，失去自信心、不認識自己與不了解自己。例如，小明功課很好很乖，大牛考上建中、台大，還念哈佛，全都是別人的事，是人家要走的路，不一定比較快樂，但我們自己都在社會中競爭與比較。學賽斯心法後，就要做到不再跟別人競爭、比較了，每個人都有自己靈魂的藍圖，來這個世界輪迴，都有自己的使命，而不是來跟別人競爭與比較的。

我們以為競爭與比較才能活下去，以為適者生存，不適者淘汰，這觀念大錯特錯！反而是走自己的路、了解自己的優點、肯定自己的獨特性、找回自信心的孩子，將來才能生存得最好。教育絕對不是競爭與比較的過程，也不是把小孩變成你認為更好的樣子，教育是讓孩子成為他自己心目中更好的自己。

Aug.

16

化解心中的罪惡感

人為何會有罪惡感？罪惡感原始用意是讓我們在覺察的層面上，能夠同理自己與其他的生靈，因此它的出發點是慈悲的。而自然的罪惡感只有一條法則：不可侵犯他人與眾生，包括肉體與心靈；我們謹守這一條規則，即能活在宇宙一切萬有的恩寵中。

但世代以來，罪惡感被扭曲、誤解或誤用之後，產生了人工罪惡感這個怪物，它具有龐大可怕的能量，你如果罪「不」應得，卻接受自己有罪的概念，就陷入了人工罪惡感的枷鎖裡。而賽斯說：「如果你在心中形成了一個罪惡感，那它對你就是個實相，你必須去解決它。」

在輪迴轉世中，你的真正障礙，是那過度不斷自責的罪惡感，反而不是你曾經殺過誰或幹了什麼錯事。全世界最恐怖的罪，並不是死刑，而是你永生永世不原諒自己。人們投胎轉世後，有時候會帶著罪惡感而來，每個人在此生此世，都要回來面對內心有多少的罪惡感。

例如，這一世在罪惡感的作祟下，為了彌補前世的錯，你過度地寵愛小孩，予

取予求，試圖償還前世的虧欠，殊不知此舉再度害了他們，讓他們找不到自己的力量。若你要解脫的話，就要告訴自己：「我不欠別人什麼，那是上輩子我欠的，不干這輩子我的事，這輩子我要活在當下。」

賽斯說，「你們許多人為了不充分的理由形成罪惡感，而沒道理地為自己套上這罪惡感的枷鎖。」是以我們不斷地被捲入人工罪惡感的漩渦中，而且好像有各種各類荒唐的罪惡感產生。賽斯舉例：「你為了昨天或十年前做的某事而貶低自己時，那樣並不是美德，而是你正在人工的罪惡感裡。」問題是我們的社會與宗教又不斷加強人們的罪惡感，說這個有罪、那個是不應該的，更加累積不少的人工罪惡感。

很多疾病跟內在的自責、罪惡感有關係，罪惡感也要為我們大部分的肉體疾病負責，我們甚至在內心相信自己不是好人，那就要受懲罰。所以賽斯說，相信有善而沒有惡會幫助你健康。當你心懷罪惡感，認為自己的負面想法與情緒是不可以的，會累積、壓抑、扭曲許多能量。如果你又有身體不好、容易生病的信念，這些能量就會去攻擊身體的器官，於是產生關節炎、胰臟炎、子宮肌瘤等等全身各處的毛病。

我們對於好與壞、善與惡，設立了很多二元對立的標準。人類很可憐，都活在彷彿隨時會犯錯的內心世界裡面，以致有太多的自責與罪惡感。很多人相信人生有兩個選擇，對的與錯的；可是很奇怪，你這輩子所做的選擇，彷彿幾乎都是錯的。

對於未來，我們只有兩個選擇，對的選擇，以及更對的選擇。這樣你就不會有無形的壓力，老是在擔心會犯錯的陰影裡面。從更大的角度來講，如果宇宙容許你會做錯事，它就不認為那個錯是錯，所以，對錯都是你的自我認為的，不是宇宙的本質。從整個宇宙的角度看，只有對，沒有錯。

例如，希特勒殺死幾百萬猶太人，以人類的角度來看，這是大大的錯；但以宇宙的角度來看，並沒有錯，因為它是一項學習和功課，人類從中獲得許多寶貴的經驗。

賽斯心法一直強調，所有一切的發生，都是完美中的不完美，你再怎麼不完美，都在宇宙的完美計畫當中得到救贖。你是被救贖的，你不用捐錢才被救贖，你不用當好人、不用做好事，你就是被救贖的。可是在人類的角度，從小就建立了對錯的觀念。我們最喜歡跟小孩子說你做錯了，喜歡考是非題，因為是非題背後的基本假設就是對與錯。對錯只是個參考與學習的架構，卻被大家當成宇宙的基本假設。

人真的有許多莫名其妙的慣性、自責與罪惡感，要回來開始覺察自己的行為，它的背後有多少是被罪惡感所驅策的，你就會明白我們的內心有多少責備、否定與覺得自己不可以。例如，妳身為媳婦回到公婆家，必須掃地、做飯和洗碗等，覺察看看妳的行為是出於罪惡感，怕人家說話而不得不做，還是出於內心自願而歡喜的做。可能你覺得自己不夠孝順、不夠成功、給父母親的錢不夠多，常常在心中形成很多的罪惡感與自責。

所以罪惡感與自責在我們的內心，是個非常重要的實相，必須開始面對它。什麼叫超度，什麼叫解脫？其實是化解心中所有的罪惡感，不再背負這些包袱，當下就得自在、得解脫。

（取材自《靈魂永生》《個人實相的本質》有聲書）

Aug.

17

一切都是創造性的展現

在轉世的存在中，我們的意識不但會一直擴展，並且盡全力地在創造，因此以下這句話非常重要：「所有的事件都是為達到創造性，或信賴你們天性中即興的創造性。」

我們的實相中，發生的每一件事情，都是意識、靈魂的精心創造，所以有句話說「所有的災難都是化了妝的祝福」，可能表面是痛苦不堪的，裡面卻隱藏著靈魂成長的禮物。

轉世的人際關係裡，我們碰到許多的問題，如怨恨、不公平等等，周遭的每個人都帶給你學習與功課。「沒有在你自己

之外的力量，來強迫你了解或面對這些問題」，更沒有什麼神奇的咒語，可以把你變聰明、充滿慈悲與了解，以及擴展意識。

力量永遠在我們自己身上，而且你現在就在為「來」生布置舞台，你今天的所思所想，都會變成造就下一生的材料。所以你的思想和每日經驗包含了那答案，每天一至數次，花五分鐘去檢查一下你的思想，就能收到一個關於來生正確的印象。如果不喜歡你所發現的，那就最好開始改變你的思想和情感本質，改變你集中焦點的方向。

你正在安排下輩子的人生，正如你此生的任何成功與能力，也都是由你過去世的經驗中努力獲得的，你曾努力工作以發展它們，它們理當屬於你。所以這個世界沒有任何的不公平，毋須羨慕或忌妒他人，不管是人家聰明、音樂神童或者其他特殊才能，所有的一切都是每個人自己努力得來的。

而你現在是什麼樣的人、具有什麼特質，去看看身邊的親人、朋友、熟人和事業上往來的人就得知大概。因為「物以類聚」，由於彼此有非常基本的內在相似處，大家互相吸引。例如，夫妻兩人表面上看起來個性南轅北轍，一個是活潑外向，另一個則害羞文靜，但兩人會吸引在一起，其實是內在都有這些相似的特質造成的。

問問自己，集中焦點在內在的什麼特質上、又經常注意周遭人的什麼特質？你經常看到別人的善良，還是自私；或是常看到美麗的風景，還是醜陋的暗角。你內在的注意力集中於哪些特質，就會吸引哪些特質的人到你身邊。

如果你今天改變看別人和世界的角度、改變焦點與注意力，你會發現實相慢慢在轉變中。例如你覺得公婆很偏心，你試著把注意力放在他們並沒有那麼偏心，或他們其實也在試著讓自己不要太偏心；如果你發現周遭的人都很自私，你焦點可以擺在他們其實沒那麼自私，或他們在某些地方也有很多的付出。注意力不要一直放在自己的委屈或人性負面的特質上，改變焦點，看到的畫面就會跟著改變。

我們只會看到自己想要看到的東西。不想看到的東西它就不會出現，即使在眼前也看不到。「你們不會試著去達成在對實相的觀念內，你認為不可能的事情。因為以其正常被具有的智力，意識心是用來評估在你們世界內的行動之實際性。老實說，你們只會看見你想要看見的東西。」我們的意識心評估之後，可以由無數種的可能行動裡選擇最適合自己成就的那些。如何選擇可能的事件作為自己的理想？就是你認為具重要意義的事件，你會聚焦其上去成就與經驗此事件，其他可能事件因不具重要意義而被剔除。

「你對自己的那些信念，會形成你的自我形象，而後會對你認為什麼是可能或不可能下定義。因此，從那些非實質的可能事件裡，你只選出那些能符合你的。」你認為不可能的事情，連想都不會想，更別說採取行動了。所以你認為什麼是可能與不可能的，具有決定性的關鍵。譬如說，如果人類相信太空旅行是不可能的，就不會有太空旅行。如果一個人相信，他真的不可能由大陸一端旅行到另一端、或改變他的工作、或做任何一件事的話，那件事實際上就變得不可能了。

你心中覺得不可能，那件事就一定不可能。人是沒有受到局限的，只要你相信是可能的，在整個可能性的範圍，它就是可能的。你心中認為可能的，你才會去實現它。你心中認為可能的，包括健康快樂的活下去、實現你的理想、建立心中最美好的生活、幫助很多人……。「相信」能產生最大的力量，你會把所有思想的方向與力量都放在相信上，思想就會創造實相。例如，當你相信到了更年期，預期應該有更年期的症狀，因此你就真的出現這些症狀。你相信的跟你體驗到的當然有關係，是以證據反過來會說服你——你看，本來就這樣，果然跟自己想的一樣。又是信念創造實相！

賽斯不厭其煩地鼓勵我們：「你能做得到！」所有事件都是意識為達到創造性而發生的。

（取材自《靈魂永生》、《未知的實相》有聲書）

Aug.
18

神奇之道與理性之道合一

「你出生是因為你欲願出生。一株植物為了同樣的理由而活起來，不過，你可有更多的選擇。」你永遠有更多的選擇，但首先你要建立的是「信念」！你只要告訴自己，「我會越來越好，我會創造出幸福，我會創造出豐盛，我會有一個理想的伴侶……」因為你在使用你的創造力。

怎麼樣做出選擇、達成目標、完成我們人生的理想呢？賽斯心法是整體的，頭腦和直覺都要使用，不能完全否定頭腦的存在，知性就是我們的頭腦，「知性本是為了要幫你做選擇用的，它容許你在實質的時間範圍內，感知某些可能性。」我們要學習正確地使用知性，就是當知性被容許盡可能清晰地感知物質狀況時，它隨即能對你想達成的目標做出最有利的決定。

如果你的知性被種種恐懼與不安全感等負面信念所包圍，請問它做的決定對嗎？它不能活在恐懼中。不是把頭腦丟掉，而是要把頭腦清一清！使清晰的頭腦可以配合內在的直覺，完成想要的目標，這才是真正的創造實相。

我們設定的那些目標，通常是觀念化了的內在欲望。目標一旦形成了，「它們便

像是磁鐵似地，由那些廣大的相互關聯場域裡，汲取最適合完成那些目標的狀況。」這就是信念創造實相，而信念背後帶著越強烈渴望的情感，吸引的能力越強，越能發揮吸引力法則。

因此很多人會問，為什麼他的信念創造不了實相？在於他的信念背後沒有強大的情感能量，他的信念只是一個理性運轉的結果，說白一點就是沒那麼真心！不是那麼全力以赴、義無反顧去追求！問問自己，在追求你的理想、夢想時，能有多麼的不顧一切、全力以赴，帶著多少的激情與熱情，投入多少的生命力，禁得起幾次的打擊？

當你找到你的天命，建立起一個強烈情感渴望的信念，全宇宙的力量都會起來幫助你，它從整個宇宙的磁場中，為你吸引且創造對你最有利的條件，整個宇宙在幫助你心想事成。這其中依賴的是，必須啟動你內在神奇的特性，自發的「內在複雜性」排列，等同於內在的神性與佛性。

知性本身的功能是設定目標，然後從所有可能性當中選擇一個，但單靠知性不能帶來整個目標的完成。所以，光是單純的信念能不能創造實相？如果這只是頭腦知性的信念，不能！所謂「信念創造實相」，這信念包含了感受、想像力、行動力，還有決心，那是強烈的渴望和欲望。

當知性被正確地運用時，它設定了一個目標，下了決定，「而自動地令身體開始朝向它移動，並自動地喚起其他不為它所知的溝通層面，因此所有的力量一同努力朝向目標的達成前進。」知性像是部隊的指揮官，下達命令，全體將士聽從其號令而動作，才能戰勝敵人。以射箭為例，射手手握弓箭站著，只想著射中紅心，全神貫注其上，用學到的射箭技巧，然後身體的神奇特性會完成其餘一切。

所以說，知性的工作是負責選定目標，用你學到的知識，讓內在的過程自然流動，神奇之道會幫你完成剩下的部分。不過，當知性被不正確的運用，就像知性感覺有必要稍微地知道或親自指揮所有內在的過程，就是強迫症出來了，想要控制內在過程、掌握一切，而且是帶著不信任，它開始想像所有的失敗跟受傷。知性推理本來是沒有問題的，但如果與錯誤的信念系統和負面傾向連結時，好比射手反而將注意力，貫注於所有可能出錯的方式，擔心箭會不會偏左或偏右、射太遠或太近、在空中折斷等等；或以種種其他方式背叛他的意圖，例如開始想像射不中怎麼辦、會不會前途就因此毀了、獎金拿不拿得到、要怎麼用獎金，所有的恐懼擔心都來了，他的理性意圖被背叛了，不再相信神奇自然的過程。

我們也跟射手做同樣的事情，本來應該心無旁騖，將注意力導向目標，可是注意力卻從目標移轉開來了，因為知性與錯誤的信念系統，以及負面的傾向，包括無力感、恐懼失敗、怕人家失望、做不到會被嘲笑。將恐懼的畫面，而不是原來的意圖，投射到事件上，身體也回應我們的心象與思維，產生迷惑，不能有效地行動，當然無法創造實相。

神奇之道口訣中的「結果先確定」，就是知性做的工作，它負責選定目標；「方法自然來」是內在的潛意識和內我所做的，裡外相互配合，才能「輕鬆不費力」，再加上態度是「信任、感恩加行動」，「但要有耐心」等待結果發生。神奇之道與理性之道合而為一的話，就能產生最好的結果。

（取材自《神奇之道》讀書會）

Aug.

19

「應該」做，還是「想要」做？

大多數人從小都是在做「應該」做的事，例如父母親認為你應該把書念好、房間整理乾淨、考到好學校……。我們孩子的教育從一開始就錯了，打壞了他們的學習胃口。所有他們應該做的事，變成不開心的事，像寫功課、做家事、守規矩，所有不應該做的事，反而是他們快樂地想去做的，像吃零食、看電視、打電動。

孩子為什麼打電動十個小時都不累，讀書沒幾下就哈欠連連？差別在於，強迫自己做最應該做的事，並非發自內心甘願的，你會要求回饋與其他的平衡；如果是你想要做的，就像以前瘋武俠小說一樣，

看到半夜四點也不想睡覺，很自然輕鬆不嫌累。

所有親子的衝突，是因為父母有一個自己的標準。例如你會跟孩子說，他必須幾點鐘睡才是對的，但是有對就會有錯，他也必定不會幾點鐘睡覺。如果你預設了任何的對，就要知道一定會有錯。所以在二元對立的信念下，當你不容許自己犯錯，也就拚命希望孩子不要犯錯，要做他應該做的事。但是你拚命希望孩子不要犯錯，就是你最大的錯，因為你的孩子就可能會拚命地犯錯。而且，當你的孩子很可憐，因為他不被容許犯錯；父母一開始就告訴他怎樣做才是對的，不要做錯，這叫做愛嗎？人永遠只能對，是人生多大的悲哀啊！人一輩子只能做對的決定，不能做不對的決定，這反而是錯的——他沒被容許從錯誤當中學習。

很多人在做了很多「應該」做的事情之後，應付大小繁雜的事，也賺到了錢，一旦空閒下來或退休了，唯一想要的是放鬆，啥事也不想做，或只想花錢，錢就留不住，花完了只好再去賺，到最後不知活著幹什麼。可是在那個底下，會有一個潛伏的自己，「我不快樂，這不是我要的人生、這不是我要的婚姻。」

為什麼社會有災難變動的發生或經濟金融的海嘯，這些群體實相是把我們從被綑綁的世俗繁雜裡解放出來。例如家流失掉了，就不需要維持乾淨了；婚姻沒有了，就不需要持續努力了；工廠倒了，就不用努力工作了。

人生沒有什麼應不應該的，你沒有應該努力孝順父母、工作賺錢、煮三餐……。

絕大多數的人幾乎都用「應該」互相綑綁對方，「我應該上班賺錢，所以你應該用功讀書。」好像應該做的事，如做家事煮飯、上班工作掙錢，就是對的、好的，而想做的事反而變成去做不要有壓力的事，如打混摸魚、逛街購物。

「應該」是小我玩的遊戲，它從來不信任大我，過去造成我們把整個世界二分法，集體創造出一個假象或幻相。所以為什麼有那麼多人得到癌症，因為活錯了、活得很辛苦、不想再負擔責任。

賽斯心法的神奇之道是，每個人都要轉型，一定要把所有你「應該」做的，慢慢轉型成你「想要」做的，打破「應該」的想法。因為應該做的事裡面沒有神奇之道，只有責任、痛苦與壓力，那不是發自你本心，是為了給父母師長交代、符合社會價值標準，不是為了自己。

如果是做想要做的事情，是在過程當中連結宇宙的能量，而且越做越好，在其中你已經得到快樂自在與滿足了，結果則是順便得到。所以，你要一個學生做他應該做的事情而去寫功課，他會很痛苦，若是做想要做的事情，則不一樣了。

如果孩子在念書、工作，做他想做的事，親子衝突會降低。他一輩子的快樂成功都來自於他想做的事，而不是你認為對的、應該做的事，它們都是痛苦的、要用意志力完成的。一旦意志力用完了，就變成很想放鬆，不要給自己壓力。

目前，先在所有的「應該」裡面找到樂趣，找出哪些是你想要、快樂跟有成就感的，找到不是責任、壓力的地方，再慢慢變成只有你想要做和喜歡這樣做，生命才會重新找到意義。人生最大的恩寵就是學習，我們都是實習神明。沒有給你自己或孩子可能性、在嘗試錯誤中學習，怎麼會知道什麼是你或孩子要的，又怎麼會走對呢？連對錯什麼都不知道，怎麼能夠學到東西？

賽斯思想是讓你解脫與自由，但不是讓你什麼都不做，或用它作為懶惰的藉口。而是你再也不用「應該」做什麼了，一切發乎本心，去學一門技藝、做一件事情、從事一份工作。因為你「想要」做，在裡面得到喜悅與快樂，也會自然而然帶來財富，這叫做神奇之道，輕鬆不費力。

（取材自《夢、進化與價值完成》有聲書）

Aug.
20

主觀感覺真的很重要

在我們的實相中，思想被造成實質。賽斯強調，「將思想與情感具體化為物質實相的特性，是靈魂的一種屬性。」因此我們的物質實相是來自思想與情感的具體化，如果有強烈的渴望、思維，以及堅定的意念就會變成實相，因為內在的感覺基調會把思想與情感變成物質實相。

例如一堵牆壁，它是情感的顯現、宇宙的活力，也是意識的外在象徵。物體是意識的一種顯現，物質是凝固的情感，所以你會喜歡一個枕頭、一間房子，對它們有情感。

感覺基調先形成萬物，你再對萬物產生喜怒哀樂，例如你的肉體或愛車是感覺基調形成的，是由宇宙的活力形成物質的幻相，你再產生對它的喜歡或討厭。所有的情緒變化產生於我們跟人事物之間的能量流動，但是這能量的流動最初是從宇宙的心幻化出來的，然後我們再對萬物產生情緒感受。

你的靈魂即你，你就是你的靈魂，不管有無肉身，靈魂「從你思想與期望的本質，建構出你實質的每日實相」。賽斯說，主觀感覺真的相當重要，「你透過自己主

觀知覺過你的生活。」科學是找不出宇宙本質的，因為它一直要拿掉主觀感受，生命的答案並不是藉由客觀的證據去找到，而是必須從主觀的感受切入。例如你的生活過得好不好、快不快樂，是要有存款上億才會安心，還是月賺三萬即已知足；或者有時候你會不會有一種感覺，剛辭掉上一份工作，可以很快地找到下一份工作，這就是你的主觀感受。

試問你會嫁給你先生，是因為客觀條件嗎？越來越多的人不相信自己的主觀感受，而是去找客觀條件與信賴客觀的評估標準，例如身高、學歷、收入等。但是客觀條件最好的最適合你嗎？不是！每個人眼光與感覺絕對不一致，要用你的主觀感受來看。請不要再用客觀的標準看你的孩子了，愛與美不能客觀化；也不要再用客觀標準來看你的末期癌症了，客觀標準是你還剩下幾個月、醫生認為這個病很難醫、要不要化療或新藥實驗，如此你還想活多久？

賽斯心法的主觀標準是，「我創造我自己的實相，我活多久是我決定的。」你自個兒的主觀感覺，你每一刻的親密經驗，這些都擁有你感覺宇宙所擁有的同樣神祕性質。要探究宇宙的奧祕，最重要是你的主觀感受。

想要改善你的環境與情境，不是靠科學與理性，從「你的宇宙是意念所建構的」知識著手，能立即給你線索。心生萬物萬法，意念建構你當下的實相，能直接改善你的經濟、健康、婚姻、心境，要多快就有多快。

但是進入賽斯心法的時候，新的意念起作用，開始創造新實相的時候，舊有的、源自小時候的意念，那個不信任一定也會扯後腿。例如當你想投入一段感情的時候，害怕再度受傷害的自己會拉扯；或當你衝動想創業、想走出去參加新團體的時候，內在舊的信念會害怕受挫折而無法前進。

所謂的修行，就在新舊習性信念之間的衝突矛盾與戰爭，常常有的人上了課、讀了書，很認同與相信賽斯心法，但過了一陣子，又被拉回過去的思維模式，接受醫療的擺布。修行就是在針對過去所有累生累世的舊習性，以及新建立的思維，然後繼續往正面的方向走。

為什麼會有內在新舊思想的衝突？因為，「當你不了解靈魂的本質，沒領悟到是你的思想與感覺形成物質實相時，你就會覺得無力改變它。」你看到的別人其實是你內在自己的延伸。所以你看到孩子沒有希望的時候，是你對世界、對自己沒有希望的延伸；你看到老公沒有用的時候，是你內在對生命不信任的延伸；你感到天氣非常熱，是你內在煩躁之心的延伸。所以當你改變內在的狀況，外在就改變了，你感知到的客觀現象是你主觀心境的延伸。

賽斯家族絕對不是怪別人怎麼對待我，怪環境不配合我，而只有一個信念，「我創造我自己的實相」，因為力量永遠在自己的身上。當我們越是一個怨天尤人的人，越沒有力量，越陷入無力感裡面。

例如是誰害你生病？如果生病的原因不是醫生、護士、醫院，那為什麼你認為你生病之後，治好你的病必須靠醫生、藥物、手術？學習賽斯心法後，你知道是「心」的不快樂、痛苦、執著放不下，讓你生病的，其他所有的醫療都只是輔助你。因此能醫好病的，只有一個東西，就是你的心，連許醫師跟賽斯書也醫不好你的病，那些只是幫助你開啟自我療癒的力量而已。

你的靈魂是你，「靈魂直接感知所有的經驗。」不是透過任何間接的客觀來覺察的。但是「你所知覺的大多數經驗是以實質的包裝包好了來的，你卻把包裝當作了經驗本身而沒想到看看裡面。」我們所看到的物質世界是一種宇宙活力的包裝與顯現，不是宇宙的本質。要想了解內在真正的實相，無法透過肉眼來告訴你實情，真正能告訴你實情的是你的靈魂與直覺，必須靠你的心靈去感受。

（取材自《靈魂永生》讀書會）

Aug.
21

對等人物

俗世生活種類繁多、不勝枚舉，所以我們更大的靈魂或是存有，為了充分體驗設定的挑戰與議題，除了有許許多多轉世的自己外，同一時期，需要好幾個「自己」來地球。一般而言，一個存有在一百年內，大約有四個左右的肉身來到地球，我們自己是這些肉身之一，這就是賽斯對等人物的概念。你不只是你自己，你有很多屬於你的對等人物。

對等人物是屬於心靈上的，就好像我們還有四、五個家人分布在一個世紀這段期間裡，心靈上就像馬賽克拼圖一樣的彼此契合，來參與人類的戲劇，每個人都從他人身上學到東西。經常地每個人物演出彼此的「相反」面，卻為共同的目的與目標而會合，以增加學習的廣度。

在解釋對等人物概念時，賽斯曾以我們是一座島來比喻。我們雖然像是海上的一座島嶼，顯得相當獨立，或許頗為滿足，但有時候不免寂寞。直到有一天，竟然發現海面下有珊瑚小徑與下一座島相連，而且不只一條，有許多條小徑延伸到所有的方向，接到更遠的島。賽斯說，它們其實全是我們自己，雖然每個都很不同，要與它們連結，必須先有對等人物的概念，再伸展自己的想像力出去，在心靈上跟我們的對等人物交流，互相學習成長改變，且仍保有彼此的特性。因此，「每個人都不是孤島，除非當你選擇做孤島時。每個對等人物由自己的觀點看實相，而從沒有任何侵犯。」

你的對等人物跟你是對應的關係，「那更大的我『分割』它自己，在肉身裡具體化成好幾個人，具有完全不同的背景，然而，每個都從事同類的創造性挑戰。」賽斯舉例說，如果你在美國或歐洲飽餐一頓牛排，那麼，你也在世界的另一個角落餓得半死，兩個你由全然不同的觀點體驗人生。在你們的時代，那黑男人在某處是白男人或女人，那白男人或女人在某處是黑人；壓迫者在某處被壓迫，征服者在某處被征服；原始人在某處是有教養的，謀殺者在某處是被害者。

別人就是你，你就是別人，今天不在於你如何對待別人，而是你用什麼心對待別人。你以占便宜的心去占人家便宜，被占便宜的到底是誰？還是你啦！打人家的人就是被打的人，殺人的人其實是殺了自己，這就是對等人物的概念。

想像一下，如果你有一個自己在當法官，而另一個自己可能就是經常犯法的混混；或者有個自己是神父，而另一個自己可能是虔誠信教的婦人。兩個自己以不一樣的觀點體驗人生，經驗法律、宗教的種種版本，這樣生命才會全面。

唯有如此，你才能去體會做法官、犯人，或講道者、信徒的滋味。一個漂亮名模，她的另一個自己是醜得不得了的女人，她們從不同的角度來體會外貌。正如一個沒有體驗過生重病的人，無法當一個好醫師；一個沒有窮困經歷的人，就不懂得珍惜金錢。靈魂總是以全面性的角度在發展，這樣靈魂才會完整。

這個對等的概念也可延伸到家庭、社會。每個家庭的成員，包括配偶、小孩也可以是彼此的對等人物，因此各有其特色、性格與作風。經常他們是你的互補人格，演出了你內在另一個自己，例如孩子桀驁不馴的個性，也許演出了你內在想叛逆與眾不同的部分，只是表面上否認壓抑了，所以你越不接受孩子的某些特點，他就越糟糕，也表示你不接受另一個自己。因為在投胎前，孩子會挑選他的父母而出生，同樣父母也選擇了他們的小孩，雙方同意來共組家庭，彼此在心靈上有共同的目標與挑戰。

靈魂藉由向外體驗而向內整合。世間眾生都是你內心的眾生，都不是別人，廣義來說都是你的對等人物。賽斯更勉勵我們，來到這世上我們就像賭徒一般，而我們最大的賭注是「本能」；它會引領我們到正確的方向，雖然好像「贏面」不利於我們，但終究還是會贏，要信任個人的能力。

了悟到這點，能夠帶出人類更大的同理心，你會開始以對待自己的心去對待別人；你對待他人的方式，就是對待自己的方式。你會發現，用什麼心出發，就回饋給你什麼，不會再想做任何不利於他人的事，因為「全家就是你家」。你還發現，從今以後你過的日子，快樂與幸福指數絕對是直線上升。

（取材自《未知的實相》賽斯書與有聲書）

Aug.
22

現象界與本體界

所謂的「現象界」是什麼？它是所有的世俗無常、生老病死、悲歡離合。我們經常把意識心駐在現象界裡面，例如你一輩子只開一輛破車，而你的兄弟姊妹已經開賓士五百了，這就是現象界，就是我們表面上看到的物質世界種種現象。

現象界其實沒有什麼好壞，它就是現象罷了，對靈魂來講，現象界只是其體驗而已。你可以把自己的身體或人生的種種當成現象，然後去探索這個現象怎麼來的。但是現象不是你，就像白雲流過藍天，但白雲不是藍天一樣。你的思想、感受、人生甚至身體都不是你，它們是你在體驗的一個現象。

例如你今年二十歲，你是在體驗二十歲的那個自己；你今年六十歲，你也是在體驗六十歲的過程，可是你不是二十或六十歲，那都不是你。如果你的思維、感受、以及人生都只有現象界的東西，就像你開一間麵包店，整天在乎生意好不好，在意客人上不上門，只在所有的現象界、物質界打交道，看起來活得很充實，可是人生到最後一定是痛苦的。

你不能把所有現象界當作是你，否則就要倒大楣了，因為凡是現象界就一定會有

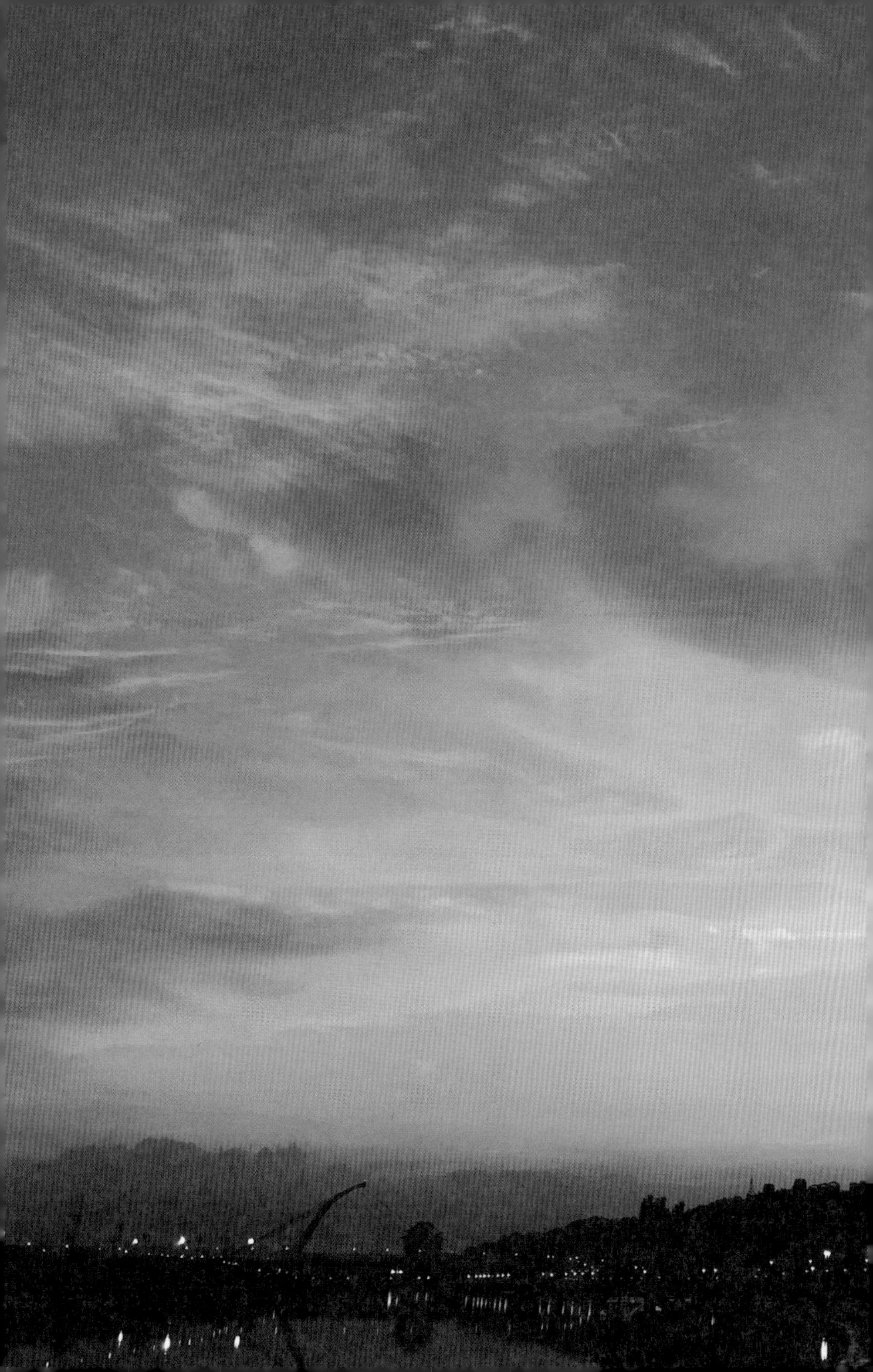

變化、演變、流動、起伏，你再有錢有地位，隨時都可能會失落，即所謂的無常，它不是永恆的。例如，談戀愛有可能分手、夫妻有可能離婚或一方先死掉。

孩子幸不幸福、事業成不成功、每天從早到晚打拚賺錢買車付房貸，說實話，你煩不煩啊！如果你的自在、喜悅或恐懼，只要那一天，還是由現象界所決定，你就不得解脫。現代人都把價值觀建立在現象界上，如同房子建在沙灘上一樣不穩固，最後常會陷入恐慌不安當中。

傳統宗教是要你把所有的現象界放空，做到四大皆空。但賽斯心法並沒有要你把現象界完全放空，拋掉名利地位、金銀財寶、生死身體，這是違反人性的，我們根本做不到。

賽斯心法要學的是確立本末，現象跟本體兩者不可分割，不可能完全把心駐在現象界，也不可能完全否定現象界。要你看進現象界，知道它怎麼來的，面對與接受它，然後再回到本體界，也就是心、靈魂，「你創造你自己的實相」。當你進到本體界，就能改變現象界。例如某人得了腎臟病，首先要探討他內在有何負向的思維方式，長久的負面精神習慣，才是造成他得病的原因。

賽斯心法裡，要把我們的心牢牢地建在本體裡面。當心駐在本體裡面，駐在究竟裡面，駐在靈魂的認知、心靈的信念裡面時，那麼所有的現象界就會變成你豐富體驗的一部分。而不是讓現象界所有的一切，來決定你人生的價值與喜怒哀樂。

本體是一旦存在就永遠存在，你所愛的親人會死掉，可是他的能量會永遠與你同在。你眼睛看到他在不在，這是現象界，可是你主觀本體的感受、心靈，永遠都知道他在這個或另一個世界。

靈魂的本體不管你一個月賺兩萬還是二十萬，也不管你是清潔工還是大學教授，永遠活力十足地感受生命的活力與喜悅，永遠知道自己是尊貴、喜樂的，永遠知道自己的價值在宇宙中是不增不減、不生不滅的。所以，你必須慢慢地把心念、價值建構在本體上面。

（取材自《夢、進化與價值完成》有聲書）

Aug.

23

生命可以轉彎

生命是一件很奧妙的事，彷彿一個無常，卻帶來了生命的變化。每個人都不喜歡生命中的無常，例如至親的往生、突如其來的意外事件等等，常常命運看起來是殘酷的，可是你一定要相信宇宙慈悲的本質。

所有一切看起來的無常、災難，其實都是要把你的生命引導到一個更好的狀態，這句話你一定要相信，因為這是個信念。所有看起來的悲慘，是化了妝的祝福，有了這個信念，你才能度過一切的災難。

生命是有選擇的，這世界沒有什麼「不可以」，例如不可以辭職、不可以離開、不可以輸給別人……你一定要常常告訴自己：「可以！」才會有力量，不要用不可以來逼死自己。其實很多東西都可以，你可以結婚，也可以離婚；你可以把工作辭掉，去找另一份工作；你可以搬出去。你覺得什麼都可以的時候，就多了一份自在、多了一份選擇，而不是逼死自己。

人生經常是在轉彎的地方最精采，雖然當時你可能不這麼認為。賽斯心法最偉大的地方在於，心靈是外在客觀實相的決定者，你透過自己主觀內在的改變，會立刻改變外在客觀的實相。假設你的車子經常故障或很耗油，如果你改變對車子很「兩光」的負面投射，車子狀況會變好。能量投射能應用在物質，也包括身體，身體有疾病當然要從心靈的改變著手。

賽斯說，「如果你不喜歡你的經驗，那就觀照你內心而改變那經驗。而創造任何這些實相的能量是來自『內我』。」賽斯心法是把力量回到自己身上，你的日子是由你決定的，不是誰當總統來決定的。賽斯說，看不看新聞跟你沒什麼關係，最重要的是，你從哪一個角度看世界事件，要把意識心從恐懼負面中解放出來。

因此，賽斯還講了一句很重要的話：「在宇宙裡從沒有東西被遺失、錯置或浪費掉。」我們必須認知到，宇宙的資源是無限的。我們所知的世界，是由像概念、思想及精神行動的世界裡，從中而出的，而「意識單位」是物質的基本建材，它們是我們生命力量的來源，也可說是我們的存有、本體與創造者。重要的是，意識單位一旦形成就不會被磨滅，並且無窮無盡的擴張與創造。所以宇宙的資源是無限的，我們必須要用這個角度來看待生命，創造出想要的世界。

雖說宇宙資源無限，但並非鼓勵浪費、隨意棄置，而是要去除達爾文主義「適者生存」的競爭心態。假如我們認定資源有限，就會有生存競爭的壓力，產生搶奪能源、資源的行為。縱使你搶到了，也會有罪惡感，因為有人沒搶到、有人失落了。如果你是用創造的心態產生出來的東西，就可以跟別人分享，造福更多人，所以，創造的心情符合宇宙的定律。

再者，從小到大發生的每一件事，甚至是鳥事，生命所有一切的經驗都是珍貴的。生命到現在為止，你沒有走錯路，沒有犯了你覺得該死的錯誤，從來沒有所謂浪費你的人生，也沒有什麼事是白費功夫。宇宙所有的一切，都沒有浪費掉！

不要怕犯錯，請勇敢地做自己。有人問，我怎麼樣才能不犯錯，要如何做對的決定？我會回答，我不會幫助你做任何對的決定，但是我會幫助你，勇敢地去做任何決定，即使犯錯也沒有關係。我們最欠缺的就是勇氣跟信心，而不是全盤的計畫。頭腦一直都想要做對的決定，不要害怕做錯決定，勇氣跟信心永遠比有沒有做對或錯的決定更重要。

賽斯要我們跟隨自己主觀的感覺，「經由這種感覺，心靈突破了所有的誤解，而同時暗示出自己和宇宙的本質。」誤解是從頭腦、知識和經驗而來的，理性要當副手，我們經常被理性所騙，理性沒有辦法握有全部的答案，要勇敢相信你的感覺。

所有的犯錯，都絕對不是負面的經驗。過去你很自責的一切，過去所發生的經驗，甚至每一個你覺得最糟糕的人生，很巧妙地，未來都派得上用場。永遠要對自己說 Yes！

（取材自《心靈的本質》讀書會與《夢、進化與價值完成》賽斯書）

Aug.
24

親愛的，外面沒有別人

人無時無刻不在投射，你周遭所遭遇的一切，其實都是你的投射。賽斯說，我們內在有某些根深柢固的概念，也就是信念，那是內在投射的根源。而我們每天投射了什麼出去，是喜悅、豐富、平安，還是投射了很多的憤怒、悲哀、擔心或無力感。要明白我們的心念在怎麼作用，到底對生命投射出什麼！

所以我們要開始問自己一句話：「會不會在外面世界所看到的一切，其實都是我自己，可是我覺得都是別人。」也許根本沒有外面，其實都在裡面。因此，親愛的，外面沒有別人。這句話請記住，「我在外面的世界，看到的是自己。只是還沒有覺察到罷了。」

當你被外面的事物搞得很痛苦、弄得很悲哀時，也再去問自己：這裡有我多少心境的投射？每個人都只看到自己想看到的，同樣一句話，你我聽到的意義就不一樣，都在自我表述，那不就是投射！而我們內心不斷的在玩投射的遊戲，例如你外面看到處處貴人相助，這是你的投射，如果看到很多人要等著害你，也是你的投射。

親愛的，外面沒有別人，這句話是讓我們隨時隨地做內觀的動作，與回到你的內

心。我們於日常生活中，一不注意就在投射，心就跑掉了，而無法安住在清淨自在、富足平安的那顆心。需要不斷地覺察我們投射的過程，如此才能慢慢地把心的力量收回，所有的修行，就是在明白這個心，其本質是「本來無一物，何處惹塵埃」。因為從頭到尾，你在外面的世界看到的，都是你自己，要了悟這個道理，是需要漸修的。

有句話非常重要：「當學生準備好了，老師就會出現。」我們常說怎麼都沒有賞識自己的人，伯樂沒遇到千里馬，經常怪外面的環境。可是賽斯心法一直講，「從來外界都沒有問題，是我們自己沒有準備好。當你的內在豐盛準備好了，錢就會出現。當你懂得愛自己、了解自己存在的價值，賞識你的人就出現了。」

所有你的轉機、健康、財富、愛情、機會，早就在架構二，亦即上帝的國度，統統幫你準備好了。唯一的問題是問自己，「我準備好了嗎？」親愛的，外面沒有別人哪，是你還沒有準備好。

例如有人問「為什麼我的療癒還沒發生」，其實療癒早已在等你了，只是你還沒有準備好。或者有人會懷疑，哪有恩典與恩寵啊？看到的就是貧窮匱乏啊！對不起，那是因為你的心還沒有打開。

賽斯心法從頭到尾要告訴你，其實那些豐盛、健康、快樂、富足，統統幫你準備好了，是你沒有本事讓它發生，從頭到尾都沒有準備好啦！宇宙的本質是豐盛幸福的，講得俗氣一點，錢多到你賺不完，所以不是你賺不到錢，是你沒有準備好讓錢來找你啦！不是你的命運悲哀痛苦，是你沒有讓你的肚量、心胸、包容與心念轉變啦！

所有的一切都在，是你沒有準備好，所以要開始對自己下工夫。是自己內在的衝突矛盾、不信任，阻擋了宇宙要給你的禮物。其實很多事情都跟我們的心念轉變有關，你的信念準備好了嗎？信念轉變，能量和磁場變好了，你的命運、未來與人生，自然一路就轉變了。過去都是怪命運、別人、政府，親愛的，外面沒有別人，我們的路是自己走出來的。

你周遭發生的事件、環境與人，其實都代表了你，也是你的延伸，這三者加起來，才比較接近你所是的你。例如你說我的人很好，旁邊卻都是一堆爛人要欺負打壓你，其實他們也代表了某一部分的你。

賽斯心法講凡所有相，不只是虛妄幻相，而是心境的投射現象。去覺察每一件發生在你身上的人事物，讓我知道我是誰，我的心境在什麼樣的狀況，喜歡則繼續保有，不喜歡則回來自我觀照。問問自己：

如果都是我吸引來的，為什麼我會吸引它？

如果都是我創造的，為什麼我會創造它？

如果都是我想要的，為什麼我會想要它？

今天你說有人背叛你、看不起你、中傷你、讓你難過，如果是你吸引來的、想要的，如果外面沒有別人，那你要回來觀照自己，開始面對更大的自己。

當你的覺察能力擴展了，發現你不是過去認為的受害者，不是過去以為的無能為力、無奈、悲哀與等著被命運決定的可憐蟲。賽斯心法說，到最後你會解脫、開悟，重新創造快樂、喜悅、健康與美好的每一天。

Aug.

25

改變投射，改變命運

你對周遭的每一個人，無時無刻都在投射，他們對你也是。投射是我們心靈放出的一種能量，心靈一直在玩投射的遊戲，像靈魂出體、創造新的過去以及投胎轉世等等，也都是投射。例如你老是有人家不賞識你的感覺，結果真的你就不受青睞，這是心靈投射出來的作用。

關於投射，賽斯說，常常跟我們內心根深柢固的態度有關。他舉一個叫桃瑞絲的女子為例，她從小就怕她的父親，視父親如上帝般，聰明又有權威。她把這種印象投射到所有交往過的男人身上，因此她不要找跟她父親同一類型的男人，而是個性溫和又帶有女性特質的。

當我們把心目中的形象投射到別人身上後，接著就對這個形象而非那個人反應。經常你是愛上了你的投射，而沒有真的愛上那個人，甚至很多時候我們都活在自己的投射裡面，也常常被蒙蔽了。

在無形之中，我們接受了別人很多的投射。有些人會把你投射為比較差勁的一族，貶低排斥；另外有些人則會投射好的能量給你，鼓勵支持。所以除了要投射有益的能量出去外，還要小心不要落入別人對你的負面投射陷阱，變成它的獵物。

當然你最大的投射受益人或受害人就是你自己。例如，可能會常跟自己說：「我沒用啦！我笨啦！我越來越衰老啦！」但是當你在內心鼓勵自己，「我會越來越好，越來越健康。」你投射給自己的能量就不一樣了。也許你真正的自己，並不是你以為的自己，只是你不斷投射出的那個形象，所以要重新發出對自己正向的投射。

每個人都要為自己的投射負責，當你改變了投射，把投射出去的東西收回，改變那個創造，你的命運就會跟著改變。投射理論是從另一個角度，去找出你如何創造自己的實相，先從投射著手，再一步步解析你的信念。

例如你覺得爸爸很權威，但他在眾人眼中，不見得都是權威的。你眼前的爸爸，是你跟你爸爸共同完成的投射，而你占了相當大的比例，你爸爸眼中的自己不見得是權威的。

在人際關係裡，你居於主動地位，如果之前的投射不對了，就改變、創造一個新的投射，彼此關係就改變了。例如妳遇到一個不負責任的男人，有可能投射了這個男人就是沒責任感的能量到其身上；或者你碰到一個掌權又跋扈的太太，你投射了一個強勢女人可保護你的想法，這些投射是你跟對方共同創造，而且是你允許的。又假設你女兒從小叛逆不聽話，可能是你內在有種想要自由的衝動，然後投射了叛逆的能量給女兒。

很多人說，那對方為什麼不改變？他為什麼不對我好一點？他為什麼不愛我、不跟我道歉？如果你看一個人越看越討厭，他也會收到投射，你們的關係就會越來越惡劣。我們通常要對方直接改變是不可能的，你要做的是，改變你對他的投射。

例如你投射給小孩的是，他不乖、不聽話、不念書、怎麼會有未來，可是如果你改變投射，「他其實有他的個性，也是很懂事的，有自己的想法，未來的發展方向不一定在課業上，書能念就盡量念，我相信他還是有美好的未來。」他一接到新的投射，不久就會改變了。

以前我們常講，與其改變別人，不如改變自己，這句話好像有萬不得已的感覺。但是改變你對萬事萬物的投射，它是非常主動積極的。當你掌握了投射的力量，就等於掌握了自己的力量，不再被命運所左右了。

（取材自《靈界的訊息》賽斯書與讀書會）

Aug.
26

別人其實是你潛意識的投射

賽斯告訴我們，要學著傾聽「內我」之聲，沒什麼好怕的。我們在遇到人生的問題時，常常寧願聽表面自我的話，而不願傾聽被蒙住的內我聲音。

我們常常容許自我來欺騙自己，學習身心靈的時候，最先要做的是，開始對裡面的我誠實！對自身真正的意圖誠實！對自己真正的問題誠實！而不要永遠拒絕自我面對。而要如何認識真正的我呢？

賽斯這段話可以幫助我們去覺察：「你在別人身上看到的是，你以為你是什麼的投射和具體化，不過卻不見得是真正的你。例如你看別人似乎喜歡欺騙，那是因為你欺騙你自己，然後將之向外投射到別人身上。如果一個人只看到邪惡和孤寂，那是他內在已被邪惡和孤寂所困擾，把它們投射於外。

「一個非常勤勞的人，認為大多數的人都很懶惰、一無是處。這也許是他潛意識中對自己的看法，於是經常鞭策自己不要變成那樣，殊不知這些（懶惰、一無是處）是他對自己的基本觀念，更將這些自己所害怕的弱點，投射出去到別人身上。」

問自己幾個問題，並寫下五個形容詞，你覺得別人怎麼看你？正直、善良等等。

你又怎麼看自己？計較、小氣等等。你希望自己未來是什麼樣子？大方、脾氣好、受人歡迎等等。藉由這三個問題來認識自己，要誠實地面對這些，才知道你投射了什麼。

有時候你覺得別人都很懶惰、不負責任，怎麼這種人在周遭比比皆是。但回來看自己，在你的心目中，有可能覺得自己是懶惰、不負責任的，雖然人家都覺得你一直很勤勞、負責任，那麼就會在你周遭的人身上看到不負責任的情況。或者你會納悶為何老遇到很嚴厲、權威的主管或長輩，你溫和、脾氣又好，別人也這樣認為，可能內在有一個很嚴厲、權威、脾氣壞的自己，它並沒有被你承認、被面對。以上這些都是自己投射出去的能量，自己變成了權威、懶惰等等的受害者。

或許你老是覺得周遭的人邪惡、不善良或危險，但是那些東西都在你的心裡，內在沒有的，外在就看不到。當你在外面看到很多的負面，其實那是內在的投射，你要回來看這塊，所以，處理自己的內心世界很重要。

問你自己認為別人如何，就會知道你認為自己如何。當你看到自己的優點，開始自我肯定了，你就會看到別人的優點與肯定他們。你不喜歡這個世界、不喜歡你周遭的人，其實那個不喜歡是源自你不喜歡自己，不喜歡你現在過的生活與人生，你投射出去的都看到你不喜歡的。

這些對自己的看法，是潛意識中對自己的看法。潛意識中認為自己很小氣，所以

你外表在極力的避免與否定這一點，而表現出很大方的樣子，可是如果你沒有處理這一塊，旁邊就會出現很小氣的人，你把潛意識的看法投射到別人身上去了。

這投射尤其對越親近的人會越明顯，你去看對方身上你很困擾或討厭的特質是什麼，潛意識的你有可能是這樣。

這段話很重要：「真正的自知對健康或活力是不可或缺的。對自己真實的體認只是指，你必須先發現你潛意識對自己怎麼想。如果是好的形象，就以之為基礎加強下去；如果是壞的形象，則認明它只是你對自己的看法，而非一種絕對的狀況。」

我們常常內外會顛倒，尤其是你內在對自己的負面看法，反而會營造出一個剛好相反的形象出來，讓人家以此認知你。例如，一個內在很容易緊張的人，他要營造出很鎮定的樣子；內在很膽小的人，他要讓你覺得他什麼都不怕。

如果你跟周遭人的相處與觀點，覺得很舒服，你都看到周遭人很多的優點、很棒，那麼你內在是OK的。但那不是表面上的，而是潛意識層面覺得自己好、別人也很棒。有很多人嘴上說別人很好，心裡面卻覺得爛透了。

你發現潛意識裡，自己是OK的，也看到周遭人很多的優點長處，那就保持下去並發揚光大。但如果是不好的，小氣、懶惰、笨拙，也不見得真的是那樣。可能是小時候你對自己的一個看法，而從來沒有改變過，你還一直以為自己是那樣子。

所以，要先透過自我承認，「是的，我就是小心眼、愛生氣、愛計較、愛比較。」當你去面對這部分，才會發現其實不是這樣，搞不好都是你以為的。

（取材自《靈界的訊息》讀書會）

Aug. 27

過去絕對不是今天的限制

過去許許多多的經歷、記憶，到底是我們的心靈資產與寶庫，還是成為當下的限制與痛苦的根源？這是我們必須問的問題。

賽斯曾說，那些習慣檢查「過去」以發現「現在」出了什麼毛病的人，常常錯失了問題的重點，反而更加強我們的負面經驗。問題就出在我們都有記憶，過去的經歷都可能會被想起，不論輝煌的或落魄的。其實過去是怎樣一點都不重要，因為賽斯的精髓就在這一句「當下就是威力之點」，偏離了這個指標，過去就成為我們的負資產了。

輪迴轉世中，我們為何要喝孟婆湯？為什麼會忘記前世是什麼角色？因為這個忘記本身涉及了放下，如果沒有讓你忘記、放下前世的角色，你還惦記著當國王、貴族的滋味，怎麼重新再來呢？

在我們這一世的經歷中，很多人隨著年紀與經驗的增長，累積的不是有益的智慧，反而是限制與種種放不下的過去。那些過去也成為我們痛苦的根源，變成我們走不出去的障礙，因此可以這樣說，甚至沒有過去的記憶，就沒有痛苦，人沒有先告別過去，就不可能迎向未來。

很多人的過去早就是不良資產了，我們之所以開展不了新的人生、新的未來，是因為被種種的過去所局限了。種種一切的過去，絕對不是我們痛苦的根源，也絕對不是今天的限制，但我們會讓它變得是。

如果沒有過去的對照，現在就只是現在，既沒有好也沒有壞。例如你說今天吃得很差，是跟什麼比？跟以前比的結果。如果沒有比較，你還覺得吃得差嗎？我們不斷的用過去跟現在做比較，也會用期待的未來跟現在比較。

隨時隨地調整自己的心態，是多麼不容易的修行功夫。賽斯心法教你轉念，如果你能當好一個國王的角色，表示你也可以做好一個稱職的乞丐。至於你，既不是國王，也非乞丐，因為你不只是你，你是多重次元的人格。

很多人從來沒有放下過去，如何面對當下？很多人逃避過去而不敢面對。放掉過去跟逃避過去有什麼不一樣？當然不一樣！怎麼分別？自己去分別吧！久了就知道，總有一天你騙不過自己。有些人說他面對了，就像賭徒說他面對了，所以才想要再去賭一把，他從來沒有接受過今天的自己。想翻身沒有錯，重點是，你是建立在接納、面對、臣服、放下的心態，自然而然的翻身；還是建立在痛苦、對抗、逃避、不肯承認的想法，不甘心的想要翻身。

唯有真正的面對現實，才能創造實相。學習「創造實相」，不是漫步在雲端、自我欺騙，只想把它當一個工具或方法來改變現狀，用來吸引一個男人、創造財富、找到好的工作，卻從來沒有接受現狀、真正面對自己的心、深刻的下工夫。那該下什麼工夫呢？對當下輝煌的這一刻真正的接受。賽斯家族必須有勇氣面對，現狀不論有多爛、多沮喪、多失敗，對不起！那是你必得接受的。

怎麼樣才能真正面對現狀？很簡單，了解靈魂的本質。靈魂是超越世俗一切成敗地位與財富的，它不生不滅、不增不減、不垢不淨、不來不去。賽斯心法真正連結到的，是無形的心靈財富，當了悟到靈魂的本質後，你就能夠坦然面對世俗一切的成敗。

（取材自《個人實相的本質》有聲書）

Aug.

28

找到疾病背後的藏鏡人

學習賽斯心法後，我們知道肉體形象的確是信念的一面鏡子，而一個患病的身體，很忠實地將我們內在的思想與體驗具體顯現出來。因此想要根本的療癒疾病，就必須開始回來觀照內心，探討內在主觀的感受跟疾病的關聯，引導人向內找到情緒壓抑的部分，才能找回自己的力量。

疾病背後產生的原因都是主觀性的，而現在的醫療包含中西醫、另類療法、飲食控制，都是客觀性的輔助，藉由外在的方法，試圖消弭疾病、恢復與維持健康。

賽斯對於每個人內心情緒的壓抑與衝突，有一針見血的說明。例如患有風濕性

關節炎或其他損傷動能的人，如中風、骨折，都是內在能量衝突的結果。可以問他們自己一個問題：「如果我擺脫了這些狀況，我會做什麼？」這樣的問句帶給對方的，可能有如一股恐慌感的襲擊，而非鬆一口氣。因為，這可能是他們頭一回體驗到，他們潛在對「動」的恐懼。

這些患者的信念是，相信力量或能量是錯的、破壞性或罪惡的，所以要被懲罰，讓自己行動受限。所以，需要想的是背後有沒有恐懼？有沒有罪惡感？對行動力有無矛盾的思想？例如，魯柏的媽媽有很嚴重的類風濕性關節炎，後來也死於此病的併發症。在內在心靈層面上，她媽媽的脾氣很暴躁，人也很漂亮，沒有關節炎的話，她可能會常常追著孩子打，搞不好會離家四處趴趴走，變成一個更不負責任的媽媽。她將本有的衝動能量壓抑下來，限制了力量的表達，換來的是得到風濕性關節炎，真的行動不得。

很多得到類風濕性關節炎的人，心裡有很多憤怒能量的壓抑，壓抑到最後令自己不能行動，否則容易跟別人起衝突。但一般大家被教以打針吃藥、手術的治療方式，只能暫時治標罷了。透過自我的覺察與面對，去找出疾病的內在原因，疾病自然沒有存在的必要。

再者女性同胞為何長子宮肌瘤？子宮原來是她最充滿愛、被孕育的地方，但若跟媽媽之間有憤怒的情緒，這情緒會反應在她的子宮上，反映出她的無價值感。對媽媽是否真的愛她沒有信心，對自己是被愛的沒有信心，對生養孩子也沒有信心。又如得肺腺癌的患者，許多人感受不到被父母親疼愛，也從來沒有承認自己需要父母親的關愛，而不斷藉由工作付出或拚命地出人頭地，來換取父母親的肯定眼神，才能進而自我的肯定。

許多人有鼻子過敏的問題，動不動就流鼻涕、鼻塞，為什麼會導致過敏性鼻炎呢？從身心靈的角度來看，賽斯說，「有鼻竇的問題，是想把世界關閉在外的老舊企圖，就像魯柏的眼睛問題和約瑟的耳朵問題一樣。花粉熱的症狀也是對世界的一種排斥。」所以過敏性鼻炎的患者，其背後的心理是想把世界關閉在外面。人為什麼想把周遭人事物關在門外，或把自己的心門關上？原因是怕受傷、被外界傷害，對這個世界的不信任、不喜歡這個世界，也覺得周遭人事物不喜歡自己，於是內心開始產生排斥。

例如，很多小孩在台灣有過敏性鼻炎的毛病，到美國念書就不藥而癒了。原因不是台灣潮濕或塵蟎太多，也不是美國氣候乾躁、空氣乾淨。實際上他是到了美國，沒有人管他是誰，也不會有親戚朋友關心、比較的壓力，去除了令他不舒服的人事物，他頭一遭感到自由、快樂的空氣，於是過敏統統都好了。

越覺得這個世界不喜歡他的人，越容易得到過敏性疾病，諸如過敏性鼻炎、異位性皮膚炎、氣喘。他與環境並不是水乳交融，反而覺得環境對他不友善，是一種威脅。所以有過敏病史的人需要建立一個信念，我是被喜歡的、我跟我的環境是如此

的水乳交融，而我的環境經常張開友善的雙手迎接我。將「所有生命的元素和部分都具有善的意圖，就如自己也是天生善良又有價值的生物」這個心態深化，漸漸地你就能接受所處的環境，而不是對它過敏排斥，長期需要仰賴藥物的治療了。

在疾病的部分，必須去問疾病背後到底有什麼情緒的壓抑？從情緒開始壓抑、累積、扭曲、變形，終於生病了。去找自己的情緒，做一個情感層面的真正自我面對與覺察。賽斯說：「當人們變得生病、憂慮，或恐懼時，疾病的第一個信號往往是缺乏熱情或蓬勃生氣。」因此人生病最先的徵兆，並不是體溫上升、體重減輕，或者咳嗽、肚子痛，而是開始感覺不快樂、生活沒有愉悅感，以及太注重在個人問題上了。

還是那句話，不必為某一個症狀而生氣，它只是盡責地反映自己的思想給你看。無論如何，生病一定有其背後的原因與理由。

（取材自「身體本來是健康的：談健康之道」講座與《健康之道》賽斯書）

Aug.
29

相信生命的每件事都有意義

過去我們都認為，是外界的人事物令自己煩惱。在我們學習與成長的時候，常常會有一個很痛苦的認知：「如果我沒有辦法改變別人——我的孩子、先生或太太，以及這個世界，最後只好改變我自己來適應跟接受。」許多人說這句話的背後，其實是充滿無奈的。然而，全世界唯一能讓你痛苦的那個人，是你自己；全世界唯一能令你煩惱的，是你的心。

任何外界人事物原本沒有高低、好壞或對錯，這些都是個人意識起的分別與判斷，是你如何感知這件事。但是藉由改變你與外界互動的方式，你改變了世界。生命的本質，超越了所有的表相。一般善惡的觀念是人為的，可是宇宙的本質與創造力從來都不被世俗觀念所框架。世俗的一切常常並非表面成敗那樣膚淺，例如三二九黃花岡之役，七十二烈士慷慨就義，但如果沒有這樣的悲劇性的失敗，怎麼會激盪出眾人心靈的力量，促成了辛亥革命的成功？

某些家庭也是透過經歷到的災難，而把成員凝聚在一塊，體會到生命的甜美。所發生的事情，更深的本質是靈魂的一場遊戲，如果問那個人的生命為何這麼悲慘，經常是因為要配合演出他內在消沉的部分，但他的靈魂依然意氣昂揚。

賽斯書的作者珍曾說：「無疑的，我們需要相信生命有意義。那個信念很可能是一個生物上的必要。」這句話非常重要。

現今科學主張，宇宙本身只是被或然的機率所創造出來的，在這種信仰下，我們無法產生任何意義與秩序的概念。所以珍又說：「一個不尊重意識的科學，結果必然會創造自己的幻相，它無視於經驗的實相和存在的證據，因此而否定了生命的價值。」

賽斯說，自然的每個部分都是被內在活力、能量及其內的生命力推進的，如果個人相信，他和他的工作是沒有意義的，則身體無法健壯。因此你否定了人生的意義，身體健康會開始亮紅燈，器官會怠工運作不良；其實不只是身體，人生其他部分也會出問題。

什麼叫做成功的人生？什麼叫做失敗的人生？什麼叫做一帆風順？什麼叫做頹廢失志？有人被砍被殺、墜機撞車死於非命，這就是現象界，其含有人生所有的諸般體會。可是回到本體界，一切都只是戲劇的一部分，而戲劇要的是張力與生命的對比、錯綜複雜的感受。某些個人勇敢地選擇涉及偉大悲劇的人生經驗，經歷這種悲慘的人生，搞不好比前幾世的平安順利品味到更深的滋味。每個個人都涉足於一種生活的藝術當中。

《刺激1995》這部電影中有這麼一段台詞：「這些圍牆很有趣，一開始你恨它們，接著，你適應了它們。日子久了，你開始依賴它們，那就是制度化了。」實質的圍牆禁錮不了人，總有辦法突破——只要你相信。人被關閉的是思想信念築成的無形圍牆，於是活在他內心的監獄中，放棄了嘗試、杜絕所有可能性。

心靈是自由不受限制的、是任何高牆所關不了的。常常告訴自己這句話：「我的人生是我的，而我形成了它。」生命偉大、好玩之處在於創造，就像畫家創作畫作一樣，我們的信念也讓我們揮灑色彩，賽斯說：「沒有你不能改變的情況。……如果你因為一種疾病或生活境況而充滿了自憐，那麼，抓住這個機會，開始去誠實面對你的信念，找出那個困難的理由。」例如，相信惡是有力量的，那它真的就有，從自己有色的信念眼鏡看出去，就處處看到邪惡的人事物。但是，「惡是被恐懼造就出來的，只要你們一旦相信『惡』這個觀念，它在你們的系統內就是一個真實的存在，你們總會發現它示現出來。」

有趣的是，我們常在警匪片中，看見犯人的善良無辜，看到執法的邪惡貪婪，同時在信仰有善必有惡的信念裡，誰又是好人、誰又是壞人呢？人們把內心的惡投射出去，遲早會嘗到反撲回來的惡果。唯有找到心靈的力量，再三的面對內在恐懼，到最後你會發現所懼怕的不是惡，或者其他讓你害怕的事物，而只是那個恐懼本身的念頭想法。

請相信你生命的每一件事都是有意義的，所以宇宙有意義嗎？你的人生、上班、賺錢、婚姻、受苦、生病等等都有意義嗎？有！只是你還沒找到。就連你的憂鬱也有意義，它可能是不要讓你太膚淺的樂觀、讓你變得比較有深度、讓你思索生老病死。

舉例來說，許多中上層階級或富裕人家的子女為什麼會自殺，或發生車禍等意外事件而喪命？因為他們感受不到也找不到生命的意義，經常禁不起一時的挫折打擊。這種人從小物質環境優渥，受父母寵愛過度，一方面他們覺得只是父母的附屬品，認為父母只看重他們的成就，而無法做自己，另一方面他們看不到未來的前途，沒有可奮鬥的目標。

我們常說要「活在當下」，賽斯說，「並沒有一個可以跟隨的真正法則，能帶你接觸到實相當前一刻——只有對你存在本質的信任。而不論你認知與否，那信任是在你之內的，因為它給了你當前的經驗。」除非你開始信任自己存在的本質，否則永遠無法體會什麼叫當下。這個信任確定在我們之內，當下的經驗由之而生，而且不論我們的頭腦心智如何質疑，這信任永遠安全地凌駕在靈魂偉大的創造性上。

細胞也極受我們的行為與信念影響。如果你不信任肉體的天性，這種感覺絕對會投射出來，細胞與器官也知道你不信任它們，那不論你採取了何種保健措施，仍然無法健康。例如一個相信心臟會出毛病的人，終究會透過自身的焦慮，進而對心臟造成確定的傷害。

許多自以為是的真理尋求者，他們會說：「如果我做了任何的善事，那是因為上帝的靈而非我自己的；或是我自己沒有能力，只有上帝有能力。」但是賽斯說：「你即上帝力量的彰顯。你並不是沒有力量的。你就是具體示現的上帝。你與祂一樣的真實。」

信任自己與存在的本質吧！「原子和分子它們有一種對自己本體的意識，它們密切地覺知所有這種可能的合作性冒險，並生而具有價值完成的驅策力。每個已知物種是在可見宇宙的全盤孕育時，與生俱來地『在場』的。」這就是宇宙的意義跟本質。

賽斯心法很簡單，告訴你宇宙從頭到腳都是有意義的，所有一切的存在都有意義。包括現在的ＩＳＩＳ跟西方國家對抗、經濟不景氣、胃腸脹氣，都是很有意義的，只是我們看不到生命中每件事的意義，還需要繼續學習。所有的原子分子都有意義，所有它們組成的每個物種都有意義，一切都是合作性的冒險，都是朝向價值完成，這種對生命終極的意義是我們很重要的信仰。

（取材自《個人實相的本質》與《靈魂永生》有聲書）

Aug.
30

恐懼的本身才是問題所在

你這輩子到底有多少的恐懼？有沒有真正面對內在的恐懼？內心的害怕是不斷累積起來的。往往當我們什麼都不怕的時候，其實是越害怕的；往往表面越鎮定的人，內心常常隱藏著一個很恐懼的自己。就像有些人給外人的印象是天不怕、地不怕，一旦恐慌症發作時，卻變得什麼都怕，甚至連上班都不敢。

有些人深受耳鳴之苦，他們會抱怨耳朵好像聽到嗡嗡叫或吱吱響等聲音，這個聲音來自頭部，而不是自外界聽到的。耳鳴在醫學上的解釋原因複雜，有時被告知是老化現象、自律神經失調或情緒障礙等。約瑟也曾問賽斯，為何左耳有時會有噪音？「耳朵的通道充塞著恐懼。」賽斯回答。當恐懼占據心頭時，也會關閉跟外面世界的通道，試圖排除威脅。

有耳鳴現象的人，聽不到內心的聲音，只聽得到恐懼害怕的聲音，因為一直被大腦自我意識所掌握，被恐懼牽著鼻子走。對於有耳鳴的人，治本之道是回來覺察，看看自己內心有多少的恐懼。我們經常將很多力氣花在恐懼、擔心及害怕上面，來防範自己免受「惡」的侵犯。但賽斯說得好，「恐懼出現時總是會找任何理由。恐懼本身才是問題，不是恐懼的對象。」

你可能會說，就是怕賺不到錢，所以才擔心啊！問題是你錢賺到後，還會接著擔心其他的，擔心錢花不完、錢不見了、人被綁架……不管如何，你就是恐懼，永遠在找任何理由擔心啦！所以問題不是錢不夠、孩子不聽話、健康亮紅燈、經濟不景氣、政府太爛，而你就是愛擔心。一個不打算讓自己擔心的人，就沒有什麼事好讓他擔心的。

這個世界有很多很多的傻子，每天都在解決各式各樣讓他擔心的人事物，今天擔心太久不下雨會旱災缺水；明天又擔心雨下太多會淹水歉收。我們的大腦忙著解決所有擔心的事情，而真正要解決的不是擔心的對象，是擔心本身。

從小當我們感到害怕的時候，老師或爸媽會說：「不要怕，不要怕，沒有什麼好怕的！」於是，長大後有意識的自己或理性的頭腦也經常如此地對自己說。表面上，自己好像已成功克服了恐懼，可是你真的變得不害怕了嗎？並沒有！在你內心還有另外一個自己，其實它不斷的在呼喊：「我好怕，我好怕，我什麼都害怕。」

試著反向操作，勇敢地唸出這句話：「我好怕，我好怕，我什麼都害怕。」這句話會引導我們，面對自己內心從來沒有好好面對的恐懼，因為我們過去內心一直在壓抑這些害怕。

要消除恐懼，我們必須先從有多少害怕著手。就能量來說，你壓抑多少，就要還多少。例如某人長腦瘤，開完刀後仍復發再長，這是能量未處理完之前的償還作用，包括壓抑的、痛苦的、恐懼的能量，沒有被處理。或者你以為處理了，卻是用「我不怕、我不怕」的「正向」方式，那是壓抑，而非處理。

你有沒有害怕沒錢，或害怕變有錢的種種困擾不安？你有沒有害怕被人家責罵和攻擊，或害怕到達成功顛峰後如何持盈保泰？你有沒有害怕生病老化，或害怕一旦恢復健康，人生問題怎麼面對？有太多太多害怕恐懼了！把你所有的恐懼列下來，沒有處理它們，你很難再前進。如果你往前進，而沒有回來照顧內在的陰暗面，最後一定會被拉住，再也前進不了。

如果你遇到了瓶頸，感情、事業、親子、健康等等的問題，也許急著想要突破它們，其實不然。這時候你要停下來覺察，當下面對內在的那個負面能量，看看到底是什麼拉住了自己。

如果你想要有錢，可是你沒有回來面對有錢的恐懼與擔心，怎麼樣也不可能有錢。如果你想要健康，可是你沒有回來處理你的負面能量，疾病想要痊癒是癡人說夢。如果你沒有回來面對各式各樣的恐懼，人生一定會遇到瓶頸，因為你沒有回來照顧那些反向的恐懼，內在靈魂會自動的把你拉回來。

拿掉恐懼本身，這才是重點所在，而不是恐懼什麼東西。你要解決的是擔心與恐懼本身，一旦沒有恐懼，什麼東西就都不會讓你恐懼，你的力量就出現了。

（取材自《早期課1》讀書會）

Aug.
31

信念影響情緒和行為

《個人實相的本質》書中舉一個三十出頭、離婚又帶三個孩子的女子安琪亞為例，很值得我們學習其中的經驗。安琪亞告訴魯柏，她覺得自己是個很差勁的人，無法應付同事或這個世界。同樣的，當我們心情鬱卒或低潮的時候，可能會浮現覺得自己很糟糕、差勁或爛透了的信念。就像你覺得應付不了生病，它治也治不好，醫生也幫不了忙！這就是信念。賽斯說，「那些信念都無意識地透過身體表達出來，透過手勢、表情和聲調，她整個身體都在預期挫折。」

從表情與肢體動作可以反映出你的信

念，所以台語說「人若衰，看臉就知」，終究瞞不了別人。你透過自己當時的心態來詮釋事情，當你悲觀負面的時候，別人的笑容、友善你就看不到，然而別人的一點點不友善會被你強調放大。人是多麼地被自己的信念與心態影響啊！

有關信念與心態造成的影響，癌症者通常的心態是，「許多癌症病人都有著殉道者的特點，往往多年來忍受著令人不快的情況或狀況。他們覺得無力、無法改變，不願留在同樣的位置，但他們不會實際地對抗他們的情況。」所以得到癌症的人，之前也是固守那些負面的信念許多年，一直在壓抑，忍人所不能忍，會找很多理由讓他留在令人無法忍受的情況裡，符合了殉道者的情懷。

問題是，這樣的人既拿不起也放不下，也不會實際對抗所處的情況。真正的重點是內心不想再忍了，但又覺得無力，癌細胞就首先發難，爆發出來。傳統的醫學、修行讓你再忍下去，難怪會復發。最重要的是，喚起這個人對他自己的力量和權利的信念。

可以去做「威力之點在當下」的練習！事情不是沒有解決之道，只是還沒想到、還沒出現。當你相信自己有力量，每個方法都是好方法；病不是不會好，而是你根本不相信自己有力量。

賽斯也建議使用藥物於癌症病人時，小心謹慎不要過度，因為像化療、放射線等治療，常常也是最容易引發癌症的藥物。醫學強調的是對抗、消滅癌細胞，殊不知癌細胞就是你黑暗的自己，而它們通常比較有力量，與之對抗，最後死的是自己。賽斯心法講的是接納、面對、轉化你的黑暗面，整合了內在的力量，癌症會很快消失。

癌症病人最常感覺想要有發展、擴展，卻受到阻擾，因而產生內在的不耐煩。所以須植入新的信念，以便驅散阻礙自己能量的恐懼。可以每天告訴自己，「我是一個好人，每個人都是個好人，都是宇宙能量本身一個個別化的部分。每個人本來就應該表達自己的特性與能力。生命的意義指的是能量、力量及表達。」

你只會挑選符合自己信念的東西，「所有進入你身心的資料，都經過了篩選、估量，精選出那些會符合並加強你信念的資料。」但是與你的思想信念相反的資料或事件，會大半被忽略，或者被扭曲成適合你想法的東西。

如果你覺得每個人都在跟你作對，就將發現周遭的人真的在跟你作對；你覺得世界充滿了不公不義，很快不公不義的事就會發生在你身上。每個人都是好人，只有做好事的好人與做壞事的好人兩種。每個人都該表達自己的特性與能力，別人怎麼說是他家的事，只要對得起良心即可。概念會變成經驗，因此如果你覺得病不會好，你的身體會好起來嗎？當然不會，信念發生在先，你會預期你遭遇到的東西，這就是信念創造實相。

這句話很重要：「有意識的信念把你的注意力集中起來導向一個方向，繼而指揮你的能量，因此你能很快地把意念帶入實質經驗。」而你的信念也是一種屏障，把有些你不能接受的資料丟在一邊，同時維持你原本信念的整體性。那些不符合你想法的事情，就算你聽到了或事實擺在眼前，你也不會相信或將之想成與事實相反的結果。是以當你預期挫折時，根本沒有看到有人在鼓勵你或對你微笑，甚至會把可能對你好或有益的事情，看成對你不利或負面的事情。

假設你覺得自己很差勁、是個魯蛇，它絕對不是事實，只是一個信念，但不改變這個信念，你就是個遜咖。要改變你的人生，由改變信念開始吧！如果想激勵他人，就要提醒對方他本身存在有獨特性，不管他多差勁，天生我材必有用，因為概念會變成經驗，人類正在學習透過信念，強化對自己的信心，創造自己的實相。對孩子的教育也是一樣，最好的方式是信任孩子，讓孩子能相信自己有獨特性與存在的價值，看到他們天性中好的一面。

所以，要提醒自己這個正面信念，自己有真正的價值，自己有其獨特性！

（取材自《個人實相的本質》賽斯書與有聲書）

九月

Sep.
1

人生的目的

人生的目的到底為何？我們常以為，我們的意識來到這個物質世界，當然一定有一個目的，否則它來幹嘛？賽斯卻說，「意識本身無法覺知它自己所有的目的，卻是不斷地透過它自己的彰顯而發現它自己的本質。」

「就算你自己沒體認到，你其實向來都清清楚楚地知道自己在幹什麼，就像是眼睛知道它看得見，雖然它看不到自己，除非是利用反映。」自己或許無法看到自己，除非照鏡子。是以意識必須在行動當中認識自己，它沒有辦法在靜止狀態下完全知道自己是誰與自己所有的目的。

因此，有些人說找不到人生的目的、不知道該怎麼辦的時候，那就去行動吧！先學會如何愛自己，做利己利人利益眾生之事，你只要不斷去做想做的事、去行動，就能一步一步地發現你是誰。

或許那不是給那些想要簡單答案的人的答案，賽斯進一步解釋，但是在一切萬有裡面，有種英雄式的愛、知識、慈悲與創造性的屬性，那是在每個生物之內的。意識的每個最小粒子皆包含了創造和發展的無限能力，雖然它們是一切萬有創造出來的，但設計與被設計者之間的關係是如此緊密，創造者也在其受造物之內，受造物本身也被賦予創造力。

有個讓癌症奇蹟式痊癒的方法，即是讓患者覺得生命是神聖且有意義的、去找到生命英雄式的愛。好像很多年輕人去投奔ＩＳＩＳ團體，雖然看起來不應該，卻也是該組織給人一個「神聖」的生命意義，就是打垮西方邪惡帝國，打一場聖戰，縱使犧牲也在所不惜。

賽斯說，「人格片段體和其他萬物片段體的不同之處在於，它們可以讓其他片段體從它們自身形成，人格片段體形成的其他片段體擁有親本片段體的所有屬性，如情感生命等等。人格片段體的屬性絕不會少於它的根源。在任何一世現存的個體，都可以說是他整個存有的一個片段體，擁有源頭存有的所有屬性，但是這些屬性仍然潛伏或尚未使用。」

就某方面來說，萬物都可以稱為片段體，所以我們也是片段體，從存有而來，擁有神的神性、具有佛的佛性，這是其他萬物片段體辦不到的。我們有偉大的自我療癒力——因為我們的源頭有——也有智慧、愛、慈悲、創造力與神通這些能力，在人之內皆有之，只不過我們沒有了悟到自己竟然有這些能力罷了。

「人格片段體可以學習的是去發展天賦的屬性，而不是去尋求新的力量，並沒有所謂新的力量。」我們要做的不是去開發新的力量，只不過要去發現我們本來的面目，所有我們的潛能都在我們裡面，那是源頭存有的能力，需要的是把它開發與發揮出來，亦即佛法所言「不假外求」。而在學習的過程當中，要記住這個事實，就是每個意識的最小粒子都是天生受福祐的。

你是天生受到祝福，你是受到宇宙的恩寵，所有你需要的都會來到你身邊。一切萬有一直都在看著你，你並沒有孤獨地被拋棄在地球。縱使你的父母親、愛人不了解你，宇宙裡面還是有個一切萬有，在鍾愛並眷顧著你。

「你們之所以會在這裡，是因為你們的思想在你們出生前，播種了這個你會成長在其中的世界。你之所以活著，是因為你想要創造，你的所作所為都是創造。生命是一個禮物而非詛咒。你是自然世界裡一個獨特而有價值的生物，自然界隨時隨地包圍著、給你滋養，且提醒你自己以及世界所來自的那個更大源頭。你的身體愉快地適合它的環境，而再次的，也是由那未知的源頭而來，那個源頭透過物質世界的所有事件顯示它自己。」賽斯如是說。

（取材自《心靈的本質》讀書會、《早期課1》）

Sep.

2

期待一個美好的未來

賽斯思想與傳統觀念最大的不同是，人生是同時性的，今生的你可以改變你的前世，因為前世、今生、來世是一個圓，所以今生的開悟、學習與成長，能夠幫助你的前世。假設你的前世是在明朝，正在被東廠錦衣衛追殺，當你感受到那個畫面時，可以把當下感受到的平安鎮定送給他。

賽斯曾對約瑟說：「你幫助了那個女人，你現在的安全感與相對的冷靜，給了她力量。她明白自己會活下去，因為她覺察了你的知識。」那個女人是約瑟的前世，正在躲避被人的追殺，處於極度驚慌

害怕中。隨著你心靈的安定，可以幫助你的生生世世。

但還是要從今天的你做起，你的進步才能幫助其他世的你。例如類風濕關節炎等等慢性病的產生，常是對自己的壓抑、打擊、否定與憤怒，吃藥是好不了的，怎麼樣才能痊癒？首先很重要的，就是釋放負面情緒，再來做轉念，你的心情就會不同，能量開始轉變，命運就會改變，疾病是可以不藥而癒的。

一旦你內心準備好了，內在的潛能就會發動，只是很多人還沒準備好去面對這種心靈的資料，所以還沒修到能知道前世，早晚會有這天的。要做的就是漸修，不要急，寧願慢，不要快。當你的身心平衡達到一個階段時，就會自然而然的打開內在智慧。

當我們漸漸成年，可能必須面對父母親的離世，甚至自己的死亡，會不會感到害怕、難過或傷心？我們能不能自在的看待死亡，甚至有一天，能不能自在的看待自己或是親人伴侶的死亡？以賽斯心法而言，如果它是一件未來必須發生的事，而且無可避免的會發生，為什麼我們不能把死亡當作一個未來美好的期待？就如同你以前覺得明天要上班、上學很痛苦，不可避免但又不得不去；假設你把上班上學當成一個美好的期待，那今天的心情會不會更好、更開心自在？如果把往生死亡看待為去上學，雖然它有淡淡的哀傷、悲愁，但也可以是一個美好的期待。

也許親人長輩已經走了，或可能那一天離開了，把這件事當成我們要送他們去上學，或是將要踏上人生另一個美好的階段，那麼你對摯愛可能會往生，因為疾病、衰老想到另外一個世界去，你對這件事的感受、心情與心態將有所不同，彷彿你要送孩子出國深造一樣，會有分離的淡淡哀傷，但同時會有一種喜悅，因為他獲得一個新的獨立人生，開展了一個美好的階段。長輩可以到另外的世界，從事他靈魂的學習，安排下一世來到人間的旅程，與我們的連結由肉體轉換到精神體，這也是靈魂美好的經驗啊。

你要把它當作修行與心態的改變，但不是要你這樣跟親人說：「我對你有一個美好未來的期待，那就是你的往生。」而是對於死亡的心態，我們向來是負面的、恐懼的、逃避的、不敢面對的，可是死亡從古到今一直在發生。所以每件事情沒有好事與壞事，每件事情就是一件事，端賴你用什麼心態去看它。

如果有一天，你面臨在這物質世界輪迴轉世的結束，換個角度來說，為什麼你不能用開心喜悅的心態，來慶祝你在地球上的畢業典禮？如果我們早晚要脫離肉體，為什麼不能抱著一個美好的期待、把它看作一個美好的未來？因為常常我們不視死亡為美好的，而將它看作倒楣的、痛苦的、不可避免的、恐懼害怕的。

賽斯說：「你們是會死亡的，在每一處都碰到那必死的證明，其架構內，你的感覺與思想卻對你個人有一種實相，超越了所有這種分類。你知道身體會死亡，但是每個人卻都會祕密地確知他不會碰到這樣的命運，而生命多少是永恆的。」

說死亡不存在是騙人的，某一部分的你，知道你的肉體一定會死，可是每個人的主觀感受與思想，在內心深處告訴自己，其實你是靈魂永生的。或許我們都有一種奇怪的感覺，尤其在親人往生的時候，一個人好端端的怎麼就走了；可是不知怎地，你會感覺到，人從來沒有消失過，你內心的某個部分知道他仍然存在著——縱使現在已看不到了。

「在確實性的更大層面，宇宙無始亦無終。在那個層面沒有矛盾，心靈也是無始亦無終。」不管有沒有肉身，生命是永恆的，你的存在是永恆的；反正不管怎麼樣，所有的一切都會越來越好。

「有未來的記憶就如有過去的記憶一樣，你們害怕去思考未來的人生，因為那樣的話，你們必須面對你必得先碰到的死亡，所以，你永遠不去思考未來的自己。」而學賽斯心法，就是要學生死兩自在，從現在就要建立離開物質世界，是一個美好未來的觀念，因為靈魂是永生的。如同畢業典禮般，有悲傷，又有歡笑，有不捨，又有快樂。

（取材自《未知的實相》讀書會與《心靈的本質》）

Sep.
3

接納內在那個相反的自己

我們從小到大，不知不覺在意識心裡面，建立了多少個拮抗的力量，也就是自我對抗的力量，這樣的防衛機轉，我們使用的頻率很高。賽斯說，意識心它永遠不停地在變，自我可以把意識心轉向無數的方向，既可以看到外界，又可以轉向內，看到自己的內容。但問題在於，我們常常把自己設定在一個相信的行動方向上，任何可能與當前信念有所衝突的資料，都不想要開放自己去接納。

就內在心靈動力學來說，面對心靈的時候，如果使用對立的方式，我們就是在運用相反的力量在進行抗拒。陰陽理論強

調陰陽兩股力量相生相剋，調和互補；牛頓第三運動定律也講到作用力與反作用力，兩者力道大小相等、方向相反。內在心靈也是有作用力與反作用力，但往往我們只看到作用力，而忽略反作用力。

例如，當你真的很累想休息的時候，不要告訴自己不應該休息；試著用疏導的方式，接納那個很累想休息的自己。但我們受到的教育與養成的習慣是，常常用相反的力量去制衡內在的某一個自己。假如你的婆婆很不明理又機車，可是你告訴自己：「我不應該對她生氣，要對她更有禮貌。」這就是對抗，先不要這樣子做。換個方式，你可以表現出稍微有點不耐煩，這是對的！而且這是她可以接受的，同時你也很清楚明白地表達情緒，就不會形成內心的分裂。當你內心分裂後，遲早有一天你就會對她突然咆哮，然後反目成仇，兩個人可能就再也不說話了。

我們的自我意識通常只專注在一個方向，不是兩個方向，所以容易忽略了內在相反的方向。例如你看到朋友很可憐，想幫助他，同時又覺得幫助他沒有用；或朋友、先生做了對不起你的事，你很恨他們，同時又想原諒他們。要找出背後的原因與理由，才是解決問題之道，就像小孩說謊，你一直拚命地打他沒有用，要去明白他為什麼要說謊才是啊！是以我們對心靈動力學了解得還不夠，對相反力量的探索也缺乏。

強迫症患者的形成在於，內在有一個不斷在對抗的自己，因此兩個截然不同的自己每天在打架。教育孩子的方式也是一樣，常常很多父母教育孩子，「當你正想偷懶的時候，就要告訴自己更不應該偷懶」，於是開始使用意志力來對抗，這樣的結果就頗令人擔心了，因為它對抗的是我們的心靈。包括許多癌症的形成也是這樣來的。明明心裡已經累了倦了，內在活得痛苦不堪了，偏偏意志力還不斷要撐下去。只要一句話，強迫症可以不藥而癒；下次如果你想偷懶，不要告訴自己「我不應該偷懶、不應該玩」，而是「我可以小小偷懶、小小玩一下」。

如果生病的你不斷的強調療癒，不一定能夠好起來；或者你汲汲營營於賺錢變有錢人，也不一定如願以償。正如一艘停泊在碼頭的遊艇，加足馬力想要離岸往前進，卻發現怎麼也動不了，回頭一看，原來纜繩還綁在岸上並未解開，你再怎麼催油門也沒用啊！如果你病了，要想徹底地恢復而不患上新的症狀，就必須找出生這個病的理由，這個病是一個你擇定的「路線」或「方向」，只要你認為這個方向有存在必要的一天，這些症狀就會留在你身上一天。

你要看到的是：「是的，我就是不想好，我需要這個疾病，我的病對我有這麼大的好處，所以我的癌症怎麼可以好呢！」而你的頭腦老是想著：「我要好起來、活下去，我一定可以好。」兩者內外互相衝突矛盾，病怎麼好得起來？只要你真的找到了那個自己，它才會用最快的速度痊癒。

我們的自我意識跟意識心兩者的關係，應該是水幫魚、魚幫水。而不是想要戰勝「自己」，以意志力克服自己而驕傲，到底是誰贏誰輸，被戰勝的那個人又是誰？

真是神經病一個！這是過去很錯誤的觀念。人生其他的課題也是同樣的道理，許多人把賽斯心法用錯了，過去你專注在一個方向的努力，內在卻被另外一個方向更大的力量所拉扯，你沒有回過頭來去改變。當那個拉扯的力量解除了，病不想很快好也由不得你，不想那麼豐盛也會慢慢變有錢起來。

我們內在很多拉扯的力量，端賴有沒有回頭去認出、面對、接納與化解它們。需要採取的是釋放、跟隨的方式，而不是用對抗的手段。想要往前進、創造實相，把繩子解開就好了，道理講得很簡單，但要花一輩子來體驗。

（取材自「生命有無限多的可能」講座）

Sep. 4

發出健康的聲音給身體

大多數藥為什麼會有療效？那是因為當你在吃藥時，不斷地對自己發出自我暗示：「我吃了這些藥，病就慢慢會好了。」其實真正發生療效的，不是那顆藥，而是伴隨吃藥時你那心安的感覺。

很多人看到醫生，病就好一半，因為心安了，在他們的信念架構內，醫生的確是唯一能幫忙的人。況且幾乎沒有人預期吞了藥之後，他的病會越來越嚴重。所有人的預期都是藥吞下肚，病就會改善、進步了，因為藥正在治療疾病。是這個信念幫助你恢復健康的，並且同步發生痊癒的感覺與想像力。

「有意識的想法管制你的健康狀態，你心心念念掛慮著疾病，就會生病。既然你相信自己是因為濾過性病毒、感染或意外而生病，那麼你就必須去找在那個信念體系中運作的醫生。因為你相信他們能治好你，運氣好的話，你的毛病會得到紓解。」

賽斯強調不要對自己重複那些負面的暗示，例如自己是無力的、身體某部分不好，於是這種負面暗示不斷形成的內在聲音，持續穿透你的身體，病徵於是穩固且強化。形體的確是信念的一面鏡子。如果有任何身體的問題，賽斯建議你應該反過來，集中注意於身體健康的部分、正常的功能上。因為你健康的區域，必然有健康的信念為它效力，只要複製它到生病的地方即可。這就是「專注在什麼上面，就得到什麼」的法則，應用在身體上面。

人為什麼會有高血壓？除了少數繼發性高血壓是由其他病因引起外，其餘百分之九十到九十五以上的原發性高血壓，醫學上是找不到確切原因的。高血壓不是血壓高上去而已，人隨時都會高血壓，看恐怖片、追公車、生氣憤怒等等都會使血壓升高。問題在於血壓升高上去以後，有沒有讓它下來？下來回到基礎血壓值就沒事了，下不來而吊在那兒，就產生高血壓疾病了。

從身心靈角度來看，當一個人過了四五十歲，逐漸地產生「固執」的觀念，很多老人尤其固執得厲害。固執的可能是價值觀、做事的方式，或什麼地方放不下想不開。關鍵在於缺乏彈性與調整的機制，年紀越大的人越不容易有彈性與調整。當沒有彈性時，無形中好像被框住了，對於人生種種越來越難以調整心態，內在的不耐煩、焦慮感、擔心也越來越嚴重，血管便漸漸失去彈性。

有的人事情過了，很快就船過水無痕，血壓降下來、負面能量也釋放了。但如果你還放在心上，或不是很爽快的說出情緒，話既講不清楚，氣也發不出來，你就會屬於高血壓族群。如果你沒辦法經常回來檢視自己的價值觀與信念系統，就一定會痛苦不堪。如能把心境帶回到平穩狀態，就能回到基礎的血壓。人需要彈性跟調整，能夠在任何時間與地點，讓自己感受到快樂輕鬆的情緒，並且清楚地表達自己，在事情處理完後迅速歸於平穩，縱使有發脾氣、產生焦慮，也可以很快地過去。

人生訂立標準並沒有問題，追求完美也沒有問題，希望表現得很好更沒有問題，問題是要有彈性。意思是你隨時可以調整自己的角度、觀念、心態，永遠要保持一種彈性的觀點，隨時可以讓自己心安而自在。

賽斯告訴我們，要全心地「樂天知命」，生命在你身上，有自己的理由與原因，每個人無法嘗試用強迫的手段，讓生命合乎自己所設的生存條件，沒有彈性、拒絕其他的可能性，這是誤用了這些條件。你要快樂，沒有任何理由，沒有任何條件，就從當下開始。

沒有人有權利拿自己來與天生的活力對抗。當我們跟老天說，「除非按照我給的條件生存，否則我寧願不生存！」這是在拒絕接受天命，是在為難自己而不是老天。例如，我要找到一份最滿意的工作，否則不會快樂；我沒有瘦到七十公斤，就不能快樂：我孩子沒有考上好學校，我就無法快樂；爸爸一定要把權力給我，認可我的能力了，我才能高興；除非我離了婚、結了婚或回到二十歲，否則不可能會快樂。這些跟心想事成不一樣，而是一個人在跟生命作對，沒有面對生命。

所以賽斯說，一旦你全心樂天知命，然後你可能真的會得到你所追求的，卻不是在你堅持要它作為一個生存下去的條件時。原來放下才能得到，後退原來是向前，放下執著了，一步步的來，反而就能達到你的理想。賽斯在《健康之道》裡不斷強調，你就是要全力的活好每一天，絕對不能說「如果明天怎麼樣了，我就會怎麼樣」，那些都是空想。做好眼前所做的每一件事，照顧好你眼前的這一桌實相。

「當你放棄你的條件時，你自己的目的會使生命每日喜樂。」當你執著在某個東西的時候，執著在你所執著的、你過不了關的那個心情，最後反而會毀掉了真正生命的幸福、歡樂與喜悅。

（取材自《個人實相的本質》有聲書）

Sep.

5

身體反映你的內在

身心靈健康的第三個定律是，「身體是心靈的一面鏡子」。你跟這個世界打交道的過程中，你自己眼中的你，跟你覺得別人眼中的你，兩者可能會不斷地衝突。如果你不喜歡你眼中的自己，你也會不喜歡別人眼中的你；你不喜歡這個世界，你也會覺得這個世界不喜歡你。

很多人在跟這個世界互動的過程當中，尤其是內在本來就有強烈自卑感的人，內在越自卑，外在就越要自我防護，因為自己是個容易受傷的人。其實我們多少都會自卑，都有自尊心，怕被別人笑，或怕被別人在背後指指點點，如果不做自我覺察、承認自己有這些缺點、在「丟臉」之處坦然以對，便會習慣性壓抑與累積負面的情緒與能量，可能造成嚴重的疾病或意外事件。

人要保護自己，都是先保護最容易受傷的地方。異位性皮膚炎、氣喘跟過敏性鼻炎號稱三大過敏疾病，因此，異位性皮膚炎很嚴重的人，常見的部位是在關節、腳踝的周圍內外側，或眼睛四周，症狀是會癢、流膿，甚至會流血，幾乎全身上下沒有一處是完整的，叫做遍體鱗傷。往往這樣的人沒有去真正面對他的受傷，其實皮膚並沒有病，身體是心靈的一面鏡子，皮膚忠實地反映出他的內在才是遍體鱗傷的。用醫學的治療方法只能暫時減輕症狀的不適，而且如果長期使用類固醇藥物，自體免疫力會下降，還有臉浮腫、水牛肩、發胖等副作用。

你有沒有覺得跟某一類人說話時，要特別地小心謹慎，以免「刺傷」對方，而招致其強烈的反彈。例如你回家跟太太心平氣和地說，「妳有空的時候，房間跟家裡可以多打掃一點。」然後太太馬上跳起來吼，「你在指責我是一個不負責任的家庭主婦嗎？你為什麼這樣傷害我、這樣指責我？」你的話對她而言是嚴重的刺傷，她全然的在防衛自己，像刺蝟一樣，然後你會覺得很無辜，不知發生了什麼事。

我們在嬰兒時期具有三個天生的信念：「我是被愛的，我是被接納的；我相信周遭環境是友善的、安全的；我可以犯錯，而且是學習的一部分，這個犯錯是被接受的。」但是年紀漸長，我們已經淡忘了這些與生俱來的信念了，賽斯家族必須有意識的讓自己再回到這三大信念。因為長大後，我們開始相信社會充滿競爭、比較與不友善，相信陌生人都是壞人。

大自然裡，雖然獅子會吃掉羚羊，但這只不過是大自然物質能量的循環，而羚羊知道獅子本身並不邪惡，更相信獅子本質是友善的。小嬰兒天生能感受到宇宙的恩寵，對成年人而言則已經失去了，所以，我們要重新感受到宇宙的恩寵，周遭環境是安全友善且護持的、人是被愛被接納的、犯錯是學習的一部分，這是要透過學習和修行，不斷地重新自我心理建設。

你打從心裡覺得，世界對你而言是威脅、競爭的，還是友善、支持的，對你的身體與心理健康非常重要，尤其跟你的身體免疫系統有關。當你覺得環境是不友善的，就會經常處於戰鬥狀態，因而過度使用你的免疫系統，導致體弱多病，這並非體質或飲食造成，其實是你的心理過程所引起。

這個世界對待你的方式，就是你對待這個世界的方式。請找出你覺得這個世界對待你的方式！如果你相信這個世界隨時等著看不起你，那你也是隨時等著看不起別人；如果你從來沒有覺得你會看不起別人，你大概也不太容易覺得別人會看不起你。這就是投射，需要好好探索你的內心。

你必須知道一件事——未來能夠帶給你最大安全感的是你自己，不是外界或某人。絕對不可能從別人身上找到安全感！你的心靈是真正能夠帶給你愛、健康與安全感的，而不是不斷地向外追尋。

所有的身心疾患背後，都有一個沒有面對的負面情緒與黑暗的自己，如果要走療癒的方向，你要開始面對黑暗的自己。一定要真實的面對自己，才能找到內心。常常你覺得最醜惡、最自卑的自己，最後卻是你最親愛的一部分，因為它反而是你認識自己、進入自己內心最重要的那個部分。

在賽斯心法裡面，說多光明、多正面都沒有用，當你講到你的「小愛愛」時，才是最棒的。常常你都是透過最黑暗的自己，連結到你的內心，當你內心不想原諒，而嘴上說原諒的時候，你已經離你的心靈很遠了。當你真的承認，自己就是忌妒、生氣跟放不下，就是無法原諒，你真的面對自己了。所以你那越黑暗的自己，其實越貼近你自己。

Sep.
6

顧好你眼前這一桌實相

賽斯說：「照顧在你眼前的事。你並沒有責任去拯救世界或找到所有問題的解答——卻有責任去照顧宇宙中屬於你個人的特殊一角。當每個人這樣做時，世界就在拯救自己。」

這段話非常重要，這就是活在當下。只要管好你眼前這一桌實相，照料在你眼前的每個人、每件事物，傾全宇宙之力活在當下。只要活好每一天，你每天都會很好。

「對自己的肯定一直是你最偉大的力量之一！你是生命意義和目的的一部分，但那些目的來自你自己存在的源頭，是太偉大而無法在如你瞭解的個人結構內表達或描寫。不過，這種瞭解有時當你在聆聽音樂或當你深深地被情感擾動，並且當你不在它與你之間保持一個很大的距離時，常常會體驗或感受到它。」

從你所在之處開始，以愛照顧你擁有的生活，最能夠讓你領會到對自身意義的感受。這種愛的照顧是——照顧當下，「照顧這桌出現在你面前的豐富實相，照顧你是的這種人，照顧對你自己獨特性懷著愛心的珍惜。以這樣一種方式照顧你的生命，將把你帶到與你自己存在的內在行動更清晰的溝通裡。」賽斯雋永的語句總是鼓勵著我們，也總是觸動人心。

「就算當你自己沒體認到時，你其實向來都清清楚楚地知道自己在幹什麼。就像我們的眼睛它看不到自己，但它知道它看得見，除非是利用反映。同樣的，我們所看見的世界，反映出我們是什麼。」

我們內在心靈深處是「直接知曉」的，知曉那宇宙的真理與每個個體存在的價值，靈魂透過我們而表現它自己，靈魂不離我們左右。藉由音樂與情感的深深觸動，會讓我們更能體驗與感受到生命的意義與目的。問題是許多人一直在尋找可以信賴、可以求助的遙遠靈性「內我」，卻一直不信任與我們有如此親密接觸的「自己」，在自己的那些部分建立了不必要的分隔。

由現在所在的地方開始吧！肯定我們存在的優美，把「人生是重要的」視為理所當然。想要更瞭解自己的話，就要從了解自己的感受、情緒、欲望、意圖與衝動開始。不能害怕自己的情緒，負面情感的流動總能帶領我們了解背後的答案，所以不管有什麼情緒，都讓它發生，它們自己會發生變化，成為我們存在價值的正能量。

要做一個腳踏實地的理想主義者，賽斯這句話是很好的解釋：「把世界變得更好，你必須以改變你自己的生活開始，此外別無他途。」只要活好每一天，你每天都會很好。你沒有責任去拯救世界或找到所有問題的解答；你無法愛他人，除非你先愛自己。只要去照顧好屬於自己那一塊就好，做你自己，就能幫助別人做他們自己，如此世界自然會拯救它自己。

每個人內心都想幫助這個世界，都想成為家庭的拯救者，可是當我們一直想這樣做的時候，先來救救自己吧！再來就是你周遭的人！別再想拯救世界那麼遠的事情了。

我們的大腦常想到過去與未來，經常地擔心、焦慮懊惱、胡思亂想，但那有什麼用，頭腦又在騙自己了。把心念抓回來，盡全力照料在你眼前的事，關心在你眼前的這個人，只要離開了你的視線，就改由宇宙來照料這些人事物。

有些人預想世界要毀滅了，或遭受外星人的攻擊，但是地球會不會毀滅不知道。當我們掉入拯救世界的情境裡，其實最慘的是你，這是內心的投射。經常是自己的世界已經快完蛋了，才認為外面的世界需要拯救，尤其常在躁鬱症患者的思維上見到。

賽斯家族是一群不覺得世界要毀滅的人、不覺得世界需要拯救的人、不覺得應該回答所有人答案的人，但是他所做的一切，卻都在拯救世界、幫助世人。所以只要做好你自己、扮演好你的角色，如果你這樣做的話，世界就在拯救它自己。

（取材自《夢、進化與價值完成》有聲書）

Sep.
7

觀察者與被觀察者

我們的感官系統，通常只看到一件事情的過去、現在與未來中的小小片段，於感知範圍之外的事件其他更大部分則無法得知。所以賽斯說，「任何你們感知的事件，都只是事情真實幅度的一小部分。」

是以我們真的就像瞎子摸象一般，只摸到象的身體某部分，而誤以為象長得是圓的、扁的或長的，看事情也是一樣。每個人看事情的角度都不一樣，個人主觀的意念主導了你的角度與焦點，而只看到自己想看到的，並沒有看到它的全盤，它的產生、因緣與起心動念。例如，一件車禍為什麼會發生，它之前有什麼蛛絲馬跡，之後又有怎樣的影響？一個殺人犯，他為什麼會成惡徒，累積出那麼多的憤怒與仇恨？你看到事情更深的含意了嗎？因此，我們永遠要去問事情的背後到底是什麼、有什麼，永遠都不能過於主觀。

賽斯又說，「觀察者和被觀察之物為同一件事的一部分，彼此改變了另一方。在任一實相系統和任何活動層面，這相互關係永遠存在。」這牽涉到一個科學定律，叫「海森堡定律」，觀察者與被觀察之物是一體的，粒子位置的測量不可避免地攪亂了

粒子的動量。賽斯舉例說，在儀器本身之內的電子，與科學家試圖觀察的電子之間有一個關係，甚至一個電子也知道你透過儀器來觀察它。

就像你的孩子回家告訴你，某個老師對他很壞，你必須將孩子考慮進去；到底是老師客觀上很壞，還是你的孩子很壞，只因為老師處罰他，所以才被說得很壞。你在聽一個人在表達一件事的時候，也要把這個人的因素考慮在內，例如他是深藍還是深綠的政治傾向、悲觀還是樂觀的性格、有無從小被虐待或離婚的家庭背景等等。

每個人都會因著他的背景、心念，而看到與他相應的世界畫面。你覺得人生是苦是樂，與你的心境有很大的關係，所以沒有單獨的現象，你跟現象之間兩者彼此影響，彼此改變對方。

對很多人來說，這個世界還不錯，不管有錢沒錢，日子過得很喜悅；可是也有很多人，不管怎樣他都過得很辛苦。不是這個世界好不好過，是看你用什麼心情在過；不是離婚丟不丟臉，是你用什麼心情看。你用什麼心情看人生，人生就給你什麼樣子。

你眼中的世界不見得是我眼中的世界，你是在跟你眼中的世界產生互動，我也是一樣。而世界對待你我的方式，是因著你我看待它的方式。好比你住在台北市，是覺得如魚得水、溫暖有人情味、饒富文化氣息，還是覺得痛苦擁擠、競爭激烈、人情殘酷，畢竟世界怎麼對應你，就是按照你如何看待世界的方式。

其實你並不住在「真實」的世界裡面，而是住在你眼中的世界裡面、你所感受的世界裡面。如果你感受不到我，你的心中、眼中就沒有我的存在。而你對世界的看法和感受，決定了你活在哪一個世界裡，是喜悅快樂的世界，或是悲慘難過的世界。我們都以為自己面對的是一個客觀世界，可是這個世界從來沒有客觀過，人也從來沒有客觀過，只有種種不同類型的主觀罷了。

你眼中的世界跟你互動的樣子，是由你的心顯現出來的，如果你不先改變你眼中的世界，你不可能改變世界。同理可證，你得先改變你眼中的這個人，才能開始改變你跟他的互動關係，你是不是能改變他並不重要，可是你能改變你眼中的他。真正影響你的、對你有重要意義的，是你眼中的他，而不是真正的他，是你根據你眼中的他，來決定你的思言行。

所以賽斯說，「整個環境都是你的信念化為物質的結果，例如你相信某種狀況總是會為你帶來不快，那麼它就會如此，然後你的不快又更加強了這種狀況。」「你相信什麼是真的，在你的經驗中它就是真的。」如果要想改變你的經驗架構，就必須先改變「信念」，也就是主觀有意識的思想。賽斯還是強調，你必須從你的想法下工夫。

你根據你眼中的世界而採取行動，例如，你先生是不是很愛你不重要，而是你有沒有覺得他很愛你；你自己日子過得好不好不重要，而是你覺得日子過得好不好；你自己棒不棒，客觀上不重要，是你主觀上覺得自己棒不棒——但這又跟自我欺騙與自我逃避是不一樣的。

生命有時候像一面鏡子，當你微笑著看鏡子，鏡子裡的臉就給你微笑，你若苦著一張臉看鏡子，鏡子就給你一張痛苦的臉。所以痛苦和開心是誰決定的？是你。人家月入三十萬就一定比月入五萬的你快樂嗎？不一定！這件事情絕對不是客觀的。日子怎麼過，視你的心情怎麼看，成功失敗也是一念之間。

賽斯心法要告訴你，命運不是客觀可以決定的。事件不是客觀的現象，它是依據你的心怎麼看、你的情緒怎麼因應，而呈現出來的一番風貌。把你的心由現象界拉出來吧！

（取材自《夢、進化與價值完成》、《個人實相的本質》有聲書）

Sep.

8

命運掌握在自己手裡

許多人有算命或廟裡求籤的經驗，或許可能會被算到幾歲時遇到大劫數或流年不利，然後自己內心就會烏雲罩頂、恐懼害怕。真的是這樣嗎？占星術、算命、籤詩所言會成真嗎？人們如此著迷於標籤的概念，以至於盲目地跟從占星術、命盤八字等算命之說。占星術會算你是哪個星座的，於是有哪些性格與運勢，但是賽斯強調，你的命運不是被星座、因果所決定的。

賽斯說意識創造形相，而不是反過來，所以意識選擇為它自己成長目的可能得到的最佳整體條件，然後它預先制約自己的肉體，形成每個人肉體的模式；它也對肉體出生的時間與地點來反應或不反應，加強或減低其重要性，甚至去否定或接受。「你是在某個時候、某個地點、某個條件下出生，但意識永遠形成那些條件。」再強調一次，意識永遠形成條件。

接著，意識一旦進入了那些物質條件，就自動的改變了那些條件，也就是條件並非固定不變，路是無限寬廣的。賽斯說，所有的時間都是同時的，因此我們永遠在死去並且在出生中，重要的是，你後來的經驗會影響到你出生的時間。換句話說，你知道的生日，只是眾多可能性之一，出生的時間是會改變的。

意識在所有細胞結構內活躍著，它可以事先觸動自己對某些條件反應或不反應。即使出生年月日甚至時辰相同的人，意識的內在觸發可能極為不同，內在的反應也會很不一樣，每個人的力量與命運就不一樣、更不可能算得準了。當下是威力之點，後天的每個片刻可以修正這些內在反應。所以占星術、紫微斗數、所有的算命可說是聽聽就好，它們有時會準的原因，是運用其創造性的能力，直覺地猜到你的心理在想些什麼。

如果你的意識到某個程度，會被命宮、八字、血型等條件影響的話，那種影響的效應，像是一位畫家被他所創造的畫影響的方式一樣，也就是後來你被自己創造出來的東西所影響。所以不是因為你血型是B型，才比較開朗外向；而是你是開朗外向的，才選擇B型的血型。不是因為你是那個星座，你才那個樣子；而是因為你選擇了那個星座，然後你才逐漸地受到那個想法的影響，而呈現出那種個性。原來你才是決定者，決定出生在某個月，選擇八字紫微命盤為何、血型是哪一型。

「以最簡單的說法，你決定那環境。」人不是被外界決定的，我們的意識有選擇權與決定權。所以不是說事業婚姻失敗了，就一定要自暴自棄及酗酒，而是看你自己怎麼詮釋與反應，這才是最重要的。你要怎麼想是自己決定的，是你可以選擇的，如果你要往壞的方向想、人家都要對付你、這個世界很爛，那就只能祝福你了。一旦你明白了這個關鍵，很多方面就自由了。

賽斯要我們真正了悟到，意識的確存於我們生出之前，也就是我們早在那之前就已經存在不知多久了。參透這道理之後，你的轉世記憶就會打開，你所接受的生日會顯得更不重要，而生日只是你這一世離開子宮的那一天。就可能性而言，每個人的出生日不只一個，可以透過你意識的覺察與擴展而發現。

也許等到某一天，我們會明白自己是沒有限制的真正意義，明白我們是多次元的人格，明白我們真正的實相是在過著多重人生的。

世俗的認知裡，我們被環境所左右，也受遺傳基因種種因素的影響，其實你選擇了這個家庭、這個人間，靈魂為自己設下了挑戰。本質上，這個世界沒有受害者，當你覺得你是受害者，就沒有了力量。永遠要回到那句話：「我是創造者！」而「我創造我自己的實相」不是用表面的自我。

所以要回來問內在，為什麼選擇當女生，出生在一個重男輕女的家庭？如果是你選擇的，要問自己為什麼？而且最後的答案絕對是正面的。例如你選擇在這個困苦的環境下生存，是為了證明你的能力、學習面對挑戰。要經常告訴自己，「我選擇了這環境，我好棒！我真的太優秀了！」而不是在那自怨自憐，充滿了無力感。

「你能走出你出生的時間與地點。」丟掉帶給你負面暗示的鬼話吧！當你明白內在發生了什麼，內在的用意，自然地會生出歡喜心，而不是嘴上說說而已。賽斯說：

「每個人活生生的經驗永遠是資訊的主要來源，每天的生活都是靈魂的精心創造。在你所知的自己之內有你所需的所有暗示，只要你願意去跟隨它們。」好好地生活，自然其中會有我們所要的答案。

每個人的命運，絕對都是自己一手創造。不管你承不承認，你今天的現狀，你今天所過的生活，絕對沒有另外一個人害你，只是你忘記了，就像一個健忘的教授。今天的果，絕對是過去種種的因所致。

賽斯說，「你的世界就是由你一手所創，真理就只有這一個。明白這個，你就明白了創造的奧妙。」唯有臣服於這句話，才能得自由與解脫。

賽斯舉例，你也許會說，「我看不出生病對我有什麼意義可言。」或是，「一個破碎的婚姻關係，絕不可能是我自己有意去找的。」「哪有人會自討苦吃，在這麼辛苦的工作之後，所追求的反而是貧苦？」造成種種的境況，都有我們一度認為合理的目的與理由，不管自己知不知道！

當你願意對現在所過的日子，負起百分之百的責任時，你才不會說「是命運或前世害我的」、「那個王八蛋害我過淒慘的一生」。你活了這幾十年來，今天的一切，都是你一步步創造出來的。今天的你再走下去，也成為二十年後「你」的因。

唯有全然的承認，你才會真的有力量。而且不只承認，還要一一追蹤，為什麼你的今天是你一手造成的，去找出它的因果連結。明白「思想是因，實相是果」，如果不藉由改變自己，你不可能改變你的人生。

例如你是個離婚的女人，它源自過去的你，也許那個你根本就沒那麼想結婚，或是結了婚後發現失去的更多，相見不如懷念。你會發現，離婚不完全是那狐狸精或先生的錯，其實是你不知不覺在創造這個實相。

面對你不喜歡的實相，回來問自己一句話：「以一個什麼樣奇怪的方式，現在我不喜歡的實相其實是我要的。」再問自己一個問題：「這個看起來我似乎不喜歡的實相，有沒有以某個角度而言，它也帶給我某些好處與助益。」

你一定是為了某個你已經忘記的理由，而創造了這個實相！縱使這個實相後來是生病的、痛苦的、討厭的、悲傷的實相，可是你一定也是為了某個奇怪的理由，而創造了它，你要把它找出來，找出這東西，你的人生會很有意思，終於明白，「天啊！我的實相是我創造的，原來一切都是我。」

請記住重要的一點，「我」創造自己的實相，這個「我」是一個更大的「我」，不是通常認為的「自我」，千萬別搞混了。唯有抱著願意去清理意識心的態度與決心，才能使更大的我的更深知識，在這世界裡喜悅地表達出來，這就是修行了。

（取材自《未知的實相》有聲書）

Sep.
9

疾病的真正目的

宇宙裡有佛、上帝的慈悲，為什麼會容許人生病？人為什麼受苦？對於痛苦的刺激也歡喜接受，是我們人格之下意識本質的部分。所以，我們會有肉體的疼痛、對病痛的抗拒與理解，必須回到自我層面。但是賽斯說，疾病可以是一種「健康的」反應，為什麼？這就要談到疾病的內涵了。

生病這回事永遠牽涉到人格的問題，而我們必須了解，疾病對整個人格結構來說，是一種困苦、非必要的活動。疾病是組成人格行動的一部分，本身是有目的、意義與理由的。賽斯說：「疾病本身有時

是一種有目的的活動。」包含你得了失眠、感冒、胃痛或慢性病等等，背後都有意義、目的與理由。它們是你探索心靈、了解自己的過程。

自我意識習慣批評與二分法，疾病被視為惡的、不好的，例如「惡性」腫瘤，務必要除之而後快。但若未能透徹它的目的與意義，從更大角度來審視為何會生病的話，拚老命想醫好病是不可能的。或你以為病治好了，接下來卻有得到更嚴重疾病的風險。

疾病有何目的？在賽斯心法來說，人格將能量由建設性的範疇，集中於阻礙性的行為上，疾病便是此情形下的產物。例如頭痛就不能想事情，胃痛就不能吃東西，腳麻就不能走。但疾病的「好處」是，當人格的「團結系統」損壞後，它代表著一個新的、使之團結的系統，作為暫代性的緊急措施，來維持人格的完整性，直到一個新的、建設性的原則代替原來的。

所謂的「團結原則」，好比我們在任何時候生命都有其重心，然後行動以其為中心在周圍自由無阻地流動。這些重心如果順暢地改變，例如工作、家庭、退休等等，不受自我意識執著的阻撓、順應內我自發性的話，我們的心理系統就不會出問題與損壞。

例如，當一個人覺得自己沒有價值、目標的時候，內在的人格無法忍受無意義與無目標感，人格就會發動疾病作為短暫的團結系統。是以很多人退休後，無所事事，失去生活重心與奮鬥目標，反而開始生病，這樣起碼有事做，直到他重新找到生命的目標方向與意義後，病就自然痊癒。

有一個觀念很重要，是主流醫學不曾提到的：「疾病是組成人格的一部分，因此它是有目的的，不能被認作外來的侵略。疾病不能被認作阻礙性的行動，除非在目的達到後它仍滯留不去。」甚至疾病還可作為人格的安全感與護身符，以防萬一新的「團結系統」失效，難怪許多人潛意識裡會緊抓著可愛的「病」不放。

「所有的疾病幾乎總是另一個行動未能被貫徹的結果。當達到原來行動的路線開放，途徑開放了，疾病自然會消失。」例如我們以為生氣會得心臟病，怒極攻心，其實來自此人想生氣，又告訴自己生氣不能解決問題，於是把生氣這個行動壓下，轉向心臟血管的毛病去了。

例如，一個人很討厭目前的工作，每天上班都很痛苦，很想換新工作。可是他又覺得如果辭掉工作，不但會被爸媽唸，還可能找不到理想的。這個強烈想離職的行動若無法被執行，能量逐漸累積之下，結果不是生病就是會出意外，讓他上不了班。又例如，孩子頭好壯壯的說他不想上學，因為怕寫作業與考試，你會接受嗎？但是腹痛腹瀉又發燒，而不能上學，是名正言順被允許的——生病可以取代他不想做的事。

另外糖尿病的人，為生活承擔責任，從來沒有為自己而活，是愛自己、為自己而活的行動未被貫徹的結果。有些老人家重聽，是沒有能力阻止太太繼續對他囉嗦，只

好讓自己聽不到。五十肩有可能是內在的憤怒，想要憤怒的對象卻是不能對其憤怒的人，像老闆或配偶，這個憤怒未被貫徹的行動就投射到肩膀上。

既然疾病對人格是非必要的，所以任何生病的人，都要激起把疾病去掉的決心。因為生病久而久之，會變成此人的一部分，雖然有痛苦，可是形成慣性後，就不容易脫離「病」的陰影，就是執著，好像上癮一般。例如有的人經常不是鼻塞，就是過敏，但如果有一天，鼻塞過敏消失不見了，還真會不習慣。習慣生病、看醫生、吃藥，跟抽菸一樣，都是上癮與壞習慣，你首先得覺察，然後願意改變。因此疾病的用意在於重新整頓自己，然後找到新的人生方向。它可保護整個心理系統的完整，並指出內在心靈問題的存在，所以身體是心靈的一面鏡子。

「所有的疾病都被病人暫時接受為自己的一部分，這即為其危險所在。」但是很多人已把疾病視為自己的一部分了。例如退化性關節炎、過敏性鼻炎、高血壓、糖尿病，被人格接受為它的一部分，然後乖乖地固定吃藥，上醫院複診，彷彿已是日常作息的一個環節，這疾病被個人標籤化，最後甚至跟它產生了感情。如果病好了，個人還會悵然若失，反而不知怎麼過日子，這往往就是慢性病難以擺脫的原因，它根本就與此人合而為一了。

「我們自己內在不願放棄這已視為自己的那一部分，即便這部分在作痛或於己不利，在這後面有很多理由。」賽斯說我們不肯讓病走掉，是有道理的，也可以說人有時候會有生病的需要，縱使它可能帶來困擾不適。

例如有些家暴個案，救出來一段時間，明明知道回去有可能會被打，還會再回去那男人身邊，因為已經習慣了。減肥也是一樣，想要跟胖胖的身材告別，卻發現已經跟它產生情感，習慣那種氛圍了。人要脫離慣性模式並不容易，是以有些人反而會害怕變成有錢、成功或順利的狀態。

再者，疾病雖然造成疼痛，令人不快，但是我們心理的某個部分會不分青紅皂白地接受它，因為它是一種鮮明的感覺。任何刺激與反應代表著感覺，而感覺是意識認知自己的一種方法，無論是暢快、痛苦或快樂，意識都會欣然接受，身體意識也是如此。

感覺至少讓人知道他還活著、存在著，沒有感覺是一件很恐怖的事，因為死人就沒感覺了。就像有些青少年功課不好，得不到老師關注的眼神，而故意惹老師生氣，因為至少有感覺，被人家討厭的感覺也是感覺啊！被老師跟全班同學注意到，總比被老師忽略當空氣好得多。

人格以肯定的態度接受所有的刺激、一切的覺受，包括酸甜苦辣、喜悅悲哀與病痛。有人問，為什麼上帝不創造一個喜樂無憂的天堂，而要創造這麼多的痛苦？在宇宙的本質裡面，縱使是痛苦，也都是一種歡喜，因為在表面是痛苦，於其下則是「感覺」，它是意識接受與熟悉自己的方法。所以，遭逢劫難或重病的人對生命的感覺，比起一路順遂、無憂無慮的人，所體會的要多得多。

縱使你自我意識覺得屈辱、失敗，可是對你底下的人格而言，只要是感覺它都是歡喜的。所以為什麼我們人生會很戲劇化，要的就是對比與感覺，這是很深很深的境界了。存在的本質是一切都是歡喜的，即使苦痛也是，但是在自我意識會被區劃出來。

雖然病痛也會被身體意識歡喜的接受，但它畢竟是阻礙性行動的展現，是要告知你需要改變、調整心態，把能量轉向建設性的方面。賽斯說，身體要健康不難，如果我們不把錯誤的概念投射到身體上，身體自然會健康。

（取材自《靈界的訊息》讀書會）

Sep.
10

都是你內在主動想要的

我們常講信念創造實相，大家不要以為那麼簡單，信念包含了很深的自我覺察與自我面對，甚至必須關照到很多自己的起心動念。賽斯說，在所有的情形之下，包括投胎、死後的世界，「每個人都創造了他的經驗，因為這是所有意識與存在的基本事實。」賽斯心法要我們去面對一件事——我是如何形成這個實相的！

在生活中，你可能會抱怨，「人家怎麼這樣對我？」常常覺得都是人家害的。但你要換個角度問自己，「我是如何形成人家這樣對我的？」例如，你在公司遭受上司或同事霸凌，你可能會講許多理由，但真正的理由其實只有一個，就是你不敢、你害怕，不敢過要過的人生，害怕跟畏懼的人說不，害怕去溝通爭取。如果你連在生活中都拿不回自己的力量，又怎麼會明白什麼叫「我形成我自己的實相」呢？

我曾提出一個名詞「賽斯身心靈腦筋急轉彎」，意思是要轉變你平常的思維方向，其實所有發生在你身上的事情，都是你吸引來的，這種吸引都是你主動的、積極的、想要的，它才發生在你身上。如果某人問，難道得到腦瘤也是我主動又想要的嗎？我要說，是的！過去你學賽斯心法，你會說「這是我創造的」，你會開始去找

「我怎麼創造，我怎麼吸引」，現在我更直接的講，這些是你主動且想要的。

你的腦筋要急轉彎了，可以問自己一個問題，「藉由我主動的、想要的，讓我自己得到了腦瘤。而從得到腦瘤，我獲得了什麼、我減輕了什麼？」你可以利用這個公式，套用在你發生的事件上面，前提是必須先接受與承認這個概念。

例如，如果得到腦瘤這個疾病，是你主動的、想要的，而得到這個疾病，問問自己：「我得到了什麼？減輕了什麼？」或許是保險給付，或者是休息放鬆、去除壓力、更多的關心還有自由等等，以及減輕了人家對你的期待、自我的要求、很多不得不扛的責任。

還有人問，「為什麼我得到癌症，治好後又復發了？」我還是要用賽斯身心靈腦筋急轉彎反問，「你藉由癌症的復發，又獲得了什麼？」有人問，「我到處找人幫忙，別人都幫不上我的忙！」但我還是反問：「藉由得不到幫忙，你得到了什麼？」一直不孕的夫妻來找我，問說為什麼試了很多方法都沒有懷孕——但會不會沒有懷孕，才是這對夫妻主動的、積極想要的？雖然頭腦說很想要一個小孩，但那是頭腦的想法，試問藉由沒有小孩，這對夫妻得到了什麼？得到了自由自在、多出很多時間，或不用生小孩的情緒平衡。

賽斯舉過一個例子，有個學員在檢討他的信念系統時，發現他有個想駕著帆船環遊世界的欲望，但另一方面他有四個與前妻同住的小孩，離開太久會依依不捨，但他兩者都想做，因此產生了衝突。賽斯說，如果他真的相信自己可以旅行全世界的話，就不會有那麼多的小孩了，可見他內心並沒有那麼想要去，照顧這些孩子正是他主動的、想要的，用以作為不能去冒險的最好藉口，因為他的信念是想要自由，但又害怕太自由。假如改變信念，相信那些限制並不存在，人有無限的自由，相信神奇之道，先確定好自己想要的結果，所有的矛盾都能找到橋梁信念化解，那麼事情自然會配合而安排得妥當了。

所以常常很多時候，我們都對這個世界抱怨，為什麼創造不出什麼阿貓阿狗，業績沒增加，老公也一樣沒有回頭，癌指數同樣在上升中。當你百思不得其解、事情因何發生時，就要把腦筋轉過來，也許倒著看會比較懂，是你的內在主動、想要它們發生的，因此才會被創造出來，一切源自你未覺察的信念。

請記住這句話，「你以為想要的，是你的頭腦所認為的，不是你想要的；你現在發生的，才是你真正主動的、想要的。」

這個方法是要你去發現從來沒發現到的自己，因為，你用你以為的自己，把另外一個自己掩蓋隱藏住了。看清這點，就會明白原來所有一切，都是你主動的、想要的，也才會明白你為什麼之前創造不出你要的實相。同時幫你找到隱藏的核心信念，還有其背後壓抑的情緒。

賽斯還說，當你相信你是沒有價值的，因為你是胖的、寂寞的或是貧窮的，你就是在完美地貫徹你的信念，並且在投射信念向外這件事上，做得非常之好。常常去做覺察的功夫吧！「不要把你們不喜歡的信念當成你現在的自己。如果你不喜歡那些結果，就要改變信念。」你必須為你的幸福與不幸福負起責任，要為自己的人生負起責任，這是學賽斯心法非常重要的覺悟。

（取材自《靈魂永生》有聲書、《與賽斯對話》卷一）

Sep.

11

創造健康富足靈性的生活

賽斯說：「創造者並非其創造物之主人。他只是其創造者，因為他並不試圖去控制，所以他才創造。」控制與創造不一樣，創造是帶著喜悅；控制則暗含恐懼的心態，害怕失去或脫軌。看看多少父母親是在控制孩子，多少老闆是在控制員工，多少先生或太太是在控制另一半。

創造不是控制。「當你試著去控制權力或人們時，你永遠在模仿。」控制自己的人生也是，你控制你的生活、脾氣……，或者控制孩子的前途與未來，但控制是行不通的，沒有人天生喜歡被控制。控制永遠來自模仿跟恐懼，創造則來自愛。例如，創造一份好的關係是，一起去學習成長、娛樂，而不是控制彼此、互相牽制。

而且當你在控制時，你就是在模仿，模仿沒有好下場，因為世界永遠在變，你不能成為任何人，永遠要回來做自己。就像有人想要自己或孩子成為比爾蓋茲或郭台銘，這是不符合自然之道的。因為你覺得自己不夠好，所以才想成為別人，但是你無法成為任何人，你只能成為你自己。

我們要做的是創造自己的人生，而不是控制自己的人生。就正如你是在創造財富、健康或喜悅，而不是在擁有財富、健康或喜悅。擁有就有可能會失去，但創造是不可能失去的。

世界的每一刻都截然不同，意識的每個部分都從無限的可能性裡選擇實相。我們腦殼內的微渺世界有無法形容的自由，如果你不自由，是因為你的思想不自由，賽斯說，唯一的自由就是思想的自由。正是如此，每個人都是獨特的，自由自在地參與在實相的無限創造性冒險裡。創造健康、富足、靈性的生活，賽斯說「你是被奇蹟包圍的」。

我們活著常常追求在外的被肯定。因為我們一輩子所受的教育，在教我們要傑出、成功、有競爭力、有名有利，但是當我們真的長大後，每個人真的都能達到那個境界嗎？不一定！

如果你一直陷在非要成功不能失敗的迷思裡，會給自己莫大的無形壓力，那麼請回來告訴自己：我發願要當一個平凡、普通、一般的「爛人」；最好還當一個不傑出、有被討厭的勇氣、可以令人失望的「賤人」。這並非鼓勵你自暴自棄，反而是要你先學會接納自己，無論好或壞的部分，並且有自在解脫的感覺。

通常我們很多的痛苦與煩惱，來自於我們的放不下。你人生中認為最重要、一輩子在追求的，可能都是你最需要學會放下的。或許趁著遭遇到的失敗，可以把過去所有的觀念都撤掉，化為無形，然後真實的回來面對一個普通又平凡的爛人、賤人或平

常人，那才是我們的本質。什麼是本質？就是什麼都不是，卻什麼都可以是。

當你可以什麼都不是的時候，你就什麼都可以是了。告訴自己「其實我是可以不夠好的」，人生在世，探索內在、了解自己最重要；讓自己變得越來越好、贏過別人，不是來此的重點。

進入身心靈後，你會覺得那終其一生追求的成功、肯定，真的是「夠了」！卡住你的，除了觀念、還是觀念。

（取材自《未知的實相》有聲書）

Sep.
12

安住你的心

一般我們勸人家要安心，但要怎麼安？安定你的心，絕對不是等病好了、血壓下降、賺到了錢、孩子回家了，然後才能安心。這是自我意識的想法與堅持，但外面世界多變，永遠都有令你煩心的事物出現。

要安定你的心，很簡單，就直接安！因為，心本身就有自我安定的能力與智慧，不需要間接從外面繞一圈來安，也不用管外界的物質實相怎麼變化。安定你的心是來自內我意識，它是從內我意識得到力量與支持的，記住，無論生前或死後，你都是被宇宙的能量所祝福的。

我們所知的宇宙，它是由神的本質生成的，它是神聖的創造性和意圖由內而外所形成，賽斯說：「當一切萬有想到了一個物質宇宙的那一瞬間，它就被無形地創造了，被賦予創造性，而注定要浮現。因為宇宙每一個假設的、可想像的部分，都是有意識的，『計畫者』以最偉大的方式存在於計畫本身之內。」

人類和每個生物之內，都有一切萬有的特質，包含英雄式的愛、知識、慈悲以及創造性。創造力是一切萬有賦予給我們最偉大的資產與禮物。所以，你想要對宇宙本質了解得更多，最好的方法是去檢驗你的創造力，而非藉助任何儀器。

雖然我們帶著一切萬有的潛能，雖然具有耶穌、神佛所擁有的能力，但是我們的信念夠不夠堅定、夠不夠相信？這些能力能夠打開多少？很簡單，直接用「信念」，信念就是最偉大的工具。你的整個環境都是信念化為物質的結果，信念讓你從物質宇宙及內在宇宙裡，收集與之相關的資料。

所謂「親愛的，外面沒有別人」，其實真的根本就沒有外面！賽斯說，「沒有無形的宇宙物質化進入其中的『外面』，所有都的確是存在於一個精神的、心理的或靈性的領域。」

我們看到的宇宙都是「裡面」，沒有什麼外太空，只有內太空。你以為是越向外面走，其實是越往裡面鑽。所以有些人喜歡旅行到遠方，其實是想往內走到內心世界，有時候你必須在最遙遠的地方，才能最接近自己。

回來面對自己，面對自己的內心與感受，才能更認識自己，沒有任何的儀器可以代替與做得到。當我們探索內在的自己，不是帶著把某些自己除掉的意念，是要用平等心、無分別心去了解內在的心靈動力學。

自我面對是一個平常就要養成的習慣，而非事到臨頭才想去求助，只要你願意面對，宇宙都會幫助你，沒有面對不了的難堪。心靈最重要的是回來看自己，很真實的看自己內心，跟學多少派別無關。尤其生病的人沒有第二條路，不要再去找其他方法了，唯有自我面對，雖然它可能是很痛的。

就更大的角度來看，我們就是自己人生戲劇的導演、編劇兼主角。周遭親人、朋友和僅有一面之緣的路人，都是陪我們演出的次要演員。而之所以創造出這麼多的戲劇，其理由為何？每個人各有其背後更大的目的，都是獨特而不可測的，活在這個世界上的人類，都是帶著自己的問題與挑戰而來的。

賽斯在《個人實相的本質》中，曾舉一個名叫安琪亞的女性為例，說明沒有好好誠實自我面對的話，會創造出什麼樣的實相。安琪亞遭遇丟掉工作的處境，「她曾想離開原先的工作另找一個，卻不敢付諸行動，因此她創造了一些情況，使得離開工作這個決定似乎已非她所能做主。看起來，似乎她是那些善妒、不解人意且沒有感情的同事的受害者，以及一個不肯支持她的上司的受害者。」

為什麼會造成那些情況，也可應用在我們生命中其他發生的事情上，諸如職場上受排擠、婚姻出狀況、身體得了莫名其妙的毛病等等，或許邏輯理性找不到答案，但其實都有源頭，這是由於沒有誠實處理自己有意識的意念。我們並非事件的受害者，沒有受害者這回事，而始作俑者是我們，自己才是那些情況的發動者，為的是達到內在的意圖。每當發生事件時，要養成回來做內觀功課的習慣，而不是責怪外界或別人，要問自己是因著什麼樣的信念，讓實相來到我們面前。

真正的修行是回來面對你覺得失敗的那點，你覺得的不堪與羞愧。真正的愛是當今天你徹底的失敗，欠了一屁股債，回到故鄉被爸爸媽媽擁抱接納，那份心、那份支持。當你丟臉丟到谷底，還覺得被愛，這才是最真實的。自我面對需要表達「真實情緒」，不是只講正向的東西，好像帶著笑面具般，讓人猜不透你真正的情感。只要一個病人下定決心去面對，無論有無方法就是要面對，癌細胞立刻在當下停止生長。

賽斯心法要你從 interpersonal，你跟外界之間，轉成 intrapsyche，你跟自己內在的關係。這就是換位思考，然後同理另一個自己為什麼要那樣做的目的與理由。好比說，自我意識要放棄一直站在執政黨的立場，而跳到在野黨的立場角度，去看看為什麼對方要反對、要抗爭。

例如，我們在幫助一個說謊的小孩，如果你一直從大人的角度，死抓住他說謊的事實，逼著他要改過，他會誠實告訴你嗎？他會心悅誠服嗎？但是換位思考，去理解他為什麼要說謊，了解他的感受，他會誠實地說出實情。

所以，不是批判與幹掉你不接納的那個自己，而是去同理它的感受，了解它的立場，並且深刻的明白它為什麼要創造這個實相，不帶著任何批判與目的性，單純就是為了覺察。賽斯心法的不二法門，就是承認、面對、接受、轉化。

（取材自《心靈的本質》讀書會）

Sep.

13

體驗你自己的意識

賽斯將我們目前的情況，以及所有的物理現象，比喻為一部連續放映的電影。這電影是由我們自己內部向外投射出來的，然後強迫你只看到那些變換位置後的影像。我們現在體驗到的肉身，以及肉身感覺到的場景，你以為它們是唯一的真實，其實比較像是虛擬實境。我們的心靈像是投影機，投影出來強迫肉體感官把你周遭的物理環境，感知為唯一的真實。

這部電影長片在生前死後，都用得上，生前是依照一個接一個的時間「片刻」順序，組成我們的生活經驗。但是死後可以跳著看前一生的故事，如果你想重溫某些舊夢，以便更了解這些事件，或是覺得在世時犯下嚴重的錯誤，也可以改變那些事件，就像畫家對同樣的場景重新著色一樣。

但是這部你自己創造的人生長片，「它們看來那麼真實，使你發現自己處於不斷對它們反應的地位。」展現給你看的形相相當逼真，所以遮掩了其他同時存在的實相，「你實際上是由這些其他的實相，獲得運作這『物質投射』的力量與知識。」

賽斯要我們打開意識領域，去知覺到有很多不同的世界，這些環境現在正與我們所知道的物質世界共存，而不為我們知覺，除非運用內在感官才能感知到。其他的實相與我們的實相，好像都在同一物理「空間」裡，但其實不占空間，因為空間的概念，對基本真實來說是錯的。

所以其他的實相才是主要實相，才是我們真正的家，我們的物質實相其實是次要的。賽斯要我們試著「把機器停下來」，停止放映影像的動作，然後把注意力轉向這些實相。可以藉著冥想、靜坐，當下停止眼耳鼻舌身的對外感知，讓我們學會把外境停止，轉到內在的實相，關照心境，感受到不同的智慧。

賽斯說到夢的世界，他說我們所知的所有形體從中而出，那是像概念、思想及精神行動的世界，所有實相的創造源頭。我們的宇宙並非唯一的一個，在自然界裡沒有東西孤立的存在，因此我們宇宙的存在本身，就預設了其他宇宙的存在。

當然首先「你必須領悟其他的實相是存在的」。它們就是我們死後的環境，而現在就存在於四周。雖然在死後才能感知到其他的實相，但在肉體生活裡面，仍然有方法可以做到，就是運用內在感官，它在夢境被我們使用，可是在醒時忽略了它們。所以做夢的自己，接觸到的是一個更大的實相。

賽斯提供一個練習，可以做做看。在眼睛閉起來這樣做，眼睛睜開也這樣做，就是常常問自己：「在此時我實際上意識到什麼？」

「在此刻我意識到什麼」，這句話就是修行口訣，這個時候，你的內心告訴你什麼，感覺到什麼，要開始信任你自己。「當你的眼睛睜開時，不要視為當然只有即刻可見的物體存在。向好像空無一物的空處看，在無聲當中傾聽。」空無一物並非真的是空，只是我們視而不見，寂靜無聲也非完全無聲，只是我們聽而不聞。打開你的心，用心去看，用心去聽，體會「空中之有，無聲之聲」。

不論科學家怎麼想，科學怎麼去解釋宇宙與我們的未來，賽斯強調「你的身體、你的意識和你的宇宙，都經常不斷地躍入實相。」賽斯這段說得很好，「藉由清楚地體驗你自己的意識，並且活在當下這一刻，你就能汲取可用的較大活力與力量。」多少人活在無力感裡面，對未來沒有希望。如果要消除無力感，獲得宇宙存有的更大活力與力量，必須依賴你切身的感官資料，而非透過二手傳播獲得的次要經驗。「那主要的感官資料，雖然正確的瞄準現在，提供你在時間內必要的姿態，卻仍能像你打開所有時間從中浮出的無時間性，帶給你直覺的暗示，指出宇宙永遠是當下的、正進入存在的真實本質。」

「去尋找你們看不見的東西，探索看來彷彿是空的地方，因為它們是滿的。」如果探索看似空的地方，就會得到「不空」的證據，賽斯舉例說明，一根樹枝、一片葉子飄動著，理所當然地我們會認為是有什麼東西吹動了它，那是風吹的；由風的效應我們認識了風，雖然沒人曾看見風，但是其效果是如此明顯，說風不存在簡直是愚癡。這就是空的地方其實是滿的，充滿了錯綜複雜、形形色色的宇宙基本素材，肉體感官是感知不到的，「唯有內在感官才能給你有關生命基本性質的任何證據。」」

「你的『人生』只不過是你目前知覺到的那一部分存在而已，廣義來說，你同時是活和死的，正如我現在一樣。」賽斯告訴我們，如果我們對俗世生活變得更完全覺知的話，的確可以收到其他的資訊，對其他的存在有某種程度的覺察，那其中就已經暗示了一個更深、更有護持性的實相，就是我們物質實相的創造源頭。

（取材自《靈魂永生》、《心靈的本質》有聲書）

Sep.
14

愛自己如同你愛別人

賽斯告訴我們，你不能愛你不認識的人，除非把愛的定義稀釋到它變成無意義的程度，所以愛本身是要求一種了解的，它在人世間是建立在親密的經驗上。

從身心靈的角度，什麼叫做愛？去愛一個人，你必須欣賞這人與你、與其他人的不同之處，必須把那人容納在你心智中。愛是去包容他跟你不一樣的地方，而不是要他變得跟你一樣。而首先與你關係最近的人是誰？就是你自己！怎麼愛你自己？就是要欣賞、包容自己。甚至達到賽斯講的，讓愛變成另一種冥想，也就是對自己的關愛聚焦，如此才能再從自己本身散布擴展出去，用愛的光輝去看待其他人。

你越想要一個人好時，潛意識裡，你是覺得他好還是不好？當你再也沒有想要這個人變好的時候，能量就發生變化了，當你再也沒有想要一個人進步了，真正的接納才發生。當你不斷的希望一個人變好，當下你散發的能量彷彿是在告訴他：「你不夠好，不夠體面，不夠成功，你很糟糕，所以你必須變好。」而對方收到的訊息是，不是他要變好，而是他一點都不好。

如果你不愛自己，是很難去愛別人的。你首先必須愛自己，在你愛別人之前。你不能夠恨自己而愛另外任何人，那是不可能的。一個不能善待自己的人，也不可能去善待別人。原則上，每個人會用對待自己的方式，去對待別人；如果你不接受自己的價值，不肯定個人的自我價值，也不會看到其他人的價值。

佛家要我們對人和萬事萬物慈悲，可是忽略了必須對我們自己慈悲。幾千年來儒家的傳統思想更有過之而無不及，講求「嚴以律己，寬以待人」，有很多壓抑、受苦、委屈等必須放在心裡，不知不覺的讓我們對自己很殘忍。

當你對自己慈悲了，這既不是縱容自己，也非給自己找藉口，卻可讓自己健康快樂，如此才可以對眾生慈悲、服務眾生，就像賽斯心法講的「利己、利人、利益眾生」。身體生病的時候，一定是你的某部分對不起自己，你沒有用愛來餵養你的身體。當你信任人性，對自己寬容、寬大，同樣展現於外的就是一種寬容、寬大。我們要很切身的反省，是否對自己很殘忍。

例如，愛面子不敢把心裡的委屈說出來，是不是對自己殘忍？怕得罪別人、起衝突、自己壓抑痛苦，是不是對自己殘忍？要錢不要命，寧願犧牲自己，也捨不得對自己好一點，是不是對自己殘忍？經常指責自己比不上人，責備自己不夠好，是不是對自己殘忍？寧願去做符合爸媽、別人對我們期望的事，討好別人，希望別人開心，沒有真的去做自己喜歡做的事，是不是對自己殘忍？

嚴格上來說，不會出現「嚴以律己，寬以待人」的人，也不可能有自我犧牲這回事，沒有一個人能真正否定自我的價值。表面上或許那個人在外有偉大的優點與神聖的美德，但那是因為你還不夠靠近他，不知道他的真實面目，或許只有他的家人或枕邊人最清楚。不知不覺中，我們其實是不快樂的，所以在這樣的概念下，要去面對自己，甚至對自己懺悔——我是否應該再對自己多一點慈悲、寬容，是否要讓自己再快樂一點。

想要愛別人，得先從愛自己、對自己好做起。千萬不要再相信「自我犧牲」的鬼話了，那在人生中是不可能做到的，是把為自己而活的責任丟給別人。愛自己！並且給自己公正的禮遇，而你也將會公正的對待別人。

愛自己跟做自己很重要，可是到底該怎麼操作、怎麼落實在日常生活當中？這是需要修行與學習的。愛自己與做自己，並不是要你去霸道壓迫別人，讓別人對你唯命是從；也不是去忽略別人，更不是囂張的「只要我喜歡，有什麼不可以」。一個真正肯定自己的人，必定也肯定別人，因為你知道自己的痛，所以「己所不欲，勿施於人」，會有種悲天憫人的胸懷。

要能夠愛自己與做自己，首先每天問自己，「我有沒有在乎自己的感覺？」如果一個人從來不知道跟不在乎自己的感覺，口口聲聲說要愛自己與做自己，門兒都沒有！常常我們會出賣自己的靈魂，做不想做的工作，被外界環境改變成另一種人，卻沒有去自我覺察這一點。

這感覺不只是憤怒生氣、不高興而已，還包括愛與感恩等正面的感覺。我們常常用很多「不要計較、算了」種種理由，來合理化地漠視自己的感覺和情緒。可是這些不在乎自己、出賣自己感覺的人，最後不是麻木、變成行屍走肉，就是生病。因為，否定自己的感覺，身心被分離了，怎麼可能快樂！我們一輩子在面對生活、面對權威時，究竟否定、壓抑了多少自己的感覺，以致無法做自己、愛自己？

那「感覺」之後怎麼辦呢？就是要你去採取行動，溝通、了解及表達，不只是開口罵人而已。賽斯也說，應該如實接受你的感覺，例如「我覺得自己是一個差勁的母親」或「我覺得我是一個失敗者」，但不要當它們是一個事實。感覺不一定是事實，藉著認識這區別，並誠實地從頭到尾跟著你的感覺走，會引領你發現其背後的信念，促進自我更深的瞭解。

要愛自己與做自己，除了在乎感覺外，還必須去認識自己。藉由覺察、分析、探索、

靜坐、閱讀、參加讀書會、寫日記、記夢、聽CD等等，不斷地認識自己。從自我意識、意識、意識心，到潛意識、無意識，直到你的佛性，認識內我、存有、你所來自的造物主。去觀照你的起心動念、覺察信念，當你認識了自己，最後會認識全世界。

接著要開始發掘、接納、肯定你自己，喜歡你自己。如果你覺得自己很糟，你很糟這件事情不是問題，是你常常覺得自己很糟的這個想法，才是最大的問題。如果你覺得不夠好，你不夠好這件事不是問題，而為什麼你經常覺得自己不夠好，才是問題所在。如果沒有做到清除負面思想，清除這些阻礙性的信念，說再多做自己與愛自己都是騙人的。

學習重視你自己，在乎自己的感受，肯定自己以及萬事萬物的價值。告訴自己，我要看到萬事萬物的美好，這是我藉由肉身來人間最重要的目的。

（取材自《心靈的本質》、《個人實相的本質》有聲書）

Sep.

15

我們活在可能性的世界裡

學習賽斯心法的宗旨，是讓我們覺察過去覺察不到的，連帶讓生命中很多不可見的東西，至少變得可見了，如此生命的疑惑可以打開，很多痛苦可以解決。

賽斯談到「可能性」這個概念，是很不可思議的。譬如去想不是只有一個地球，還有許許多多個很類似的地球，每個在最重要的地方有所不同，像其中一個地球就經歷了第二次世界大戰以核子毀滅的可能性。例如賽斯曾對魯柏與約瑟說，「你不需要替《未知的實相》（賽斯書）擔心，在另一個可能實相裡，你已完成了它，並且做得很好。它們及註的模型已存在於你的心智裡，當你將你的心智向側面輕移半格時，將可感覺自己完成了的版本。……你已選好的最後段落已然在可能性裡了。那個可能性適合你的存在，然而，你卻是由無可計數的其他實相裡選出它來的。」

也許某一天你打開門，走進了一個可能的世界，卻對其渾然不覺。這一直在發生！你們在可能性裡面通過卻不自知，你真的看不見那過渡。就像幾米的繪本《向左走，向右走》裡描寫的一樣，轉向另一個方向，命運就不一樣了。你有覺察到嗎？做了什麼與沒做什麼，接下來的生命經驗的確迴然不同。

假設在家裡，「你」是那個決定要走過客廳的人，然後內在精密的計算，用幾條肌肉及身體細胞組成物的何種動作，幫助你達成目標，關鍵在於有意識的意圖啟動了內在機制。因此，「你是永遠在思索可能性的，你永遠在可能的行動與替換的方向之間做選擇。」每個所做的選擇預設了相關的可能行動，每個可能的選擇與行動，在我們的實相系統裡，都可能會實現，端賴你有意識的信念與意圖去選擇哪一個實相來創造了。

賽斯強調這真的是一直一直在發生的。也就是可能性的交會點的確是存在的，在這命運的交叉路口上，你做了某些決定，改變就開始了，開始了一條不同的可能道路，可以說，那都是你自己，卻是一個新的可能的自己。

你是否能關照或足夠敏感，看到你每天在各式各樣的可能性當中出入。你有否發現宇宙萬物巧妙的安排，生命中的每一件事都不是意外。買樂透而遲遲未中，傳統宗教會說你是沒有那個命、福報不夠，其實是內在潛意識在運作的，自我意識只在表面做決定，它真的不明白內在到底發生了什麼。你創造你自己的實相，甚至你自己都不知道。

賽斯說，哪一個你？哪一個世界？你可以自己選擇，每一種情況都和另一種情況一樣真實或不真實。你當下所有的經驗都源自可能的實相，不管你有沒有感知到它們，可能的事件就是事件。涉入可能性，是為了要利用它作為一個創造性的刺激，是要讓我們能有某種的了解。所以涉及這個可能性的每一個人，都是為了他自己的理由而做此選擇的。

這就是賽斯之可能實相的觀念，例如現在你面對一個困難，失業、愛情、生病、經濟問題等等，心裡要這樣想，「我遇到所有的難題，在另外一個實相裡面，已經都解決好了，而且結果都很圓滿。」生命作如是觀，就會改變。因為信念與意圖的改變，對生命抱著簡單而深厚的信心，把困難的解決視為理所當然，把喜悅幸福的人生視為理所當然。

當你遇到困難的時候，不要執著在困難，因為答案就在隔壁，經常你需要的是把意識向旁邊移動半步，暫時先把自我意識放下。一直恐懼、擔心並無助益，很多幫助你的力量自然而然會出現，因為那個可能性已經存在了。

因此，當你處於任何困境的時候，抱怨是沒有用的，要去問為什麼！我為什麼在這個可能性，而不是在另一個可能性中？我從中學習到了什麼？例如，一個人為什麼在一個事業成功、家庭破碎的可能性當中？或一個人為什麼會面臨當難民、妻兒死於海上的可能性當中？

要知道，你在每一個可能性裡面，都有它潛意識的意義與理由，沒有一個可能性會莫名其妙發生，但你不一定知道。你並沒有看到背後靈魂偉大的計畫，靈魂做的每一個安排，都不是意外跟巧合。明白了你為什麼在這個可能性裡面，才能做實相的改

變，才能離開這個可能性。

當有人問，「我為什麼一直賺不到錢？」那必須要先回答另一個問題，你為什麼老是不讓自己賺到錢？或者又有人問，「我怎麼樣才能把病治好？」那要反問他，你為什麼讓自己的病好不起來？這樣反問人家的方式是不一樣的，好像很欠扁，卻能讓此人回到他的內心世界。

每個人創造了自己的世界，如果你改變了自己的信念，然後你對世界的知覺也隨之而不同，那麼似乎是唯一的世界，也會跟著改變，你也的確不是以前的你！

（取材自《心靈的本質》讀書會、《個人實相的本質》、《與賽斯對話卷二》、《未知的實相》）

Sep.
16

面對自卑，勇敢做自己

每個人都有他的自卑，自卑在於自己不如別人的地方；覺得自己不如別人，它會用很多的形式出現。例如有些人會很直接、深刻的覺得一輩子都不如別人，然後拚命的想要贏過別人，或證明自己是對的。我們可能會自我安慰，沒有什麼好自卑的，其實有沒有自卑？有！人多少都有自卑情結，假如你是一個希望孩子、先生、太太或甚至自己，都按照你的期望的人，那你的內在就有自卑成分存在，因為你覺得自己沒有做到，或做得不夠好，才會把期望寄託在別人身上。所以要回來真實地面對那自卑的一面，它常常被隱藏壓抑得很深。

重點是我們面對了多少？承認了多少？唯有真實的自我面對與承認，你才有可能把這些負面的能量，甚至黑暗的力量，轉成正向的力量。試著開始列出那些你覺得自己是自卑的、比不上別人的地方，你如何去承認它、認識它，甚至接納它。

人都不想面對自己不夠好的地方，不喜歡家醜外揚，不喜歡丟臉的感覺。你如何接納這個不夠好的自己，或害怕的、自卑的自己，這些自己是自我形象的一部分。甚至你如何接納，從別人的眼中看到你不夠好的地方，而不再害怕別人發現你其實是一個自卑的人，或恐懼自己犯錯、粗心大意、小氣鬼、膽小鬼、而且常常很容易緊張嚇得半死的人。你不但自己面對了，也不再怕被別人發現、知道你的黑暗面，這兩點需要多大的勇氣啊！

有自卑心理的人一定要隨時問自己，「我現在自卑的自己在哪裡？」這個自卑永遠是影響我們內心的一個重要因素，時時刻刻都在搞怪，而且幻化成你認不出來的千萬個實相。因此，你面對的一切實相，回到裡面，都是那個自卑感，覺得自己不夠好、擔心人家覺得我不夠好、不喜歡我、看不起我等等，重點是你到底關照了它多少。所有你覺得需要尊嚴的背後，都隱藏著一個極大的自卑，如果你沒有那麼多自卑，還需要那麼多的尊嚴嗎？還需要那麼多的面子嗎？尤其是在越親密的關係裡面，夫妻之間的相處越是明顯，當你越覺得比不上你先生或太太，你越會希望他尊重你，就在於自卑感作祟。

例如一個離了婚的人，常常要花數年的時間，才能從陰影裡走出來，光明正大的讓人家知道你離婚了。或有人當過小三、小王的，要花多少時間才能坦然以對，才能大方承認，「是的！那是我人生經驗的一部分，我不怕別人知道我當過小三或小王。」那要多大的信心與勇氣，自我接納，對自己的疼惜與一份愛，才能接納親人、別人是可以對我失望的。重點不是讓別人失望與灰心，而是當你能做到、接納了，在別人眼中對我是可以失望與灰心的，那表示你內在有一個極大程度的自我接納。你對你的自我接納，已經大過了整個社會對你價值的認可跟批評，你拿到了一個多大的力量與禮物啊！

有沒有可能，你認為不夠好的、自卑的自己，其實才是你真正必須擁抱與接納的真實的個人性？也許多年來，你想要隱藏、壓抑內在不管是正面還是負面的種種，例如小氣、小心眼、愛生氣、愛嫉妒、自卑、失敗、痛苦、恐懼、緊張、害怕等，都代表著很真實的你，它們可能在過去是上不了檯面的、害怕被外界看到的。你如何透過面對且承認你最真實的個人性、內在的感受，藉由擁抱真實的個人性，而跟你的潛意識、內我相連，連結到內在真正的神性跟佛性，那是愛、智慧、慈悲、創造力跟神通。擁抱那個自卑的你，就是真的去認可它、接納它，甚至去勇敢承認它是你的一部分。

我們常常都忽略了自己的感受，尤其是負面的感受，一直都是「分裂」的自己。只顧著要當一個負責任的自己，卻分裂了不想負責任的自己。只顧著要當一個好的自己，想贏過別人、表現得比人家好，卻忽略了那個自卑的自己，忽略了內在那個根本就不想跟別人比的自己。所以，總是用某一個或少數的自己，綁架了全部的自己，其他的自己會不難過、生氣、憤怒、沮喪、絕望嗎？我們也常常用自己的角色，例如老師、校長、丈夫、太太種種社會身分，綁架了我們內在真實的個人性。為什麼所謂的覺醒這麼難？因為面對內在不夠好的自己，的確是不容易的。

所謂修行的次第，它發生在每個人一個接一個的，面對內在不敢面對的部分。要面對內在的自己不容易，但這某部分跟我們的身心疾病是相連的，你願意面對自己多少，不僅是癌症，包括巴金森氏症、高血壓、糖尿病等等所有的慢性病，其背後都包含著一個負面的、黑暗的自己，你必須深刻去面對，因為那就是能量阻塞的地方。這不僅是修行，更是一個身心療癒之道。你很深的面對內在的自己，就是你身上癌症與病痛療癒的契機，就是療癒之道。但深深的面對自己並不容易，因社會上沒有這樣的氣氛，周遭不一定有人引導你，你也不一定願意去面對。

請想一想，會不會自卑的自己其實包含了你更大的情緒能量、自卑的你更接近內在真實的自己？會不會你表面表現出來很好很棒的自己，只是一個表象，也許你從來沒有面對內在真實的你？內在的黑暗面，一定要透過很深的面對，沒有如此，你一定會被翻轉掉，有些人一夕之間破產，或突然被診斷出得到絕症，你是等著被命運翻轉，還是要自己翻轉？未來是個人性的時代，所謂的個人性，就是回到你自己，回到你跟心靈的連結，回到開始不在乎外面的世界跟潮流、不在乎人家怎麼看你與社會的角度、開始把頭腦的理性放下了。

擁抱你的個人性，真正勇敢做你自己，不管那個自己好還是不好，在別人眼中優秀還是不優秀，以社會的眼光認可不認可，讓周遭的人失望或不失望，你一定要回到勇敢擁抱你的真實性。唯有很真實的自我面對，勇敢做自己與自我擁抱，才能夠汲取

內在的愛、智慧、慈悲、創造力與神通，絕沒有一個人不勇敢的做自己、面對自己的真實性，而能成佛的。

你是誰？你就是你自己。你要問的是你是誰，而不是問你有沒有輸給別人，你是什麼就是什麼——就算你很平凡、一事無成、一無是處。包含你過去認為自卑的地方，也許那根本就不應該是自卑的地方，甚至或許你覺得最自卑的地方，才是你最應該引以為傲的地方，只是你沒有發現裡面隱藏著黃金。有人會問，我那個膽小害怕、小氣、好強、自卑的自己，怎麼會是我引以為傲的部分呢？以一個很難解釋的方式，它是的！但引以為傲並非你要被它框架或綁架，是要去擁抱它們。

靈魂偉大的地方在於，它可以把你們所有人最自卑、最不利的東西，化為生命中最營養的肥料，所以要用這個角度來面對你的自卑。進一步去看，所有你任何的自卑，不但有一天不是你覺得自卑的、丟臉的、見不得人的，反而是你內在某一個自己，深深的引以為傲，如果沒有這些自己，你不會是今天的你。你如何把所有的阻力、負面，化為提升的動力，包含不負責任的自己、好吃懶做的自己、很自卑比不上別人的自己，所有你認為不好的地方，都是你提升自己甚至是更大的動力。

上帝的旨意玄之又玄！你永遠不會知道為什麼你的生命遭遇無常，永遠不會知道為什麼你會家庭變故，永遠不知道為什麼你會得到癌症或生病。當我們真的願意面對最失敗、最自卑的地方時，靈魂有全部的潛能，將生活上所有看起來最不利的地方，永遠能轉成最有利的。因此接納自己、肯定自己是我們最重要的課題之一。賽斯要我們對自己的存在說「好」，對某些情況有權說「不」，你必須不期待做一個「完美」的人，你必須不擔心失去，越怕失去越容易失去，當下接受「你是」的那個人。你是在學習更是你自己，完成你自己，學著讓所有能力得以發揮。

Sep.
17

每個當下都可以改變

關於事件的形成，賽斯曾用一個巧妙的比喻，假裝我們是一個星球，從外星人眼中看去，我們的確是天空中的星星，反之我們看見的星星也是外星人幻化的。我們存在於一個極為複雜與成熟的宇宙裡。太空是由各種居民所填滿的，可以把這些太空居民比喻為「可能的事件」，亦即他們都代表了過去、現在與未來可能發生的每一件事。

但作為一個星球，那些居民駕駛的太空船想在你這個星球登陸，因你的某些特性與條件是有限制的。譬如這個星球如果充滿了樂觀的大氣氣候，疾病就不容易降臨；要是充滿了悲觀與絕望的氣候，那就等著一堆鳥事降臨吧！主要是你吸引他們了沒有。

這些條件與特性代表你自己心理上的個人性，就是你的信念系統、意念與性格。你對星星居民們發出訊息，因為你很寂寞，而「事件或訪客是你獲取經驗與知識的主要方法之一」。太空旅客們也必須有自己的理由來做這樣一次拜訪，所以是我們主動向太空發出訊息。這就是吸引力法則，而且一定是雙方同意的，兩者相互吸引，一拍

即合。

發生在你身上的每一件事，都不是偶然、意外或巧合，全是被計劃且安排好的。就算你要被打，也要有打你的人，你想要被人家騙，也要有騙子配合才行。每件事一定是因緣具足才會發生，都是靈魂精心計劃的結果。

你周遭每個人都好比外星人，你都吸引什麼？你要瞭解自己很簡單，去看你周遭都出現哪些人就知道了。賽斯說過，如果你發現自己周遭盡是活力、健康、豐盛、笑臉，也認為大家都喜歡你，那你可以放心，你的信念是有益的；若你放眼望去看到的是病痛、消沉、匱乏、痛苦與邪惡，那你的信念就有問題，該修正了。

任何實質事件進入你的世界，像是一個衝擊，它們影響了你的實相。你在某程度上吸引了它們，它們被你所吸引。你的意向或目的或信念是主要吸力之一。這就是賽斯說的「預期」，它觸發心靈實相成為物質建構的力量。

賽斯心法講到，在我們認知的宇宙內還有其他的宇宙，事件也是一樣，一個存在一個裡面，就像包心菜一樣。任何一個我們所見的事件，僅是我們認知的部分，事實上只是無窮盡事件的一部分，這些沒有為我們所覺察。也就是我們其實只看到事件的一部分，如同瞎子摸象。可能性在每天生命中上演，但你對「為什麼做這個選擇，而不做那個選擇」有知覺嗎？再者，當初若你是做了另外一個選擇，而不是目前這個，人生會不會不一樣？現在的你又在哪裡？會不會的確有無限個你，在面臨選擇的時候，所有可以被做的選擇，統統被選擇了？

對可能性的你而言，你是可能的。如果從靈魂廣闊的觀點，那些沒有被你選擇的實相，如果被其他的你選擇了，請問，你的生命會多開闊？很多得憂鬱症的人或想自殺的人，都有一個共同的想法：「我沒有選擇，我不喜歡人生。」賽斯心法一直強調，我們的確可以在每個當下重新選擇，可以改變職業、婚姻、居住地、健康狀態……，進入新的可能的自己。以你走到一個十字路口為例，想像當你左轉的那條路線，內在的資料立刻透過有意識與無意識被喚起，也許是兒時曾玩過的地方，也許路樹很像老家旁的一棵樹，你在心裡計算著。然後你望向直行的路線，又發生了同樣的內在過程。

賽斯說，其實你已經在那些方向送出了精神與心靈能量，當你選擇直行的路線時，它變成了你的物質實相，你在主要事件順序裡接受了那個經驗。但是你沒有選擇的左轉路線就不存在嗎？不，凡思考後必留下痕跡，一旦你起心動念，不論有無採取行動，實相都已經發生了。你那被吸向那條路線的部分，繼續其旅程。當初你認真考慮過的決定，所有曾經起過的念頭，原來都繼續其旅程了。這替代的自己做了一個不同的結論，它體驗左轉路線為物質實相。你所認為的自己真的是在每一瞬間重出，跟隨在任何時候從主要事件分開的無數事件。

你所認為的自己，真的可以在每個當下改變，你現在生命隨時可以轉到另一個方向。每個當下都可以改變與創造新的過去與未來，你記得的過去只是一個可能的過去，你預見的未來，只是一個可能的未來。當我們讓一個人覺察可能實相的存在時，他就不再覺得被事件所陷溺了。「每個人的選擇機會都比他們所理解到的還要多。」

事情過去要怎麼改？有首歌叫做《如果再回到從前》，想著回到過去，讓所有一切重演，其實一點用都沒有。唯有有能力改變今天的人，才有能力改變過去，因為「當下才是威力之點」。一直怪過去是沒有用的，那無濟於事！力量一直在今天，今天一定要改變，你才會有力量改變過去。

（取材自《心靈的本質》讀書會）

Sep.
18

背痛代表受阻的生命力

約瑟曾經有一段時間，背部出現不明的毛病，經常發生突然的痙攣疼痛，痛到他哀哀叫，醫生查不出是什麼毛病，他和魯柏認為，他對壓力的反應是部分原因，為此他問了賽斯，為什麼他的背部有這麼多問題？

「第一節脊椎沒有把生命力傳入有機體，被恐懼的神經限制住，靈魂的擴張會讓物質有機體也跟著擴張，釋放壓力。」賽斯回答。

人體的脊椎包括頸椎、胸椎、腰椎等等，很多脊椎的問題，也許出自內在的恐懼，當恐懼積到某個濃度，它就會產生一個block（阻斷），阻斷你的生命力，生命力無法傳遞進入你的肉體，你也開始出現脊椎的病變，產生痠痛、麻木及無力的症狀。

從脈輪理論來看，脈輪是人體能量的中心，位於身體中軸線上，人身共有七個脈輪，從海底輪到頂輪。所以恐懼的情緒，會將你的脈輪塞住，以致它無法正常運作，能量的傳導也受阻礙。如何消除恐懼呢？靈魂的擴張會讓肉體也跟著擴張，亦即心靈成長可以化解恐懼，釋放壓力，甚至可以直接治療你的脊椎病變。

大多數人到了七八十歲以上，多少都可能有脊椎的問題。年紀越大，所累積的恐懼越多，尤其對身體健康、生病、死亡的恐懼，還有對未來與不安全的害怕。那麼就要問自己，「到目前為止，我真的在內心累積了多少恐懼能量？」

恐懼是無所不在的，跟錢的數目多寡無關，擁有兩千萬存款會擔心不夠花，僅有一百萬積蓄也有人沒在怕，還可以靠自己去維持生活。但恐懼有用嗎？沒有。這輩子，還有多少恐懼必須自我面對啊！一定要問自己，「我內心往往最害怕的是什麼？」把它找出來。

沒有去面對恐懼，你永遠都會被這個恐懼限制住。你必須去面對它，然後告訴自己，「是的，我面對了；是的，如果真的發生也沒有關係。」還有什麼好恐懼的呢？大不了一死嘛！如果死了，所有的東西你也不用放在心上了。所以常常我們面對恐懼的程度還不夠，這是很深的功課。

賽斯說，「在每個人格的生命中，當然有遇到重大危機和決定的時刻，那是人格依據各種可能選擇的其中一個做出決定。這些時刻根本不需要意識到，選擇也不必然是有意識的，但是它們常常浮現到意識上。」但是在之前，內在的工作和決定已經完成了，內我會繞過自我意識的固著，靈光乍現式的給我們指引。

就像約瑟和魯柏夫妻倆，在被恐懼和負面態度壓得垂頭喪氣、背部疼痛不堪的時候，決定去海灘度假，然後內在靈機一動，從未跳舞的他們跳入舞池，共舞了整晚。賽斯解釋這個強烈的行動是最好不過了，代表離開他們創造的負面影像所表示意義的第一步，代表他們在釋放累積的破壞性能量。

所以你的恐懼，以及把恐懼向外投射到別的人或物，所產生的具體化創造，它們是沒有力量的，除非你給它們力量。要記住它們真的存在，我們要學習的是改變自己的態度，清除累積的「垃圾」，打開一條道路，給自己心靈呼吸的空間，讓創造能力出現。

當你在恐慌發作，或焦慮、莫名其妙地緊張、發生一件覺得無法面對的事情、面臨身體疼痛的時候，有個紓解壓力的方法——給自己下達一個心理暗示：「我要進入輕度的出神狀態，而那個自己可以輕鬆的面對。」

什麼是「進入輕度的出神狀態」？你的頭腦不用知道，內我自然會知道，內在自然會發生動作。這練習是運用了自我催眠，問題都不在於問題本身，而在於誰來處理這問題。因為創造實相本來就不是自我意識的專長，而是在「架構二」的內我完成的。所以要打開自我意識，容許自我意識進入輕度的出神狀態，讓內在「能輕鬆面對的那個自己」來幫助你。

遇到了難題，通常自我會去找方法、找解決之道。自我的這個處理方式，反而更讓你專注在問題上面，不但沒有解決問題，還會製造出新的問題。例如當你腳痛時，越集中注意你的腳，苦思它為何會痛、要怎麼辦，反而越痛。

心靈不是藉由專注在問題上而解決問題的，通常是忘記問題所在來解決事情，這跟逃避或自我欺騙不一樣。用這個心理暗示：「我要進入輕度的出神狀態，讓內在的另一個自己，那更接近內我的自己，有更大能力的自己，來協助我。」

（取材自《早期課1》、《靈界的訊息》、《與賽斯對話卷二》讀書會）

Sep.

19

療癒由期待中升起

你以為科學說的都是對的？曾經有位ＮＡＳＡ的科學家說，科學是建立在假設而非事實的基礎上，實際上，宇宙也沒有真正客觀的事實。

你以為醫學專家講的都是對的？你有沒有想到所認為的「對」，背後更深的理論架構是來自一個偏差的理論基礎呢？健康主要由「吃」所決定，如果這個前提假設是錯的呢？其實，健康主要跟吃沒有絕對關係，主要跟你的心情、心態快不快樂有關。

我們現在很容易認出過去的宗教迷信是不合理的，但你知不知道，基本上，科學架構是同樣的不合理。例如你的胃潰瘍是幽門桿菌造成的，子宮頸癌是因為乳突病毒，肺癌是因為吸太多油煙、二手菸，大腸癌是吃太多油炸食物，這跟以前指出因你犯了什麼罪行，所以才被上帝、神明、業報懲罰，而得到某種病的概念，有果必有因，要給個安撫人心的交代，簡直如出一轍，換湯不換藥！

醫學技術的進步也真的延長了許多人的生命，但如果是治標不治本呢？自從發明顯微鏡後，好像破除以前的迷信了，是病毒的感染而不是怒犯天條導致生病；人類很高興發明抗生素，終於控制所有的感染了，但細菌還在不在？登革熱從此不再了嗎？

人類一樣找不到解決之道。

醫療保健的宣傳重點，一直是鼓勵做定期健康檢查，早期發現，早期治療。但按照身心靈的觀點，我們有想過生病真正的原因嗎？當我們不再凡事都從身體的角度去考量，重新回到思想上，檢查自己的內心世界，才能找出疾病的根源。檢查身體的結果只是提醒自己：是不是該回頭來檢查內心世界了！數據是一個參考，參考我們過得快不快樂。

當醫學愈發達，疾病也愈多。賽斯說，「目前你們整個醫學系統醫好的疾病，說實在的，跟它製造出來的一樣多。因為各式各樣疾病的症候都無時無刻、如影隨形地追襲你們，你們滿懷著對疾病的恐懼，也被身體上一些似乎像是罹病的徵兆所擊倒。」最重要的是，「身體的生命力或自然防禦系統卻完全沒被重視。」

這裡並不是要大家不去做健康檢查、打擊大家的信心。而是讓大家知道，還有個更有效且有意義的檢查，那就是檢查你的思想、你的人生。看看你快不快樂？是終日鬱鬱寡歡，還是開朗過日？真正的健康檢查，是開始回到自己的內心，檢查你的念頭、情感，那些不為你所察覺的心理活動。「小孩擁有的最少，快樂卻是最多；成年人擁有的最多，快樂卻是最少！」

在賽斯心法中，從不認為老年就容易生病、就不管用。完全是思想信念造成體質虛弱、抵抗力差，而不是歲月影響健康。我們不必去排斥負面的思想，但是要盡量選擇正面、開朗、充滿彈性的思想信念來看待生活。

賽斯說，「科學根本就是個很差勁的治療者。」疾病往往來得像場颱風，人們無力反抗。現在的醫學除了儀器、藥物與手術外，專家們又發明各式各樣的飲食，包括所謂的排毒餐、斷食療法等，飲食治療的目的很簡單，讓你有事情做罷了。總不能老是依賴醫學吧，回來了解身心靈的本質，你才能明白療癒的能量就在內心啊！

但什麼才能達到療癒的地步？賽斯指出所有疾病奇蹟式的療癒，一定涉及了三個觀念：首先，物質是由那些賦予它生機、活力的「內在特質」形成的。所有的物質，包括肉體，都是內在宇宙的活力組成，它是流動的能量，並非看起來的固體。既然是流變不居的，肉體的狀態也能夠變化自如。

再者，物質的結構，隨「期待」而來。你有沒有期待自己會越來越健康、期待自己會好起來、期待自己每天的生活都會越來越歡喜？還是在談戀愛的時候，內心不自覺的期待失戀的發生，因為對自己的不肯定？所有物質的變化，來自你到底有沒有建立正面的信念。你對年紀變老的期待是什麼？是越老越不中用、記憶力與聽力會衰退、齒牙動搖，還是年紀越大越健康？你對於身體有偉大的自我療癒能力，建立不同的期待了嗎？改變物質與肉體的方式，就是建立不一樣的期待，你要期待會好起來、期待明天會不一樣，也就是信念創造實相。

最後，物質隨時都可改變，在於喚起你與生俱來的創造力。這就是賽斯心法的核心！體內的原子分子是一直死了又被取代的，所以身體是在每個剎那不停地被創造。出生以前我們就選定這個身體，而在這個基本架構下，我們擁有完全的自由去創造全然健康且功能無礙的形體。

宇宙由我們的心中升起，整個物質宇宙都來自意念與意識的投射。

（取材自《個人實相的本質》、《夢、進化與價值完成》有聲書）

Sep.
20

心開闊，路就開闊

當我們在做自我覺察的時候，可以回來問自己一個問題：「我經常心電感應式的，對別人或這個世界，發出什麼能量？」就像身體會散發熱度一樣，你必須留意自己對周遭散發出什麼樣的能量。做這個覺察之後，你就恍然明白，為什麼別人會這樣或那樣對待你了。

賽斯講得很清楚，如果你相信人性本惡，你就不會體會到人的善良；你對它完全關閉，他們於是將永遠對你表現出最壞的一面。他舉例說，當你認為別人不喜歡你時，你會心電感應式的使這事必然發生，而你也將把你的不喜歡投射到他們身上。

如果你經常覺得很苦惱，為何別人經常中傷、嫉妒你；或者你為別人付出這麼多，人家都沒有感恩；你是一個好人，卻常常遇到壞人；甚至同一個老闆，為什麼老闆對別人就和顏悅色，對你就嚴厲不假辭色。你要去探討，自己有沒有經常有意無意地散發出那種負向的能量，然後你百分之百就會明白了，為什麼人家會這樣對你，並不是嘴上有沒有對人家說了什麼。

所有的東西都不是意外發生的，「你創造你的人生。」賽斯還是這句老話。你老是運氣不好、很倒楣、遇人不淑、碰到朋友借錢不還的鳥事，在心電感應的基礎上，那是你發出某種召喚，吸引了相關人事物到來。

你的能量模式，自動地吸引別人這樣對你。你要開始注意你對周遭的人，發出什麼樣的能量模式，如果能改變內在能量模式，命運就改變了。賽斯這句話很重要，「在物質生活中，你其實是看到你所想看的東西。」經驗是跟著期望走的，你的經驗就是根據你的期盼而被創造出來的，一個對危險的期盼真的會創造危險，對成功的預期將會創造成功。

「由可用的實相範圍你感知某些資料，按照你對實相是什麼的概念，而由你精心選擇的資料。那些資料本來就是你創造出來的。」你對實相的看法是什麼？簡單的說，就是你的核心信念。譬如你認為這世間好人多還是壞人多，安全還是不安全，賺錢容易還是困難。說實在的，這些實相本來就是我們選擇、創造的。

例如某人在做一份很不得志的工作，經常被主管羞辱，被威脅要開除他，他認為自己已經年過五十了，離開這工作，沒有把握能找到下一個工作，於是他每天忍受著羞辱，過得很痛苦，然後癌症就找上門了。如果他對實相的看法是，辭掉這份工作，就可以找到下一份工作，大不了先被老婆養一陣子，如此內心是自在輕鬆的，身體就不致承擔沉重的心理壓力。你對實相的看法，會決定你怎麼看你的人生，進入賽斯心法後，你看到的都是機會，你可以有一百萬種選擇。

賽斯曾舉畫家為例，一個畫家內心已經有圖像存在，然後將它們投射在畫布上面，他調配顏色，使他的畫成為一幅有血有肉的藝術品。我們每個人也都是自己的畫家，將我們內在的畫面變成外在情況或事件的模型。這個我們心中的形象，就是我們「想要的是什麼」，它把所有適當的情感能量與力量吸過來，賦予那些形象血肉，而變成實質的事件。

雖然在同一個時間裡面，只能發生一件事情，但那些曾經被考慮而沒有發生的事情，也發生在你其他可能的自己身上。也許很多人會後悔，過去應該怎麼做，而沒有那樣做。但你不用煩惱，因為已經有個可能的你，去幫你做了。人生就是這麼圓滿，原來人生是沒有遺憾的。你之所以覺得有遺憾、有痛苦，當初要講的話卻沒講、要做的事卻沒做，那是因為你還不夠了解你更大的本體。

在你更大的本體裡面，只有兩個字——圓滿。所以你要看到生命的全貌，而不是活在那麼多的恐懼與缺憾當中。所有你曾經想做的、想說的、想過的方式，在實相的另一個層面，都已經完成了。每個人在當下這一刻，都應該直接感覺到，這就是我人生最幸福、最圓滿的一刻，再也沒有比它更幸福、更圓滿的了。

你對實相的看法，左右了自己人生的道路，但受到過去經驗的限制，自己的信念與看法經常局限且狹隘。你一定要學會信任，一切生命的本質和存在，不是因為科學或知識，而是信任，就像你的心臟會跳，不是你知道怎麼跳，是你信任它。賽斯一直跟大家說，必須相信每個人的存在是好的，生命是喜悅的，你的欲望是好的，情緒與感受也同樣是好的，你要接受你是一個好人，雖然也許會有一些不好的念頭。

賽斯說，「宇宙積極地愛它自己及它所有的部分。世界愛它自己及它所有的部分，宇宙的能量不是中立或冷漠的，它是積極、正面的，它是被對自己的「即刻的歡喜」所推進的。」一個自在的生活態度是——歡喜過日子。既然宇宙喜歡你，你有什麼理由不喜歡自己。

過去科學的觀念認為，能量是中立的、細菌病毒是中立的，這是錯誤的。不管所有相反的觀念，能量在其基礎上，的確是愛。風吹過臉龐是愛、歌聲流過心田是愛。一切萬有在創造世界後，從來沒有離開過，祂在哪裡？在每個人的心裡。

每一天你都是新的自己，雖然每個人的身體都有歷史了，或許過去有痛苦的人生或疾病，但在身體存在的每個片刻都是新的、無瑕而獨特，過去就讓它們過去，只要你願意迎向新的人生、新的自己。

雖然世界的確有痛苦，推進生命本身的，卻是奇蹟似的「快樂原理」。賽斯一直鼓勵我們將注意力，貫注在蓬勃生氣、喜悅、力量和良好健康上面，因為這些是人類與生俱來的資產。

記住，心開闊，人就開闊；心開闊，路就開闊。

（取材自《個人實相的本質》、《靈魂永生》有聲書）

Sep.
21

發自內心與孩子溝通

有部電影「人生決勝球」（Trouble with the Curve），是由名演員克林伊斯威特自導自演，雖以體育為題材，但對於親子關係的衝突跟矛盾，有深刻的描寫。片中敘述一個小女孩還在六七歲的時候，曾經被爸爸送到親戚家住了一年，到了十三歲時，又被送到技術學校去讀書，這兩段時間爸爸都是不聞不問，也從未告知真正的理由，以致在女孩心中投下巨大的陰影。

後來女孩回到爸爸身邊，她心中最想跟爸爸說的一句話是：「你為什麼把我送走？其實我想留在你的身邊。」爸爸終於坦白，當年他在談合約時，六歲的女兒差點被人性侵，為了保護女兒，幾乎把那個歹徒打死，他怕被警察抓去坐牢，所以不得已趕快把女兒送走。之後因為他是一位球探，必須全美到處跑，在酒吧廝混，他不想女兒跟他一個大男人過著漂泊的生活，所以再度送她去學校讀書。但這些緣故從未跟女兒明講，以致讓女兒誤會了大半輩子。

從電影中可看出，幾乎所有的親子問題，主要還是卡在溝通上。所有家庭都要開始深度的溝通，深度的溝通並不是「我有一番道理，我想告訴你」。很多家庭的溝通都只是在講表面道理，其實真正的溝通是能夠表達你內心為何這樣想；你要試著去解釋你的行為，而不是告訴對方你有什麼行為，甚至有時候，溝通是跟對方剖析你自己。

我們通常是用自我與理性在溝通。例如你希望孩子功課好，可是你並沒有告訴孩子，為什麼希望他功課好？你會告訴孩子的是，爸媽要你功課好，是因為社會很競爭，如果你功課不好，將來會很辛苦。你會跟他講道理，可是並沒有跟他講真正內心的話，只說到第一層表面而已。

你心裡的話其實是，「爸媽要你念書，是因為我們自己學歷不高，在社會上地位不是很高，潛意識裡是很自卑的，我們希望你念書，讓我們有面子。」「媽媽希望你把書念好，這樣我才是個好媽媽，媽媽在婆家才不會被看不起。」孩子聽到你講真心話，反應會出乎你意料，「你早說嘛！為了你的自卑，我會試看看，努力看看，可是你不要告訴我一堆大道理。」因此挑明地說吧！這樣不代表你是對是錯，但至少代表你真心的感受。

我常說，講大道理一點用都沒有，那些道理是說給你的自我意識聽的。現在的孩子都是老靈魂，他們的心靈很聰明，早知道你講的不是內心深處的話。當你跟孩子說你內心的感受時，就代表你願意面對內心，這也是學賽斯心法最重要的關鍵。你有沒有回來面對自己？你能夠面對自己多少？原來你以為用你認為最好的東西來對待孩

子，偏偏那些都不是孩子想要的。就好比兔子用紅蘿蔔去釣魚，縱使牠認為紅蘿蔔最好吃，但是絕對釣不到，因為牠從不了解魚的需求是什麼。

克林伊斯威特的女兒恨了他一輩子，她本來多麼渴望留在爸爸身邊，可是一直被推開，所以一直懷疑自己是不是不夠好，爸爸才不愛她。因此她努力考上律師，努力表現優秀，潛意識裡是想回到爸爸身邊。她也不敢跟他人建立關係，更不敢結婚，因為深怕跟人家建立關係後，又再度被遺棄。上大學之後，她更一直在看心理醫師，治療童年的傷痛。可是等到爸爸跟她講明原因，你會覺得很好笑，原來這麼簡單，也不用誤會一輩子了。

我們說找回孩子的心，那個孩子是誰？其實是你自己！當你改善親子問題的時候，並不是全然為了孩子。對於孩子，我們要學會從不一樣的角度去愛跟尊重。尊重是包括你們告訴孩子的道理，結尾最好都補上一句：「以上是爸爸媽媽認為對的道理，對你而言不一定是對的，即使是對的也不一定適用於你，你參考看看。」你還可以說：「我們認為人應該要念書上學，這是我們的觀念，是不是適用於你，我們不知道，你自己琢磨琢磨。」

教育只是讓小孩子明白父母的意思，不是你在告訴他什麼是對跟錯，要按照你們的做法。但以父母親而言，永遠想用最好的方式對孩子。身為父母親的關鍵，絕不在於你怎麼教他們，也不需要你費盡心思。怎麼教才是對的？說句實在話，其實都沒差、都不重要，又不是在訓練海豚！你要順著生命去走。

只要你對自己的存在很誠實，開始關照你自己，很深的來面對你自己，這才是親子關係中最重要的。所以你跟孩子說話，是打從內心的說話，而不是講道理的話、說服他的話。

例如有父母常常問，「我的孩子都不愛念書，上課不專心，那麼愛玩，要如何讓他開始愛讀書、喜歡上學？」我會說我辦不到！但是我都會跟孩子講，不喜歡念書是正常的，你以為叔叔喜歡念書噢？你爸媽小時候有愛念書嗎？講道理沒有用，說不得已還有點用，因為那是真心話。

人生就是不得已，媽媽做三餐、爸爸去上班也是不得已的啊，不然怎麼辦？在不得已之下，來想其中還有一點點的快樂與甘願。如此輔導小孩，很奇怪地，他們的功課都會進步。當一個人回到人性、本心的時候，自然會找到他的路。

所以你跟孩子說的每句話，都要回來問自己，那是你的真心話嗎？孩子說人生沒有意思，你卻說人生怎麼沒意思，人生很有意義啊！是真話還是違心之論？當你在鼓勵孩子、跟孩子說道理的時候，你要回來問自己，那難道真是我相信的？你把自己講的話錄下來，放給自己聽，搞不好你也不怎麼信啊！

我們常常有很多沒有面對的，例如不信任、不安全感、自卑與沒自信等等。沒有真實面對自己的父母親，是面對不了現在這些老靈魂的，甚至是無能為力的。因為孩子所有一切的問題，不知怎的，總是會碰觸到你內心某個問題。你這關過了，才能幫助你的孩子。

Sep.
22

釋放內在的害怕

這輩子到底你有多少的恐懼，有沒有真正面對內在的恐懼？內心的害怕是不斷累積起來的。往往當我們什麼都不怕的時候，其實是越害怕的；往往表面越鎮定的人，內心常常隱藏著一個很恐懼的自己。就像有些人給外人的印象是天不怕、地不怕，一旦恐慌症發作時，卻變得什麼都怕，甚至連上班都不敢。

從小當我們感到害怕的時候，老師或爸媽會說：「不要怕，不要怕，沒有什麼好怕的！」於是長大後，有意識的自己或理性的頭腦也是經常如此地對自己說。表面上，自己好像已成功克服了恐懼，可是你真的變得不害怕了嗎？並沒有！在你內心還有另外一個自己，不斷的在呼喊：「我好怕，我好怕，我什麼都害怕！」

所以試著反向操作，勇敢地唸出這句話：「我好怕，我好怕，我什麼都害怕！」這句話會引導我們自己，面對內心從來沒有好好面對的恐懼，因為過去我們一直在壓抑這些害怕。

要消除恐懼，必須先從自己有多少害怕著手。就能量來說，你壓抑多少，就要還多少。例如某人長腦瘤，開完刀後仍復發再長，這是能量未處理完之前的償還作用，包括壓抑的、痛苦的、恐懼的能量，沒有被處理。或者你以為處理了，卻是用「我不怕、我不怕」的「正向」方式，那是壓抑，而非處理。

你有沒有害怕沒錢？有沒有害怕變有錢的種種困擾不安？有沒有害怕被人家罵、被攻擊？有沒有害怕到達成功顛峰後如何持盈保泰？有沒有害怕生病老化？有沒有害怕一旦恢復健康，人生問題怎麼面對？有太多太多害怕恐懼了！把你所有的恐懼列下來，沒有處理好它們，你很難再前進。如果你往前進，而沒有回來照顧內在的陰暗面，最後一定會被拉住，再也前進不了。

如果你想要有錢，可是沒有回來面對有錢的恐懼與擔心，你怎麼樣也不可能有錢。如果你想要健康，可是沒有回來處理你的負能量，疾病想要好是癡人說夢。如果你沒有回來面對各式各樣的恐懼，人生一定會遇到瓶頸，因為你沒有回來照顧那些反向的恐懼，內在靈魂會自動的把你拉回來。

如果你遇到了瓶頸，感情、事業、親子、健康等問題，也許急著想要突破它們，其實不然。這時候你要停下來覺察，必須回來當下面對內在的負面能量，問自己到底是被什麼拉住了。

要釋放恐懼，夢是一種很好的自然療法，也是最好的預防醫學。賽斯舉魯柏的夢為例，它使得恐懼得以產生有意識的情感體現，更重要的是，它提供了恐懼的釋出，或對一個深沉的情感方程式給出了解答。所以，夢常常可以幫助我們解決或補救心理的困難，魯柏因為內心一直有個恐懼，怕他如果不交貨、不努力工作來報答給予他生命的母親，她可能會以神奇的方式取回這生命。但是賽斯說，這母親「並沒」給予生命。

「生命並非由父母所給，而是透過父母，由生命本身或『一切萬有』所給，而且『沒有附帶條件』。是免費贈送的，不能由任何人拿走。」做父母的沒有資格收回孩子的命，很多父母自殺帶著孩子陪葬，理由是擔心孩子以後過不下去。但是一枝草一點露，孩子有他自己的命，自然會在社會上找出一條路。以更大的角度來看，沒有孩子是虧欠父母親的，孩子的生命來自一切萬有，不是爸媽所賜予的，生命沒有虧欠，沒有誰必須報答誰。

以前常說，孩子要符合父母親的期望才是孝順，錯！任何的孩子絕對不要符合父母親的期望，而是參考參考，了解他們的善意與用心，但這不一定是對的，選擇權還是在每個人自己身上，只要不要觸犯自然的罪惡感，不要傷害別人或生物。縱使孩子走的路失敗了，這也是靈魂的體驗、學習與成長。限制了孩子的選擇，幫他做好決定，經常是斷送他生命力的開端。生命即表現，生命由它自身的力量而得以存在。

夢可以提供我們日常生活中沒有的一個發洩管道，所以做噩夢，其實是在幫你清除「毒素」，它用夢境一直在逼你面對不敢面對的恐懼，釋出你所需的荷爾蒙，將療癒力帶入身體，使得某些症狀消失；有些時候長期的慢性疾病，真的會突然透過夢來解決。

賽斯強調，那些很深的情感恐懼，多少都必須被「直接面對」，且非面對一兩次即足夠的，否則舊習又將把沒有處理完的恐懼埋葬掉。自我面對時不免有恐懼，但是，只要你願意面對，宇宙一定會幫助你，沒有面對不了的難堪處境。

「沒有任何情緒會將你帶入死胡同，情緒永遠在動，永遠會導入另一種情緒，你應該積極去體驗那個感覺，永遠會把你導向對信念的一種了解。只有當你害怕情緒時，才會被它們所控制，它們是你存在的運轉動力，與你的理性攜手而行。」

（取材自「破除面對婚姻的恐懼」講座與《個人實相的本質》）

Sep.

23

細察背後的基本心態

頭腦很實際、很目的性的人，沒有比較聰明。你今天所達到的，不一定都有達到你的目的與結果。所以從今做每件事情，忘掉目的，忘掉結果，進入過程吧！否則無法活在當下，沒有時間看日出日落、欣賞春夏秋冬。進入賽斯心法後，所有的心態都要改變，是為了要體驗經歷那個過程，才去預設那個目的與結果。

過去我們會學習如何療癒內在的小孩，但進入賽斯心法就要問另外的問題：「我為什麼選擇一個重男輕女的家庭？為什麼投胎到這個家庭？到底為了我個人的什麼正面目的與理由？選了這個家庭對我此生的功課與挑戰有什麼幫助？」內在小孩其實沒有需要被療癒！它從來都知道自己在幹什麼。內在小孩選擇這個家庭、這輩子的生命藍圖，為的是成就自己的奮鬥勇氣；因為家裡重男輕女，所以開始自己斷了後路，開始證明自己能多棒，不要靠家裡。沒有受傷，就沒有走上療癒的道路，所以，我們是為了走上療癒的道路，才讓自己受傷，生命的課題是自己選擇的。

或許你沒有得到支持，要問的是，「我從沒有得到支持中獲得了什麼？到底我的心靈潛意識在玩一個什麼樣的遊戲？」你明白一個重聽的人從頭到尾為什麼讓自己重

聽了嗎？是為了什麼內在目的與理由？如果不明白背後的理由與目的，送光跟愛給他一點用都沒有，因為你不明白他為什麼要創造這個疾病。或許他潛意識裡創造自己重聽的目的，是不要受到聲音的干擾，不想聽別人說話。

人脫離不了主觀性。小心你求助的對象，如果他心態是不平衡的，你所得到的意見必須自己篩選。就像你去問一個朋友投資理財的意見，如果對方以前每買股票必住套房，你想他會認為投資股票是好的嗎？

很多生病的人，喜歡去找病友提供偏方，這並不是不對和不可以，但可能問錯人了。賽斯講過，不快樂的人無法教你快樂，病的人無法教你健康，一個健康的人瞭解健康之道。與其去問疾病的治療方法，不如去問健康的人是怎麼健康的，這樣的做法也比較正面。

賽斯強調在病房中暗示和心電感應的重要性，他說，「每個有關的人的心態應該改變成更有幫助的一種。這個女人收到那些不相信她能復元的人之消極想法，而對它發生反應。肉體上的進步將是來自精神上的改變，環繞她的人一定要避免無望的態度和負面的暗示。」

一個罹患癌症的人雖然治癒了，在醫生的認知裡面，他們覺得早晚可能會復發，你去找一個隨時認為病會復發的醫師，跟請鬼開藥單有什麼不一樣？這不是針對個人，而是針對心態問題。在他的眼中，你的癌症是不會好的，只是隨時等著復發，根本不會好。所以背後的基本心態很重要。

你去問一個每次都被男人拋棄的女人婚姻幸福之道，她可能會認為男人都不是好東西，天下也沒有幸福的婚姻。又好比看病，重點不是在於西醫治療的行為與方法，而在於整個西醫背後對身體深深的不信任；幾乎所有治療腫瘤的醫護人員背後的主流信念是，你根本不會好，只能暫時控制，隨時有可能會復發。

一個得到惡性腫瘤的人，去找一個根本不相信你會好、身體有偉大自我療癒能力的醫護人員，來治療他的癌症，豈不是自己找死？拿自己的命開玩笑？這是多數人沒有看到的深度。

但是，要不要接受任何治療，這是每個人的自由意志，賽斯心法不會給任何答案，只是要我們去看到背後潛意識能量的交換，以及信念的運作。如果真的要找醫師，寧願找一個心態正面的醫生還比較有幫助。重點仍在於心態、信念！那些醫生或給建議的朋友並沒有錯，而是其背後整個思想系統出差錯了。

賽斯說得很中肯，「一般來說，目前你們整個醫學系統醫好的疾病，說實在的，跟它製造出來的一樣多。」曾經有科學家對女性，尤其是五十歲以下的，實施定期乳房X光攝影產生爭議，因為有人認為這種X光引起的乳癌可能比治癒的還要多。賽斯還說，因自我檢查的暗示而引起的乳癌，比任何治療法曾治癒的乳癌更多。這道理可適用於其他疾病，同樣都是負面的暗示主宰了現在，而被投射到未來。

例如許多人被量出有高血壓的時候，血壓就升得更高，於是就被囑咐需要開始吃藥，高血壓因此一輩子如影隨形。因為背後的信念是，高血壓永遠不會好，需要一輩子吃藥控制，你被植入了這個信念，可是，是誰告訴你的？整個醫學系統告訴你的！其中夾雜著「權威」，偏偏你又相信那該死的權威。

賽斯心法是把權威當參考，絕不是全面反權威，而是不要再讓權威全面取代你的意見。最後是拿回自己的力量，你的明心見性是最重要的。人生不是得到就是學到，有時候學到比得到更重要，失去了才明白什麼叫失去、才明白真正要的是什麼。一個以結果與目的為導向的人，就算真的都成功了，其實心是空虛的，因為他永遠活在空虛當中。可是隨時隨地活在當下的人，每個當下都是充實快樂成功的。請把所學的賽斯心法，變成心態的一部分。

（取材自《靈魂永生》讀書會與《靈界的訊息》、《個人與群體事件的本質》）

Sep.
24

徹底面對與接受

過去以來，很多人認為讓自己沒有欲望，以及讓自己沒有負面情緒，做到這兩件事叫做修行。但真正的修行，不是沒有情緒與感覺，裝作很高雅，這其實假仙得很。

如果你的修行信念就是要無憤怒心和瞋恨心、不起心動念，這就是二元對立跟分別心，以盲引盲。修行越好，並非越沒有情緒和起心動念。你必須知道，你已經超越了生氣的境界，可以生氣但選擇不生氣；還是自以為了不起，把生氣吞下肚壓制住，這兩者境界不一樣。

當我們有各式各樣的心情起來的時候，第一個要做的是，不要起批判心。例如當你在憤怒中，不要氣自己又生氣了，或氣自己脾氣不好，首先要做的是關照它，不要掉在情緒裡面。開始問自己：「我為什麼生氣？我在氣什麼？」去覺察你的情緒。

當你在沮喪難過的時候，要馬上問自己：「我在沮喪什麼？難過什麼？」而不是不斷的被沮喪難過所拉下。

當你在痛苦的時候，不要急著找傷害你的人麻煩，也不要急著一直掉在痛苦裡面，要開始問自己：「我在痛苦什麼？」

每個人內心都有一個自己是希望被肯定、接納的，什麼是接納你自己？大致上你肯定與喜歡你現在的人生，雖然它可以更好。而不是我不夠好，所以我必須好，這是語言上的陷阱。

有人問，「我要如何克服自卑？」賽斯心法從頭到尾，沒有要教你克服自卑，而是咱們一起來自卑吧！縱使心靈老師也是會自卑的。我們來面對自己自卑的地方，來接受我們可以自卑，好好地覺察：「我很自卑，我自卑的地方是什麼，如果我覺得自己不夠好，是哪裡不夠好呢？」

有人問，「我如何變得不依賴？」賽斯心法沒有要教你不依賴，而是你依賴的話，還可以再更依賴一點。要教你如何承認與接受，你是想依賴的。

過去教育孩子上有個錯誤的觀念，「你知道哪裡不夠好，就趕快改變，變好啊！」「你知道自己有錯，那就改啊！」這是膚淺的修行與心理學。一旦你開始對立、分別、對抗，這個遊戲就一輩子玩不完了。

例如你有個依賴的傾向，想要占有男朋友的心理。你可以順著那個自己，先不要批評它，然後去想占有的背後是什麼？你很缺愛，很渴望被關心，而很缺愛、渴望被關心的那個自己，它的內在又是什麼？可能是一個對愛匱乏的你，這個讓你聯想到什麼？是不是在你成長的過程，爸媽不在身邊，或爸媽都愛弟弟，而不愛你。把這些情緒都說出來，從頭到尾不分別、不批判、不說對錯，一路的切下去。等真正的感受出來，核心信念就出來了。原來一路以來，你覺得沒有人會關心你，如果再失去這個男朋友，就一無所有了。

這個世界最大的問題是，我們都在向外求。強調外在的名利物質，價值完成也幾乎都是外在的。但再怎麼樣的外在價值滿足得了心靈嗎？心靈永遠知道物質，甚至外在的一切成就，都是幻相。心靈永遠知道擁有再多的物質，甚至得到越多人的肯定，都有可能是空虛的。所以越想努力表現完美的人，只因為他越相信自己不夠完美。

真正的完美，不是排除了不完美，改變了不完美，修改了不完美，隱藏了不完美。真正的完美是，接受了一切的不完美。

傳統宗教會造成善與惡、完美與不完美的精神分裂，以為完美就是改變了越多的不完美，就是越接近完美，這觀念是錯誤的。賽斯心法的究竟在於，「我越接受了一切的不完美，我越看到生命的完美。」

有人說「我不夠好，要來學賽斯心法，把我變得比較好。」錯了！賽斯心法不想把你變好，只想讓你徹底的面對與接受，你是可以不夠好的。當你開始面對接受你可以不夠好，就會自然而然越來越好。

你說出你哪裡不夠好、你的痛苦在哪裡，當你越面對你的不夠好，越接納你的不夠好，就在內心生出了力量，那個力量就會讓你的生命越來越好。

Sep.
25

跟隨你的感覺走

賽斯並沒有說知性完全不好，但在我們的處世之道裡很依賴知性，而排擠掉所有其他的才能。知性的特點是，絕頂聰明、孤立於時間與空間中，無法感知事件，並不知道明天會發生什麼，所以會害怕、偏執。而知性的偏執傾向，就更讓它擔心可能發生的情況，也讓我們越活越孤單無力、事情與問題越來越多，但是這種傾向是不自然的，不一定非要用這種方式運作不可。

在做人生重大決定時，通常大部分是理性做主，直覺與衝動會被打壓。跟著衝動做決定好像很「不理性」，但是到後來，好像理性做的決定也沒有比較好。所以先跟著直覺衝動走，配合理性的輔助，反而比較能突破現狀。

人的知性實際上是屬於天生的本能，因此我們無法不思考，也無法不用知性。所以賽斯說，「知性神奇且自動自發地運作。它最敏銳的推理過程，是那自然的神奇行動造成的一個結果。」思考、頭腦本身，根本不是所認為的那麼邏輯與推理。我們的推理過程，是內在自然神奇行動造成的結果。

知性的起源是從更大的自然而來，卻被後天教以與源頭分離，因此覺察到一種無力感，好像無法解決我們發生的問題。我們經常會做了很多對知性而言，彷彿是錯誤的、不利的舉動，而這些所謂「錯誤的決定」或「糟糕的步驟」，其實是自我意識沒有感知與覺察到的「自我修正」行動，內我發訊息給我們來修正行動的路線。

我們一般所謂的理性處理方式，是非常朝向悲觀的，直接與人的偉大創造力牴觸。例如對疾病感覺無能為力，真的無能為力嗎？許多人還很沉湎於這種處世之道，以至於看不見其他的心理取向。理性之道很快會告訴你——別想了、做不到、沒辦法、一切會越來越糟。

越理性取向的人，越容易趨向於悲觀主義，因為理性之道的基本假設是——任何錯事都會變得更糟。當你以為會發生最壞的事時，就必須永遠要防範於未然，警覺於各種危險，以保護自己對抗將要來臨的災難。這個信念當然對我們是極為不利的，因為它違反了人生的基本原則，如果它是真的，世界絕對不可能存活超過一百年。

例如校園內出現割喉之狼，大家都非常緊張，紛紛採取各種預防措施，每天處於備戰狀態。但是真的防得了嗎？它又不是經常發生碰得到的，搞不好過了一段時間，逐漸淡忘之際，壞蛋又出現了。賽斯說，有趣的是，在人類有醫藥科學之前，就已有相當多身體健康的人，疾病並沒有殺死所有的人。即使哪天都沒有醫生了，也不會對我們的健康產生明顯的影響。

知性一定要跟內在的根源做連結，不能被迫單獨的應付這世界，也絕對應付不來。一個人光講道理是行不通的，你雖然認為是對的，但人家不見得聽你的，所以有時候你不是要問什麼是對的，而是問什麼是行得通的。「當你遵循著那所謂的理性之道時，必然會覺得受到威脅，與你的身體分離了。」人類現在的身心靈是分離的，精神與身體之間出現了分隔，因此常常會有矛盾，實際上它們都被神奇之道支持著。現今的理性之道牴觸了生物的健全性，並且不合自然的道理。

有人說知道歸知道，但就做不到啊！知道是知性，做不到是感受啊！你是用理性去知道，而不是用感性去知道。就我們瞭解的理性之道必須為每件事找一個可接受的理由，但這世界每件事都需要理由嗎？讓知性回歸它自然的本質吧，它不需要孤軍奮戰，每件事並不需要被推理才能瞭解。

多數人的心靈，都被自我意識以及其理性邏輯綁架、蒙蔽了，所以心靈不得解脫。自我的理性之道是集中精神於問題，貫注於如何解決問題上。但運用它的結果是，把人類帶向一個更痛苦、負面與悲哀的局面。

很多人做了越符合理性與現實的決定，開始似乎是走對路了，結果回頭一看發現，怎麼婚姻漸行漸遠、親子關係疏離、工作好像有點成就，卻開心不起來，覺得越來越不快樂，或感覺各方面都很好，但得到憂鬱症或癌症。例如你要孩子去就讀一個理性上最適合、最有前途的科系，還是他感受上最有興趣、最想讀的領域，你認為哪個會使他的人生比較快樂？理性會讓你跟你的內心越來越遙遠。

賽斯曾幽默的說，你們的理性之道所認為的錯跟對，如果完全把它們顛倒過來，亦即理性之道所認為全部是錯的東西，你都認為是對的，反之亦然。這樣來看的話，你「對」的還比理性之道多。「人做了許多對知性而言彷彿是錯誤的決定或糟糕的步驟，然而，它們其實是來自你們的信念不為你感知的『自我修正』做法。」

通常跟著理性的人，可能人生不會犯什麼大錯誤，可能經常做對許多決定，還為此沾沾自喜，可是人生根本失去了感覺。因為理性的運用可能背離了感受的運作。當你內心真正的感覺被壓抑了，感受不見了，最後肯定不會快樂；你過著理性應該過的人生，但沒有過情感想過的人生。

一般而言，生活上的小事，我們比較會用感覺來行事，但人生越重大的決定，諸如科系的選填、婚姻的選擇、買不買房等等，過去的觀念是，越要用理性之道規劃，運用邏輯分析計算，才能做「正確的」抉擇。錯！反而人生越重大的事，越要跟著你的感覺、直覺、情感、衝動，然後讓理性作為副手，幫助你落實衝動。

賽斯說，「被認為如此不自律及不合理的直覺，卻是建立在比意識心所能理解的、更為壯觀的深思熟慮上。」感覺好像是不理性、無憑無據的，反而更為理性，因為感性、直覺與衝動是來自心靈更大理性運算的結果，心靈的理性是我們頭腦的理性追不上的，心靈是很有智慧的運作單位，它將運作完的結果，以直覺、感性與衝動的方式傳給我們。

例如買房子，你是否曾走過、看過某一間房子，心裡就生起感覺，「這就是我要的！」這種感覺無法用理性來解釋，心靈的運算比頭腦理性快上千萬倍，然後透過靈感、直覺傳到我們的潛意識。

跟隨著自己的感受、直覺與衝動，摸到心靈的地平線，你會找到更大的自己，帶來與心靈的連結，才能獲得宇宙能量的護持。《牧羊少年奇幻之旅》一書中有句話，「當你知道你要做什麼，全宇宙的力量都會起來幫助你。」這個「當你知道」是跟著感覺走，而不是跟著理性，你的內心被觸動了，就是你真正的感覺。

你永遠要相信有例外、有奇蹟，這是有可能的，因為理性的發展會覺得永遠不可能。但真實的是內在，也就是架構二，它擁有更巨大的力量，物質實相全是由之而來的。賽斯心法是在處理根源的問題，因為我們是在與「事實的一個更大版本打交道，由之，事實的世界浮顯了出來」。

解決我們的困境、療癒我們的疾病、豐富我們的經濟、解脫我們的痛苦，這就是賽斯心法的重點。學習神奇之道，可以從發現生活中點點滴滴的證據來證實，它會是未來我們做事情最主要的方法，再配合知性與理性的輔助。

（取材自《神奇之道》讀書會）

Sep.
26

賽斯的人口觀

當我們觸犯了自然罪惡感，你會失去一種平安的感覺，而你了悟到這件事情，透過反省的一刻，就會告訴自己不要再做讓內心產生不安的事情，於是避免了人類的自由意志不致偏離宇宙軌道。而自然罪惡感所衍生出來的，是人工罪惡感的累積，就是你罪不至此，卻賦予自己罪惡感的存在。

賽斯從自然罪惡感的角度探討了人口問題，也點出現在人類思維的迷思。我們認為對的，例如提高生育率，反而造成地球更大的危機。

「你不可侵犯別人」，這是自然罪惡

感的通則。賽斯再次強調，「你不可侵犯自然、生命或大地。」一拿動物來說，牠們無意識的本能，會遵守一定的秩序，雖然同樣在為生存奮鬥，但僅止於飽餐一頓，即不再多吃，並且將數目控制在一定的範圍，讓其他物種也有生存空間，萬物就可生生不息。

賽斯曾說，所有其他的族類都在保育自然，可是人類卻有毀滅它的癖好。人類把自己變成了天生的老饕，把萬物變成自己的食物，人口增加意味需要更多的食物、更多的工作機會、更多的開發等等。所以，人口過多的情況可被比喻為身體內的癌細胞，因為癌細胞無所不吃、生長失去控制、沒有壽命與數目的限制，直到毀滅生命為止。不像病毒，它們按照體內的平衡，可以是有利或有害的，具有保護身體的作用，也不會無限制的繁殖。

「人口過多是一種侵犯！」一人類忽視且違背了自然罪惡感。其實在意識心的某一部分，永遠知道這是種侵犯，但是我們會將之合理化。當然戰爭也是違反了自然罪惡感，不管什麼理由，當你殺害了另一個人的時候，你的意識心的某一部分永遠知道這是種侵犯，縱使是判人死刑的法官也算是。

在現今的世界，當一個婦人生孩子到擁擠的世界裡，她的意識心的一部分知道，已經是個侵犯。現在人類的內在其實也知道人口過多的問題，所以無意識地藉由生理變化來減少生育率，例如男性的精子數目逐年在減少，以及不孕症的夫婦越來越多。

以及心理層面上，很多新婚夫妻並不想生小孩，因為絕大多數的人已過得不快樂，也不想把小孩帶到這個世界上，覺得下一代的未來沒有希望。因此政府的人口政策，鼓勵生育，因應人口老化，這是有待商榷的。

萬一人口爆炸，地球再也沒有空間增加人口數目時，會發生什麼事呢？約瑟曾經問賽斯這個問題。賽斯回答得很乾脆，「不會這樣，最後就會禁止進入，靈魂可以去別處。」如果了解身心靈的觀念，生育率的降低是人類內在心靈的共同決定，靈魂要輪迴轉世絕不是非在地球不可，宇宙還有許多地方可以去。然而如果你真的想要小孩，去嘗試人工授精、試管嬰兒，那就去做吧。賽斯心法就是那麼慈悲，但其後種種的結果還是自己要承擔。

賽斯認為，我們有很多的問題，乃是我們不為自己的意識負起責任的結果。所以，要為自己的意識負起責任！意識是為了要評估實相，而這實相，我們所過的一切日子，都是按照自身的思想與期望創造出來的，而最後是我們要負責的。

當你不去面對這種自然的罪惡感、不為自己的意識負責時，就會出現自然本能的扭曲版本，將沒有面對的自然罪惡感投射出去。於是戰爭會作為人口過多的補償手段，也就是人類自相殘殺，以減少人口的壓力，如果沒有出於智慧控制人口的話，大家會同受其害。不藉由戰爭，也會經由疾病找投射的出口，是以不斷會有新的突變病毒、大規模傳染病出現，以增加疾病死亡數。

但是誰又該犧牲呢？在世間混亂、前景黯淡時，許多即將為人父母的年輕一代，潛意識選擇了提前離開。只要人類了解自然罪惡感本質，便可以解救我們的困境。

而人們集體的投射物，就會把某個國家或領導人冠上「惡魔」或「邪惡國家」的標籤，例如北韓、伊拉克等等，因此可以名正言順發動攻打對方的戰爭。不論他們邪不邪惡，人們需要有投射的對象，於是你需要你的敵人，反而比敵人需要你更多。

如果不學會處理內在的負面能量，它們就會找尋投射的對象，不是對外製造敵人或傷害你的人，就是向內造成疾病。

（取材自《個人實相的本質》有聲書）

Sep.
27

化解愛與恨的糾葛

恨是怎麼來的？許許多多的恨是「由愛生恨」。賽斯說，愛永遠牽涉到自由。很多人以為愛就是控制、掌握，放在眼皮底下，愛到怕失去，因而衍生許多的不放心，這樣的愛是不究竟的。有句話說愛的極致是放手，無論你多愛這世間的什麼東西，最後離開時都還是要放手的。

你如果正確的愛孩子，就會信任他，不會那麼擔心他，處處要安排到最妥善才可以，縱使他有短暫的迷失，你都信任他會回到正確的軌道上。如果帶著很多的恐懼，那是投射出你內心的恐懼與不安。

你周遭的親人朋友給你愛的時候，你

有沒有感受到自由？或者？你給別人的愛是不是自由的愛？如果不是，那麼你永遠就是不自由的。因為控制是雙向的，你對別人的愛不給對方自由，人家對你的愛會給你自由，這是不可能的。如果一個人說他愛你，卻不給你自由，最後的結果是——你會恨他。

但因為種種的考量，你又覺得不應該有理由去恨，會合理化你的憤恨。你會心想，他們為我犧牲、付出這麼多，我能恨他們嗎？我有良心嗎？其實你內心知道你是恨他的，可是你又知道他這麼愛你。「愛到深處無怨尤，恨到深處長腫瘤」，負面能量累積就會形成腫瘤病變。這是一個不能恨的恨，變成你沒有理由去恨，你不想恨，可是你又恨，人開始痛苦了，因為找不到理由。但恨需要什麼理由嗎？好比你上大號難道需要理由？自己的感覺都沒有承認與面對，理性與感性就會常常在衝突矛盾。

這種愛恨糾葛會持續很多世，包含親子、夫妻、兄弟姊妹的關係，所以要解脫，就在這一世。不是要斬斷這些關係才能解脫，是在愛當中給予自由、學習放下，否則會繼續糾纏到下一世。

如果你恨惡，那就要小心你對「惡」那個字的觀念。你的恨會把你局限住，會把心胸弄得越來越狹窄。你會發現恨的東西越來越多，而且把所恨的因素帶入你自己的經驗。同樣地，不管你討厭的是什麼，你會發現要討厭的東西怎麼越來越多了。

你可以恨任何人，但要不要讓自己心中充滿了恨，是你自己決定的。所以，當你放下對對方的恨，與對方無關，解脫的是自己。

恨是一種吸引力，「恨一種惡的人只會創造出另一種惡來」，那個恨就會把很多你恨的東西吸引到你身邊，恨什麼就帶來什麼，直到有一天，你化解為止，這就是轉世的意義。基本上，恨的本身情感即為問題所在，而非那些好像引起恨的因素。如果要解決這個恨，就要開始學習放下你心中的恨，而不是期待他人的改變，門都沒有。

放下恨，不代表寬容、縱容、懦弱、寵壞他們，而是你放下那個恨，不是便宜了對方，是便宜了你自己，解脫的是自己，釋放的是自己，無關對方。當你不打算讓對方好過的時候，真正不好過的是自己。

同理，假如你恨疾病，你的身體不會因此獲得健康，還會給自己帶來患病的來世。痛恨戰爭、痛恨對岸的作為，一點也沒有用，也不會帶來和平的契機，只會給你帶來更多的負面。唯有真正的愛好和平，才會帶來和平。

「如果你擴展你的愛、健康，與存在的感覺，那你在此生此世及來生中就被吸向那些品質，因為它們是你所專注的事。」這就是吸引力法則的運用，想要愛與健康，以及存在感，就要把焦點轉向它們，而非其反面。時時刻刻覺察自我意識、意識心專注什麼，專注什麼就得到什麼。

（取材自《靈魂永生》讀書會）

Sep.

28

重新找回你的感覺

從小到大我們被教導要壓抑情緒。不管感覺到什麼情緒，尤其恐懼的感覺起來時，常常是先告訴自己，不要怕。這是不對的，在恐懼的當下，應該告訴自己，我現在正在害怕，有一個感覺害怕的自己。

你一定要重新找回你的感覺，如此就能重新找回你是誰，而不是把它壓抑、忽略或解離掉。你能徹底感覺到你的憤怒、恐懼、悲傷或憂鬱，你就找回了自己，否認你覺得不應該的感覺，人會變得迷失，就像當你再也感覺不到悲傷了，連帶地再也感覺不到快樂，因為你已失去了該有的感覺。

在人際關係的相處中，有某一類的人，常常很在乎別人的看法，或是很在乎別人的感受，這有時候是一種不為自己負責的心理。你要知道，當你把你的重心放在別人的感受和看法上，一直很在意他們的看法與感覺，為對方著想，你就會很在意對方給你的回饋。如果你得到的回饋不如預期的時候，你會同時產生不平衡，以及對對方的憤怒與怨恨，看看你跟父母親、孩子的相處就知道。你會覺得很奇怪，明明很在乎他們的說法、在乎他們的感受，可是為什麼往往搞到不歡而散？因為一剛開始你就錯了！

當你跟人家相處的時候，把自己的感受藏起來，而去在乎別人的感受與對你的看法，請問這是不是一種虛假？當然是！然後你自認為在為別人著想，內心有沒有委屈？開始委屈了。接著人家的回應不如你所期待的，憤怒與怨恨於焉形成，內心的不平衡也開始惡化了。

假設有兩對夫妻一起出去玩，其中一對夫妻的先生都在照顧另一對夫妻，那麼這太太的感覺會怎樣？你的頭腦都在在乎別人的感受、討好別人，而且不肯為自己負責；而你的身體卻得不到頭腦的照顧，兩者有所衝突，身體最後必定會生病。可是頭腦不一定會有所改變，因為變成習性後，想改並不容易。

在人際關係與人相處的過程當中，你要開始回來照顧自己的感覺，尤其跟你越在乎的人在一起，越要學習照顧自己的感覺。因為跟我們越在乎的人在一起，越容易迷失自己、越沒有自我。當你越沒有自我，就越容易累積憤怒與不平衡。要麼你想掌控對方，要麼對方不受你掌控，你就會痛苦，開始對對方憤怒。

如果你在爸媽面前，只能做個乖孩子，不能表達意見，你跟他們的相處就不會太久，否則你會受不了，非逃離不可。但若你開始部分表達自己，照顧自己的感受，你就能跟他們相處，因為在相處的過程當中，你逐漸會平衡自己。

跟你周遭的人在一起的時候，你是否忘記照顧自己的感受，這是很重要的修行功夫。如果一個媽媽，整天做家事，先生回來就伺候，孩子回來就盯功課，一直不停地做，沒有照顧自己的感受，接下來這個媽媽會怎樣？顯而易見的，她會發出咒怨。如果一對男女朋友，兩人在一起，都以對方的感受為優先，都是在壓抑跟犧牲自己，都去吃對方喜歡吃的，做對方喜歡做的，對方說話對錯也不表達意見，都忽略自己的感受，最後這個關係會怎麼樣？一定沒有辦法得到真正的快樂。你會怪對方不愛你，不在乎你，不為你著想，但其實是誰忘了照顧感受？你自己！我們是多麼容易忘記照顧自己的感受，事後又必定會不高興、不平衡。

在我們的文化與學習裡，很少被教導如何照顧自己的感受，以致經常壓抑自己的感覺，換來跟別人相處的融洽。就像你可以三天不洗衣服，丟在籃子裡，但如果三個月都不洗衣服的話，麻煩就大了。

你不見得要對周遭的人表達真實感受，可是你一定要面對自己真實的感受。甚至不能忘記，要常常回來照顧自己的感受！

賽斯告訴我們，當你感覺有一種不愉快的情緒，先不要起批評心、分別心，先不要告訴自己「我不應該有這個情緒」，而是先花點時間去弄清楚它們的來源，為什麼有這個情緒，這就是修行與自我覺察的過程。

你會發現找到答案比原先認為的容易多了，暫時接受這種情緒為自己的，例如「好，沒關係，我覺得生氣、難過、很爛、就是一個失敗者」，暫時接受當下就是有這情緒，但並非要沉溺於這些情緒。要明白「我的思想與感受流過我，可是我並非我的思想與感受」。去感覺那覺得很失敗、很糟糕、很痛苦、很難過的情緒，但你不是一個失敗者和爛人，只是在感覺那個情緒。

當你逃避不去感覺那個情緒，就會永遠停留在那裡，它一直還在那兒，三不五時糾結著你。當你去感覺了，它就流動了。情緒一流動，它就改變了。賽斯說，「首先要覺察你情緒的真面目，經過一段時間，當你變得對自己的信念更明白之後，你將看出它們是如何自動地帶來某種情緒。」記住這個修行口訣——花點時間去弄清楚情緒怎麼來的！

當你的情感自由流動沒有受到阻礙時，永遠會帶你回到引起你情緒的那個有意識信念。誠實地面對自己，去問情緒怎麼來的，你總是會找到你的核心信念。情緒本身沒有對錯，它是自我覺察的入口，例如在你對孩子學校表現暴跳如雷的時候，可覺察出自我價值的低落、或自責是不負責任的父母親的內在信念。

容許你的情緒自然流動，容許你可以害怕，容許你可以恐懼，容許你可以軟弱，容許自己可以有各式各樣的情緒。不要去怪你的情緒，要怪的話，就要怪引起那個情緒的信念，永遠是信念出了問題。

（取材自《個人實相的本質》《心靈的本質》有聲書）

Sep.
29

目的不能使手段合理化

賽斯告訴我們，無論是看來多麼不可置信、卻真正發生的事件，甚至最具破壞性的，也都是建立在對實相的誤解、相反的信念，及沒能力接受或表達愛上面。所有的破壞性事件都是我們對信念的扭曲所造成，必須回來看我們的信念。很多人不相信愛、是被愛的或能夠表達愛，因為對人性有基本的不信任。請改變信念吧！你要相信你是被愛的、值得的，相信周遭人對你的基本善意，也要有能力表達愛、接受愛。

理想的表達，要達到任何美好的目的，你的手段一定要是正當的。何謂正當？以不侵犯他人的自由、身體與心靈為依歸，也不能以傷害自己為手段。「另一個最危險的信念是，目的可以使手段合理化。」賽斯這句話很重要。

目的絕不能使手段合理化！絕大多數的破壞性行為，都是由此信念做出來的。例如你可以抗議核能，但不可以癱瘓交通、造成警民衝突。不管你的抗議理由再對，也不可以做那些事，不學會這句話，就會變暴民。

記得，任何理想的追求，不能用暴力的手段。不能因一個好的目的，讓你的手段合理化，否則最後你的目的會被破壞掉。所以賽斯心法堅持，你的手段要與目的一樣的高尚。因此藉由戰爭以追求和平，不可以！你傷害我，我也要傷害你，不可以！

目的可以使手段合理化的信念，會令你的選擇越來越少，人會冤冤相報，導致紀律的僵化，而逐漸削減人類表達的範圍。因此我們不要限制自己「可有的選擇」，表達的範圍很廣，可以走的路、可供選擇的東西很多，別讓自己沒有選擇。

有個信念要記住，永遠告訴自己：「我有選擇。」有明天就永遠有希望、有變化，一定有一條路，一定有解決之道，你永遠可以全神貫注的努力，去尋找所有表達的途徑。

在身心疾病的例子裡面，都有價值完成的需要，也就是你活著的這一輩子，永遠想要有生命更大的發揮，永遠不甘於命運與現狀。就算你表現得再好，錢賺得更多，也還是想要更大的發揮。但是這種需要，曾經大半被矛盾或相反的信念堵住了。這也是人為什麼得癌症的原因，因為內在對現狀有所不滿，想要讓生命更上一層樓，但又被執著所障，不是碰到困難，就是自我設限，所以能量卡住了。

大多數人當心靈能量發動時，卻有很多矛盾的信念，這是現代人的困境。例如你問別人，如果不要核能電廠，那要的是什麼？回答可能是不知道，只是不要核電就對了，因為能夠取代核電的能源也沒下落，這就是矛盾。常常我們都只知道不要什麼，可是怎麼去得到我們要的，找到方法了嗎？不一定！這就是矛盾。

你有沒有經常覺得人家看不起你、不喜歡你，或都覺得你不夠好，同樣地，你

也沒有相信人與人之間基本的善意。因為你心裡有許多負面的信念，經常覺得自己不夠好，於是投射出去，好像別人看不起你，或對你很嚴格、不友善。以賽斯心法而言，這個實相是你創造的，你無形中扮演了人家這麼樣對待你的角色。

今天你真的覺得自己過得快樂嗎？覺得自己真的輕鬆嗎？覺得人生真的自在嗎？如果答案不是的話，你真的要回來看你的理性之道——一切要改變的都在於腦袋。

以賽斯心法而言，你的先生、太太、兒子、女兒不需要改變，你的同事、老闆、外面任何一個人都不需要改變。因為親愛的，外面沒有別人，我們都覺得別人要改變，而唯一需要改變的是我們自己。

所以回來常常告訴自己：「同事不需

要改變，老闆不需要改變，公司不需要改變，先生太太不需要改變，爸爸媽媽公公婆婆不需要改變，小孩不需要改變，當我自己改變了，世界就跟著我變。」這就是力量！

透過你主觀狀態的不同，而讓世界跟著你調整，這就是賽斯家族的力量。這並不是說，別人一定不能或不會改變，而是關鍵絕對不在外界。搞不好等到你得癌症或死了，別人都不一定會改變，就算有改變也是短暫的。我們真的必須瞭解，力量要回到自己身上，這是心境上的改變，才是真正的力量。

自我肯定、自我認可，這永遠是首要的，別人不肯定你自然也相對無足輕重了。你與自己的關係是如何才重要，問問自己：「我真的喜歡自己、認可自己、肯定自己嗎？」

（取材自《健康之道》讀書會）

Sep.

30

夢是紓解情緒的一種方式

賽斯告訴我們，醒時生活是來自夢活動的結果。所有現實生活發生的一切，都可以在夢境找到其根源。不過，「很少人瞭解到個人實相是完成了的產品，由發生在做夢情況裡的龐大製作裡生出，可說是神奇之作。」你還沒有來投胎之前，早就知道你這一生的命運了。因此你的生命需要跟誰交代嗎？所有問題的答案都在你的內心。

我們普遍被教導的認知是，「每個意識都假定會被導向特定的焦點，那就是意識都住在一個身體，其存在於一端被出生所限，而於另一端被死亡所限。」賽斯說這是很不幸的一個認定，目前主流的觀念，尤其是西方科學觀，它不承認人有前生與來世，人死去就什麼都沒有了。因為我們習於由「清醒」狀況來檢視夢境，所以賽斯給我們一個練習——在睡前自我暗示，進到我們的夢，在夢裡試試看去檢查正常的醒時世界。

這個練習就是由夢中的你去看清醒的你，你可能會對結果很驚奇。會發現在夢境的狀態，竟然還有一個與我們自己同樣有效的自己存在。亦即你有一個過著醒時人生的自己，也有一個活在夢中世界的自己。如果從你做夢的那個自己來講，你的清醒自己反而被當作在做夢。

清醒的自己是我們集中在這個實相的部分，是由資料及能量形成這個實相。我們不瞭解其實夢中生活是連續性的，而自夢的豐富源頭，汲取我們藉以形成日常經驗的大部分能量，意識心就是那經驗的指揮者，另一方面能量也經常不斷地流到我們這個醒時系統來，醒與夢這兩個系統是相連的。賽斯提倡的分段睡眠，可幫忙我們經常進到夢的宇宙，把由其中得到的經驗、感覺及能量帶過來。

「在夢境的不同層面，你也主觀覺察到其他的可能實相，有意識的意圖被無意識地帶入夢境，而那意圖幫助你整理資料。」很多事情不知道怎麼辦，沒有關係，去問那做夢的自己，它比你有智慧多了。在睡前告訴自己，「我希望知道怎麼做，然後做夢的自己一定會給我答案。」它會透過靈感、直覺或心電感應給我們需要的答案。

許多人怕做夢，因為可能怕做到噩夢，但在賽斯心法裡，夢的好處極多，可說物質實相是由夢的世界所浮出的，噩夢中出現的魔鬼、怪物，不是別的，而是來自我們內在扭曲的情緒、累積的負面能量。如果有人覺得自己有苦難言、無處可說的時候，藉由夢境找出口是非常好的途徑。

賽斯舉魯柏做過的噩夢為例，夢中出現追她的「黑物」，其後面的能量來自魯柏隱藏的恐懼，而任何人都有恐懼，因此都可以創造出這些東西來。那些怪物被賽斯形容為笨拙的野獸、被激怒的呆狗，會對牠的創造者感到害怕，害怕會被消滅，所以

牠以攻擊主人，來保護自己那不定的真實性。

同樣的道理，癌細胞及自體免疫系統為什麼會反過來攻擊自身？因為它們都用攻擊來保護其真實性，後面是恐懼的能量，所以收回你的恐懼後，它們就消弭而不會作亂了。

然而，日日累積的扭曲情緒與負面能量要怎麼化解？除了一般情緒釋放的方法外，還有一個最佳利器，就是到夢裡去宣洩。你把攻擊性、不滿、害怕等負面能量盡情投射出去，變成鬼在追你，這有助於身體健康。如果你沒有將負面能量投射出，可能這能量會滯留體內形成任何病痛。情緒留在關節裡面，就是關節炎；留在乳房裡，變成乳癌；隱藏的憤怒，會造成高血壓；對人生的消極，會導致糖尿病。

有一點要特別注意，絕不建議自己夢到傷害別人，因為我們對心電感應的層面還不了解，對方有可能會收到，如果因而產生什麼不良後果，會有罪惡感與自責。

例如你對媽媽有很大的憤怒，你可以在夢裡面發洩，是要宣洩出這份憤怒，不是要攻擊媽媽，你只是為了投射能量，不是特定地為了要傷害誰。如果你很憤怒，想要把你老闆宰了，可以投射你對老闆憤怒，但不是給老闆；或者你對政府不滿，累積的情緒要釋放，但不要針對總統本人。

發洩情緒，有人誤以為是要找老闆來罵、找老公吵架、罵兒子嗎？不是的。無論是說真話也好，捶床墊也好，你是藉由這個過程釋放情緒，不是針對任何人，針對的是你累積壓抑的情緒，是情緒本身，絕對不是那個對象。如果你有什麼的情緒，例如悲傷，那麼告訴自己，「我要到夢裡去釋放那個悲傷」，第二天醒過來，你會覺得好多了。此方法必須在你睡前有意識的自我暗示，也可告訴自己「我將有個愉快又快活的夢，它會完全恢復我的心情與元氣」，然後將之帶入夢境裡。

撒旦、惡魔其實是由負面能量組成的，很多人沉浸在負面情緒裡，所以做夢時投射出的情境是會被鬼追，那兒有很多負面能量的集結。你投射出去的邪惡其實並不存在，只因你相信它存在。信念創造實相，由你的恐懼概念中，造成其具體化。

賽斯再三強調，「廣義的說，並沒有邪惡，只有你自己缺乏覺知力。」宇宙間並沒有一種能量天生是邪惡的，人的本質也不是邪惡，或帶有原罪與業障。即使是疾病或恐懼，也不一定是敵人，它也可能是對「了解」的助力，達到一個更遠大目標的方法。所以很多疾病是扭曲負面的能量，而恐懼也讓你看到負面信念在哪裡，要學習自我面對，這是自我覺察的過程。

（取材自《靈界的訊息》讀書會）

十月

Oct.

1

轉世的人生功課

輪迴轉世比一般人以為的要複雜得多，無法被簡單的歸類。每個人往生轉世，其經驗統統不一樣，所以簡單的答案不能含括一切。

約瑟和魯柏在這一世是夫妻，但是前幾世曾經是父子關係，各有各的際遇與功課。經常我們這世的性格，是用來補償或化解前世的缺點，例如魯柏這一世內在的攻擊性太強，是因為有個膽怯的自己，源自過去的恨導致尚未化解的憤怒；另外她在這一世選擇某些情境來考驗自己的耐心，作為過去世脾氣大的補償。

所以你要問一個問題，為什麼會挑中現在的爸爸、媽媽當你的父母？為什麼會選擇出世在這個家庭？不管你同不同意，你的原生家庭是你挑的，後來結婚的對象也是你挑的，很多人是覺得不得已的，不是！

生而高貴，或降臨於令人無法理解的貧困黑暗，據賽斯說，「這些情況並不是胡亂加諸我們身上，而是我們自己所選擇的。」最後你必須為自己負起責任。如果原生家庭、爸媽是你挑的，其背後的正面意義是什麼？你一定要為自己的存在負起責任。如果不負起責任，你根本不會拿到能力與真正的智慧。

轉世常常為了彌補過去的缺點，發展這一世新的優點，然後對所有你的能力做最大的發揮。所以每一世的性格都有它的意義，跟轉世都有關聯。

「你不是被兒時的環境或背景所左右的，除非你相信你是。你只是與父母合作去形成它。」是你挑選你的父母的，是你挑選要在哪一個環境出生的，是你挑選要當男生或女生的，是你挑選要當老大或老么的。

當你在抱怨環境的時候，要去問：「為什麼我會選擇這個成長背景，當我跟我的父母親共同形成這個成長環境的時候，我為的是什麼？」我們選擇自己的成長過程是有理由的，但有時候衝過頭了，必須回來時時修正，這裡面都跟轉世有關係，尤其是這輩子你的靈魂到底要成就些什麼，一定要跳出這個角度，才能夠看到你的命運，否則你經常會覺得為什麼命運這麼淒慘，背後其實都有很深的理由跟智慧。你唯有把這個黑盒子打開了，才能解脫自在。

賽斯在《靈魂永生》中，曾把所有的輪迴轉世，比喻成一場神聖的教育劇，「在每齣戲裡，對個人與全體而言，都設定了不同的難題。」你創造並演出所謂的「宇宙激情戲」。你在你的戲中是主角，周遭有配合演出的配角，那些演員可能演正派，也可能演反派，這個在你生命中的反派角色，就是心理治療裡所講的「黑天使」。

回來看看你自己的人生當中，有多少人扮演黑天使。他們藉由傷害你、拋棄你、讓你痛苦，以便令你覺醒，走上身心靈與修行的道路。因為有些人好好地跟他說是沒有用的，一定要真正嘗到苦頭，才會看到問題出在那裡。

例如有人說，「我婆婆真的很不理性，經常無理取鬧。」我會說，恭喜！有這麼一個黑天使的婆婆，若非如此，你怎麼能學習做自己，建立界限，拿回自己的力量呢！或有人說，「我先生很糟糕，自私自利，外面又有小三，不顧這個家。」我第一句話還是，恭喜！他當你的黑天使，因為他在告訴妳，人必須適當的為自己而活，如果今天他不愛你，不為你負責，那麼誰要愛你？誰要有力量？都是自己啊！

很多人在我們人生當中扮演這樣的角色，只是我們看不到，沒有認出來罷了。在轉世前的約定，靈魂會事先講好，自願來當你的婆婆，折磨欺負你，最後你要覺醒，拿回自己的力量，因為在過去世裡面，你都沒有經過這些挫折，所以從來沒拿回自己的力量。

人生有好有壞，每個人的成長過程，周遭的人事物，對你而言都是最好的背景。宇宙的運作是，每個人都在最適合他的環境中學習跟成長，與自我磨練，但這不是說你不能改變。會成為你伴侶、小孩、父母親的人，就是全宇宙最適合來當你伴侶、小孩與父母親的靈魂，所以你要先對周遭的人事物感恩。

例如有人問，我的爸爸酗酒、賭博、不負責任，這種人來當我的爸爸，難道也是宇宙的智慧與靈魂的安排？我會回答，是的！你覺得有個這樣的爸爸，對你人生的影響是什麼？如果宇宙沒有安排這個人來當你的爸爸，那麼酗酒賭博、不負責任的人，

有可能就是你，你可以引以為鑑，避免他犯的錯誤。

又有人問，「我有一個二十七八歲，也不工作賺錢，每天打電動玩具的孩子，難道對我仍然是最合適的安排嗎？」我還是這個答案，是的！因為有這個孩子，你就會明白果然不能養兒防老，現在得自己多想辦法一點了。本來你想要五六十歲退休，晚年過著平淡無味的日子，現在五六十歲反而還要繼續工作，想法子努力賺錢，如此發揮生命的活力，也未嘗不好。

我們都處於宇宙一對一為自己量身訂做的人生當中，只是你看到了沒有、學到了沒有、智慧啟發了沒有。但是不能講說，「既然我的環境是宇宙為我量身打造，那麼我就認命吧！」也許你的環境，就是要你不認命。也許你的命運正是在告訴你，你再苦啊，我看你多能忍。你的命運就是要讓你忍無可忍，既然忍無可忍，你就要開始改變了。

（取材自《早期課1》與《靈魂永生》有聲書）

Oct.
2

你自己的感覺基調

賽斯說，你就是發生在你身上的那些事。為什麼？每個人都有其獨特的信念與磁場，然後吸引發生在自己身上的事件。發生在我們身上的事情，好像都有它的特性，在於「感覺基調」帶來整體的情感色彩，也是信念與磁場的內在動力。

感覺基調是由內在存有散發出來的，而被我們用來創造我們的實相。因為它是內我能量的核心，與一切萬有相連的部分，由此核心而形成我們的經驗。所以感覺基調也是指對自己和生活大體上所抱持的情感態度，而在一般情形下，這些心態左右了經驗與感受的很大範圍。

你自己對生活是抱持著什麼樣的情感態度？是恐懼、不安、焦慮，還是平安？你的經驗就是根據你的期盼而生，這個期盼是根據你內心最真實的感受，不是自我意識的期盼。例如你期盼先生負責可靠，事實上他卻是個花天酒地的酒鬼，因為你內心對男人、婚姻真的沒有信任過。

感覺基調是每個人特別的屬性，不能用「正面」或「負面」將之區分，它根本就是我們存在於物質世界中的基礎。是以感覺沒有好壞對錯，不能用二元批判的眼光看它們，但也不能誤用為自私任性的藉口。如果你不敢真實面對自己的情感，或不敢表達感受，或者不信任內我來的感覺、衝動與直覺，那麼你就否定了自己存在的基調，無法奏出屬於自己人生的那首歌。

很多人早已養成不信任自己、否定自己感覺的習慣，彷彿非使用理性，才能在社會上成功不可。但是當你失落了你的感覺，你不再是你自己了；出賣了你的感覺，也等於出賣了你的靈魂。

例如你明明不喜歡這個朋友，卻還要壓抑著感覺，選擇忽略感受假裝喜歡，跟對方出去玩。剛開始也許會覺得很好玩，到後來，你會忘了你是誰，老是覺得不快樂，因為你已經跟感覺基調切斷了。所以要先找回你內心真實的感覺。

當你不在乎感覺的時候，就是把從內我來的東西切斷，然後逐漸累積負面能量，身心於是開始出狀況。承認跟接受自己的感覺後，你才能開始把這些負面的能量排掉。

賽斯心法要我們接受，這個接受不是表面意識上的承認而已，而是情感和情緒上的接受。常常我們只是頭腦告訴自己沒有錯，其實心裡還在自責；頭腦告訴自己不要害怕，其實還在害怕；頭腦告訴自己不在乎，其實你在乎，你永遠在乎別人怎麼說、怎麼看你！

你要記得你永遠在乎！你得先承認你永遠在乎，才能慢慢地讓自己變得沒那麼

在乎。你永遠在乎自己錢賺得夠不夠多、永遠在乎自己有沒有台大或哈佛畢業、永遠在乎自己的孩子有沒有前途、永遠在乎自己年紀有沒有變大或年老色衰。不要忘記，你永遠在乎！那是情感的本質。

如果你後來的沒那麼在乎，不是建立在知道你是永遠在乎的基礎上，那個就是假的。例如明明你說，「我知道不要在乎孩子、身心靈就是要讓自己情緒出來、我知道我要接受我可以失敗。」可是你偏偏就是在乎、就是做不到、還是很難過啊！

所以為什麼我們在修行的道路上，常常一開始會覺得進步很快，後來就停滯不前了，因為沒有夠深入到內心的情感本質。

經常理性接納的功夫處理完了，情緒還沒有處理完。例如，在「心靈捕手」這部電影中，羅賓威廉斯開導麥特戴蒙，說「這不是你的錯」，但麥特戴蒙立刻吼回去，「我知道不是我的錯」，這個知道還在頭腦的層次。結果羅賓威廉斯連續講了十一遍「這不是你的錯」，麥特戴蒙的情緒才整個出來。

很多時候，理性上你都知道，最後你還是生病了，因為頭腦知道，感受卻沒有全然的面對。我們習慣壓抑自己的感覺，不喜歡不舒服的、輸的、憤怒的、傷心的、很差勁的感覺，但這就是修行了。修行就在於，你能不能回來接受有各式各樣感覺的你。去抗拒你的情感與否定感覺，就如同在強大的激流中要逆流而上，人生必定阻礙重重。

（取材自《個人實相的本質》有聲書）

Oct.
3

肉體天生會治癒自己

在目前我們認定的組織、心靈與物質的架構內，賽斯說，仍然有更大更多的彈性在內。也就是我們的身心具有超越想像的天賦傳承，卻在醒著的時候被壓迫、被限制住了；然而這是沒有什麼道理的，人真正的自己並不受任何限制。

界限是你自己定下的。如果你了解心靈更廣大的實相，你就會知道重要的事是在那裡發生的。心靈的世界才是第一現場，所有你在物質世界所發生的命運，都是先在夢的攝影棚所拍攝的。做夢的經驗給你一個指導方針，幫助你了解自己心靈的本質，以及存在於其內的那更深實相。

賽斯說，肉體天生會治癒自己，這是身心靈健康三大定律之一。在夢境中，自然治療經常在進行，你會十分正確地看到導致自己肉體困難的理由，你可以有意識地利用它來治病，身體因此恢復健康。這在我們清醒時，從醫療的角度來看，可能會被視為違反常規的奇蹟，重病的人竟然奇蹟似地好起來。這彷彿是奇蹟的事，是因為你超越了以前對身體、疾病與健康的官方錯誤信念，容許身體自然的、不受自我意識干擾的發展。

例如糖尿病、高血壓等慢性病，官方信念是，慢性病不會好，只能控制，需要一輩子吃藥。但賽斯說，只要你打破這個官方信念的框架，療癒才會「奇蹟性的」發生。這需要聚焦在「誰說慢性病不會好」上面，才能發揮實際的自然療效，否則只是流於表面口頭說說而已。

是以對於「肉體天生會治癒自己」這個信念，許多人頭腦上說相信，但並沒有真的對它奉行不渝。他們實際上相信身體容易生病，其信念創造了另一個遠為不同的經驗。例如他們通常採取的方式是，盡一切努力，包含醫藥、飲食、鍛鍊等等來保護肉體，使之不會生病和健康不良；以及告訴自己儘量避開病毒，好像對它們沒有抵抗力似的，這變成了自相矛盾。

如果你每天都在預防你會生病，預防健康不佳，你內在就是相信自己很容易生病。所以很多事情要反向去思考，看到背後的信念。就像很多人努力賺錢，還是賺不到錢，因為他努力的背後，是相信自己不容易有錢。很多人則是一努力，就會賺到錢、很有錢，其差別在於背後的信念。健康與人生其他方面都是如此，所以一定要回來再三檢視自己的信念。

在夢裡你會知道為什麼生病的原因，但這並不是說睡一覺醒來，病就會百分之百痊癒，而是在夢裡面，你會得到暗示，當醒過來之後，你也會有意識地知道治療的方向。可是通常一醒來你就忘了，或根本不信任你所記得的。賽斯心法最終還是要鼓勵大家，相信自己的靈感與直覺，尤其是在夢裡面得到的線索，所以要訓練自己記得做過的夢。

賽斯開玩笑的說，如果你在醒時是那麼「愚蠢」，不是那麼的「有理智」、「有知識」，只要笨一點、傻一點，相信在夢中肉體會自我療癒，相信在夢境裡會得到生病的線索，那麼健康反而會好多了。

往往在夢境裡，你變得真正「醒」了，「可以說用你的雙手抓住了你的靈性和生物性，而了解每一個都有遠比你被引導去假設廣大得多的實相。」在夢境的你才是真正有智慧的你，你才真正醒過來——肉體可以奇蹟似地療癒，夢是最偉大的治療者！

（取材自《心靈的本質》有聲書）

Oct.

4

不要給出負面暗示

父母親常常為了善意，希望孩子變好，會告誡孩子某些話，例如，「你不要一天到晚看電視，眼睛看瞎了啦！」「你又亂吃東西，哪天你肚子痛，我就不理你了！」「如果你不穿雨衣到雨裡去，你會感冒！」「如果你跑，你很容易跌倒受傷！」最後卻變成了負面的暗示。賽斯說，父母往往以最好的意圖給予兒童這些及其他類似的暗示。這些負面的暗示，千萬不要亂講。

大家從小受到很多暗示，「跟得感冒的人在一起會被傳染感冒」，這是一個常見的暗示。但自從我學了賽斯心法之後，就不再相信專家權威講的暗示，因此沒有再被傳染感冒了。誰說跟感冒的人接觸容易被傳染的，他是他，我是我。如果我自己的能量夠強，思想心態夠健全，就算細菌病毒過來了，干我什麼事，它們沒有生存的空間。感冒不會傳染給我，除非我想要！

以前我們常講小孩子「有耳無嘴」，而大人卻往往「有嘴無耳」，隨口講出一些恐嚇的話。你可以保護孩子，給他們衛教，但是不要講負面的話。賽斯也說這些暗示可能會從童年起持續很久，它常被孩子不加分辨地接受，可能是有益與支持性的，或負面與不利的，它們都會影響孩子的健康與幸福。

假如媽媽對孩子說，「如果你在吃飽飯後太快去游泳，很容易抽筋，會溺水淹死。」這樣的暗示就相當危險。「因為它預言了在做第一個舉動之後，一個災難性的行為幾乎會自動地跟著發生。」萬一哪天他去游泳，那個暗示一發作，會不會抽筋？會！就算不淹死，這種暗示本身可能會導致各式各樣的神經質症狀，如恐慌或胃痙攣，還可能持續到成人時期。

很多恐慌症患者都是源自父母親從小給予許多負面暗示，可能是父親或母親沒有安全感，要一個個地拔掉。例如媽媽從小告訴你，外面社會很亂，要小心你的安全和錢包，騙子一大堆。如果不找出這一類暗示，很多潛意識的東西不會被清除。賽斯曾比喻，負面暗示是一個各方面都很清晰的節目裡，所出現的靜電噪音。

還有其他涉及認同的那種暗示，譬如有人可能告訴一個小孩，你就像你媽媽神經質又情緒化一樣；或因為你爸爸很胖，所以你會很胖。還有告訴孩子，媽媽有高血壓，你不要吃太鹹、要多運動才不會得高血壓，於是孩子被植入這個暗示，不去運動則已，越運動就表示他越接受了那個暗示，第二個暗示很快地跟著第一個而來，於是得到高血壓了。所有這些全是導向某些假設的聲明，問題在於那些假設往往一直未被質疑，結果我們有一些未被檢查的結構性信念，它們隨後被自動地執行了。

我們一樣要關心孩子，要把他們導向正向，但是，不要講負面暗示！因為它會對孩子起作用。不只小孩子，每個人也要學習分辨能力，過濾掉負面的暗示，尤其是來自媒體報導或權威之口的。任何讓你導致負面感受的暗示，最好都不要接受，例如很多人告訴你不做化療放療和開刀會死、你沒有錢會被瞧不起等等，許多有形無形的負面暗示，它們會自動地進入你的潛意識開始執行，如果你把它們找出來加以修正，就會產生新的循環。

這種負面暗示其實就是自然催眠的一種，你接收到的認知，就是你的自然催眠。「如果你相信每次站在罅隙風裡，你就會得傷風感冒的話，你就是在用自然的催眠。」催眠就是在那個時間點，放下自己的意念，全心全意地信任對方說的話。所以從小到大，我們接收到許許多多的暗示與催眠，在在都需要自己去明辨，常常去問，「別人說的或父母長輩說的，一定對嗎？」

打開你的心，看賽斯書和聽ＣＤ，是很好的正向催眠。在那一刻起，你可以把所有過去一輩子認為真的、對的放掉，藉由焦點集中，排除多餘矛盾訊息，將內在的潛能打開。相信你是實習神明，每天早上起來是被祝福的、受到恩寵的。當你給自己做了意念的改變，一天一天就不一樣了，這不是外力掌控你的，而是你以自己為主，願意接受對你的正向催眠，所以不會變成盲信。

（取材自《健康之道》有聲書）

Oct.
5

創造新的過去

「大多數人是如此極端地認真的，以至於懷疑自己的創造力。」太認真會損害創造的能力！當你在某一個或很多層面，過度的認真、嚴肅、擔心又害怕錯誤，就會活得很辛苦，還會「預期其產品在物質世界裡是不真實或無效的」。事倍功半，又創造不出預期的實相。

真正的信念創造實相是一種好玩有趣的過程。眾所認為的創造力，是與意識的改變、遊戲及靈性的發展，有非常密切的相互關係。例如當你創作出一首詩、一首歌或一張畫時，你是處於一種遊戲、享受與自由的狀態。

「當你想『人生是正經的』，而決定把孩子氣的東西放在一邊，那麼，你就常會看不見自己的創造力，而變得如此要命的認真，以至於你無法遊戲，即使在精神上也變得如此。」事實上，遊戲是存活最實際的方法之一，在其架構內藏著創造的祕密，而在創造的祕密內又藏著存在的祕密。凡事過度認真，就會失真；凡事過度執著，就會扭曲。你越堅持該是什麼樣子，就越快失落那個樣子。有時候你必須讓自己有個彈性，而不是過度的堅持你是誰。

當我們在運用創造力時，「事情絕對會照你對信念所下的工夫而發展。」情緒與想像力兩者都跟著信念走，要改變不想要的信念，可以利用生出相反的情緒和想像力的方法來改變。因此，我曾提出「創造實相」的四管齊下口訣——「信念想法先決定，情緒感受跟著來，想像能力大發揮，實際行動不可少。」信念、情緒、想像力，加上行動，這四大工具可將我們喜歡的、想要的事件吸引過來。而且基於時間是同時性的概念，不僅可運用於現在和未來的事件，也適用於過去已發生的事件。

例如，未來你想建立一個越來越富足、喜悅、健康，以及受到宇宙恩寵的生活，一開始要先建立那個想法跟信念，接著產生當達到想要實相時的情緒與感受，是開心、感恩、喜悅等等的感覺，再發揮想像力去構想那個情境，當然要實現理想的實際行動絕不可少，因為「行動是最好的冥想」。

然而針對過去某一件令你有負面情緒的事情，想要改變它，該怎麼做呢？你要對過去的事件，試著讓你遊戲性地、好玩有趣地採取逆反的情緒，這相反的情緒可以是感恩、傾聽、了解或探討。包括你的原生家庭、傷害過你的人、身上的疾病等等，都可以用這種方法，它們也可能是你的良師益友，試著去感謝它們，問它們要讓我了解什麼？想告訴我什麼訊息？

但這絕不是做一個表面的接受，壓抑自己真實的感受，首先還是要承認你的情緒，承認對這件事真實的感受。以前我們的觀念是明確的事件先發生，然後感受才對正在發生或已發生的事件反應，其實不然。賽斯說，是你的感受先引起了你知覺到的事件，隨後你再對那些事件反應；因而那些感受，其實是最初的實相，事件由之流出。

改變過去是需要的，很多人缺乏重新回看過去的這個過程，所以老是卡在單一的過去。因著你的過去沒有改變，也導致你現在的不得解脫。所以每隔一段時間，要重新回顧與看待你的過去，並給它新的詮釋。

每隔三五年，你要重新回溯一次過去，看看你對那個過去，有沒有不同的、新的解釋。隨著你看過去的角度不同、情感不同，過去「真的」不同了。尤其當你能夠不斷地學習與成長，現在便是新的自己，再回顧過去，那個過去很自然會是另一個新的過去。

人生很多的困難，是因為我們把問題放大。很多人會建立一個習慣，總是會看到很多的困難，總覺得這個不可能、那個我做不到。可是當你困境一關一關過的時候，會發現其實沒有那麼難。不要忘了你是一個創作者，可以把困難無限的放大，也可以把困難無限的變小。

經常我們把修行搞得太嚴肅認真，不能須臾犯戒，一言一行都要承擔因果。當你認為人生越是正經的，外表就越假裝正經，其實內在的孩子氣仍在，它被刻意壓制住了，同時創造力也消失不見了，真實的做自己吧！你做得很好是因為你相信你本來就很好，而不是你要努力才能做得很好。一個人想在靈性上求發展，如果認為它是一個必須達到的目標，且必須透過非常努力才能達成的話，反而會適得其反，更離瞭解心靈越來越遠。所有世俗的成功與失敗，傑出或勝過別人，其實某部分都是個虛幻的遊戲。

（取材自《個人與群體事件的本質》有聲書）

Oct.
6

做一個偉大的演員

台語有句話「做戲空，看戲憨」，意思是演戲的人演到角色錯亂，不知自己真實身分，即猶如瘋子；而看戲的人過分入戲，信以為真，好像傻子。人生如戲，從你出生到現在，就在你的人生舞台演戲了，事實上不僅你是演員，還跟其他同台演員共同參與了編劇、製作人，以及道具與美術指導的工作。

每一齣戲並非漫無目的，都有設定好的劇情，你經由此中來學習、歷練與發揮。戲裡每個角色都有其人物刻畫、傳達的意義、被賦予的性格。請問你這一生當中在傳達什麼理念呢？通常你不清楚這輩子為什麼會發生這個故事，為什麼會演這個角色！

例如，有些人的人生是完美的劃下句點，有些人卻是歹戲拖棚。你來演戲，請問在外面看這場戲的人是誰？你是在戲裡面的那個自己，但你可知還有另外一個你在舞台遠方，始終不生不滅、不垢不淨、不增不減，在關照著戲中的眾生。

如果你了解為什麼會來演這齣戲，在演哪齣戲，你就開悟了。當你不知道時，你就不斷地沉迷在角色當中，被你創造的實相吸引，被角色的問題與挑戰所迷惑，而忘了這戲是你自己創作的。例如有人演負心漢的角色，有人喜歡演受害者的角色，有人

很愛演「都是別人對不起我」。你演夠了現在的角色沒有？你受夠了自己的人生沒有？你到底在演那一齣啊，再演下去還會有觀眾嗎？

我們要了悟這是一齣多重次元的舞台劇，這一世人類都是其中的演員，所見到的布景，就是從我們內在心靈幻化出來的一切物質實相，透過眼耳鼻舌身等等肉體感官去感知。雖然賽斯說，我們的物質實相是一種偽裝，但是這個物質背景做得太逼真迷人了，以致肉體感官是栩栩如生的感知到。肉體感官其實一點也不可靠，以致我們覺察不到這只是布景、偽裝，也看不到其後更大的實相。

「你真正的環境是由你的思想與情感組合起來的，因為從這些你不只形成了這個實相，而且形成了你參與的每一個實相。……內在感官允許你感知獨立於物質形式之外的實相。」所以要做心理時間的練習，慢慢把視覺聽覺等肉體感官關閉，將自我意識感知偽裝實相的功能關掉，打開意識裡面感知其他實相的功能，你所看到的布景就會跟以前不一樣。

想像你就在舞台上，透過練習做「心理時間」，閉上眼睛，燈光沒了、場景暗下來了，在心裡告訴自己，「如果還有其他的舞台，我能不能看到我扮演什麼樣的角色？那些布景又是什麼樣子？到底在哪裡？」你從來沒有從台下的角度或舞台的側翼，看著在舞台上演出的你。賽斯談到往生，往生就是現在不在舞台上，而在舞台的側翼，演員從舞台走到後台去喝茶聊天，順便研究下一世劇本。

因此，現在你不用等到往生之後，才能從側翼的角度看著自己。賽斯心法的學習，要你同時在舞台上，以及從側翼的角度看到你是誰？來演一齣什麼戲？這齣與上一齣有什麼關係？每一齣戲就叫做你的轉世劇，你的每一個人生就是你存有的一場轉世劇。「你」同時還有其他的戲在上演，也有其角色要演，各有其背景與道具。而在兩世當中，下一齣舞台劇又開始選角，建構劇情，設定主題，以便邁向必需的了解與發展。

然而你只看到目前這一齣戲，沒有看到你跟周遭的人在其他舞台劇裡，沒有覺察彼此角色之間的恩怨情仇。在兩世當中，舞台劇又會開始選角、討論劇情。如果一個演員後來看穿了原來那是一個布景，知道和其他人之間有很多不同的角色互動，就會明白了悟，為什麼會受盡你的折磨、現在坐在你旁邊、你會捨不下、他是你的功課？

如何做一個偉大的演員，你要常問自己，「我真的全力以赴了嗎？我真的有朝向心中的理想前進了嗎？」你曾經想過，對你的人生、對世界人類，要達成什麼樣的貢獻，你是否好奇當你全力以赴時，你成就的天花板到哪裡。例如你是一個音樂家，你能用音樂感動多少人；你是一個小吃店的老闆，你能用你美味的料理感動多少人。職業無貴賤，而是你對生命的承諾、執著與付出，能感動多少人。

如果我們是人生偉大的演員，是來演戲的，但也不能亂演啊！首先你是否有再去覺察你的出生藍圖，找到此生投胎到地球的目的所在，好比說學習忍耐、鼓勵，或如何執著在想要的理想與方向。

接著還要覺察你的人生劇本，因為出生藍圖只是一個粗略的腳本而已，當你進到人生裡來，你的內我是有個人生劇本的。請問到目前為止，你偏離了人生劇本多少？對這個角色滿意嗎？有沒有迷失在只追求名利，而忽略了對自己的覺察與內觀？人生劇本找到了，可以改變嗎？當然可以，因為當下是威力之點。

作為一個偉大的演員，你有沒有真實、真實、再真實？也就是真實的面對自己、真誠的面對自己的內心、真實的與自己的內心連結。很多人不願看自己的內心，寧願聽外面的聲音，情願人云亦云。大多數的時候，我們都活在自我意識裡，有沒有很真實、真誠地問裡面的自己是誰？

賽斯說，戲的意義你內心是知道的。你能夠得知任一生的目的，它就在你所知的有意識自己的表層下。按照你允許「許多次元自己」的直覺與知識流過「有意識自己」的程度，這知識讓你能更快的解決問題或接受你所設的挑戰，你不但可稱職地演好戲中的角色，並且為整個世界加進新的精力、洞見與創造性。

（取材自《靈魂永生》讀書會）

Oct.
7

死亡其實是生命中的學習

如果至親在醫院裡，躺在加護病房生死交關，性命垂危；或者中風成為植物人狀態，臥床多年，到底你是祈求他們的康復，還是希望他們由死而獲得解脫呢？這常令我們內心甚感矛盾。當你看見親人因著疾病尤其是癌末或重病，活得這麼痛、這麼辛苦，真的不知道是希望對方能活下來，還是早點解脫好，但是死去又令人萬般不捨。

賽斯針對這種困惑，告訴我們，「過完了這一輩子，我們事實上急於離去。當身體已耗盡，我們真的想擺脫它。」想要脫離肉體，這是我們內在的聲音，不是自

我意識的決定，表層的自我永遠想活。所以任何身體因重病而殘破不堪的人，其實在此生接近終了時，真的很想擺脫肉體這件戲服的拘束。

當面臨臨終的時候，為什麼我們的人格急著想走？因為「求生的本能被照應得很好，內我知道它能超越死亡而活。」死亡是另一個求生的開始，內我不斷跟你保證死亡的只是肉體而已，內我知道自己不會毀滅與消失。當你越能夠深入內心，越能得到內在的支持與保證。

即使是躺在床上，不代表一個人就無所事事、虛度光陰，賽斯說那個人格並沒有被遺棄，縱使是植物人、靠呼吸器維生的人，內我知道這個情況，而由經常的內在溝通，找到發洩的管道。他能回憶和重新體驗以前的成功，他的夢境變得極端生動活潑。他正在重新安排心中的記憶，如同家具般，隨心所欲地做成不同的組合。他也在勘察以後要去的新地點、新環境，以便死後移居到那裡。所以在我們看不到的層面，他們是很忙的。

重病、老邁，或又老又病的人，多多少少對死亡的到來比較有心理準備，但萬一發生意外而喪命的人，心理上會怎麼樣呢？「就意外死亡來說，靈性方面會發生什麼事？」約瑟曾經問賽斯這個問題，他的回答很乾脆：「死亡就是死亡。」雖然意外死亡的人並沒有預期，但賽斯表示，這會讓當事人感到困惑，但也只是暫時，其實出生比死亡還更讓我們震驚不已。

面對死亡也是我們一個很重要的課題，大多意外死亡，飛機墜毀、地震、氣爆，基本上性格很激烈的人，大部分會用激烈的方式離開這個世界。通常意外死亡的人在那一瞬間，不會覺察到他的死亡，不知道發生什麼事，意識瞬間離開肉體，當事人並沒有感覺，但會有一段時間的困惑。

許多人有疑問「當我死的時候，會知道我已經死了嗎？」魯柏他們曾問「法蘭克」這個鬼魂此一問題，他的回答是：「不一定，因為需要時間找到方向，意識持續著，令人困惑，但是慢慢會知道自己已經死了，經過抽離與抵達的階段，其他世的熟人會來迎接他。」

所以，往生後通常會有一段時間的疑惑，但是會發現意識竟然還持續著。而疑惑期之後會有兩個階段，一個是捨下，一個是到彼岸，這是兩個最重要的階段。

第一階段是你如何把世俗的東西放下，放下此生所有的牽掛。第二階段是當你放下牽掛的時候，必須開始投入往生後的生活與世界，就是到彼岸的一種轉移。當你開始投入往生之後的學習生涯，以及結交新的朋友，會逐漸忘記你的前世。等你準備好了，短則數年，長可至三百年，你會再來投胎，繼續輪迴轉世的功課。

如我們所認為的醒時生活，其實是夢境的一個專門化的延伸，而由之浮現到覺知的表面，它是強烈集中焦點的結果，但也是一個框架。你除了把俗世中的角色扮演好之外，還同時要常常問自己，「我到底是誰？我有沒有回來認識我自己，看到我自己？」有時候要從種種的世俗角色中解脫，把所謂的身分、角色忘記。藉由忘記自己，再重新回想自己；沒有忘記自己，就永遠會想不起自己。每一次的轉世就是忘記自己，然後重新回想起自己。

我們常常稱死亡為「往生」，往生就是把所有世俗的角色、身分都拋棄掉，已不再是誰的媽媽、爺爺、先生、太太了，而你現在就可以這樣做，不需要等到往生後。當你走出家門、校門或辦公室，試著把年齡、身分、性別、角色等等都放下。從身心靈的學習中，開始學會什麼叫做「捨」，才能體驗到什麼是真正的心靈，體驗那種自由自在的感覺。

沒有接觸賽斯心法的話，大多數人還是相信人死後就不存在了，多少人內心是帶著對死亡的恐懼。現代人有三個最主要的恐懼：怕老、怕生病、怕死，所有這些恐懼都被我們收藏在內在的黑盒子裡，如果不去面對，好像日子過得很好，可是這個恐懼永遠都會在。

種種不同的死亡方式，其實都是生命中的學習。就賽斯心法而言，我們要在肉體往生前，開始理解死亡的過程到底發生了什麼，理解在往生後的世界會遭遇到什麼，在兩世之間的過程當中必須學習什麼，在死亡的過程會產生什麼樣的意識變化，學習的目的是，你不會對死亡有這麼多的恐懼。

所有的死亡，都是你的自我意識與潛意識共同選擇參與的，雖然在意識層面，你

不會很明確的知道自己什麼時候會死、用什麼方式死。死亡一旦發生了，其實就表示當事人自我意識、意識心等等身心靈都準備好了，內我更做了完全的準備，包含意外、生病，但是不包含自殺。

當死亡發生的時候，你的自我意識不會消滅，會被護持得很好，你依然會知道你是誰。相反地，它會得到一個釋放，從一個角色、身分當中解放出來，它會得到內我更多的活力、支持，並且會伴隨很輕鬆自在的感覺。

大家要感受到，死亡是你這一輩子完美的終結，絕對不要帶著很多的恐懼與害怕。理性上這樣理解，感受上還是要去面對，讓你的內心能夠保持一種平安和喜樂，這就是賽斯心法的修行了。

（取材自《靈界的訊息》讀書會、《早期課1》）

Oct.

8

運用神奇之道解決問題

新年伊始，我們常說要歸零，重新開始，但進行心靈的大改造要如何下手呢？先問自己一個問題，「每一天我在做事情的時候，或是解決難題、療癒疾病的時候，有沒有或多或少運用神奇之道？」

賽斯心法說，我們每一個人都有魔法，例如千里眼、心電感應跟預知能力等等，那是代表及反映了我們自然傳承的一個基本部分，只是後天的障礙把它們蒙蔽了。神奇之道是你運用了心靈的法則，不斷地修練心靈的過程，達到事半功倍的效果、輕鬆不費力、自助人助有如神助，打開我們與生俱來的潛在能力。神奇之道其實講的就是神通，但你必須先要正知、正信、正念，打好基礎，功夫要扎得深，絕不是翹著二郎腿偷懶、不勞而獲的。

魯柏看到門外的綠葉，當下起了一個念頭，想用照相機將之拍下，然後參照畫一幅畫。沒想到不到兩分鐘，丈夫約瑟拿著照相機出現在她眼前，這就是感受、心電感應的作用，也就是「魔法」。所以，我們也要告訴自己「是的，我的確在魔法似地運作著」。其實我們身邊的每件事都是這樣的，只是沒有覺察到而已。

我們的思維常常跟別人的思維發生某種關聯，在潛意識裡發出心電感應的電波。假設你在對遠方的一個人生氣，那個人其實是知道的，他的潛意識會收到。所以你根本不用想要改變他人，你只要改變你的內在、你的能量，別人會收到你的能量，他就改變了。當然在潛意識的層面，我們也會收到他人的關心與祝福，或是討厭。但不是說你不能討厭別人、對別人發出討厭的心情，可以的！可是別人會覺得你更討厭。你對別人的討厭，別人也有抵抗力、自我保護的力量，就像你有自我保護的力量一樣。

運用神奇之道，可以療癒疾病、解決困難、達成目標，當然也包括創造物質的財富。神奇之道預設了一個理論，我們的心靈跟大宇宙有一個神祕的連結，而所有我們的意念會被大宇宙接收到，這個大宇宙包含了整個宇宙的智慧、愛、眾生的集體潛意識、地球的意念。

神奇之道講的，就是「簡單而深厚的信心」——從頭到尾就是相信，不需要花力氣說服自己。很多人說，「我要說服自己是有福的、是受到恩寵的……」你越花力氣說服自己什麼，就表示你越不相信。因為你不相信，所以才要花力氣說服自己。

你真正相信的東西，要不要花力氣說服自己？一點都不用花力氣！真正的信心是不需要加強的，例如手伸出來，你要不要加強你認為這是自己的手的信心，不用！它本來就是啊！你一點都不會懷疑，這才叫做信心。信心，不是你要花很大的力氣說服自己相信它。信心就是本然地相信。

很多人在做「我創造我自己的實相」練習時，花很大的力氣說服自己，「我是健康的、幸福的、被愛的。」對不起，這些你不需要花力氣說服自己。真正的信心是簡單而深厚，而且不需要加強，因為你一點都不懷疑。這就是我們在學的賽斯心法。

很多人都想「我要很用力地去學」，可是賽斯的神奇之道是把它看得很簡單。把你的人生會幸福，看成是很簡單的事；把你會健康，當成是很簡單的事；把你心想會事成，當成很簡單的事；因為它的確就很簡單。因為在架構一的世界裡面，我們相信不簡單，可是當我們的心念一生起「不簡單」這個念頭，困難就來了，比什麼都快，因為信念創造實相！

過去我們是去做事情，拚命找方法，試圖解決所有的問題，可是我們忽略了得讓問題自己解決，得讓事情自己完成。經常好像問題反而越來越多，事情越來越忙，掛在心頭的事不增反減。

《超靈七號》系列書裡有講，「你該做的就是放手讓事情自己進行，這樣它們就會自動的為你做事。如果你忘了這一點，你就會一直找、一直找、一直找方法。」你得把事情當成是有生命、活的，它不是有待你去解決的靜態東西，你要讓事情自己動起來，讓它幫你做事。

簡單的說，神奇之道是一種方法、一種心態。意念在物質實相被具體化的過程中，我們的自我意識與意識心只扮演了一個小小的角色，真正動員的是內在心靈龐大的力量，神奇之道就是動用這個力量，彷彿在意念與實現之間沒有間隔。例如每個人都想要有錢，卻不一定會有錢，因為意念一起，雖在心靈的實相已實現了，但在物質實相不見得能成真。這時要回來問自己，是否有什麼負面的、限制性的信念在後面拉扯，以致無法將能量轉換成物質，將心靈實相轉換為物質實相。

我們常常被頭腦所阻礙，頭腦就是妨礙神奇之道執行的最大阻礙。因此常常需要在衝突矛盾的信念之間，架起橋梁信念，譬如，「我想要賺很多錢，可是這樣會不會過勞、犧牲與家人相處的時間？」這時的橋梁信念即為，「我可以創造更多的富足，卻不需更累，相反地我會越來越輕鬆。」這就是神奇之道。

所以，建立一種神奇之道在其中運作的氛圍，彷彿困難的克服是容易的，一個看起來很難的問題，卻可以輕而易舉的被解決。為什麼神奇？因為它跳過過程，也就是意念與實現之間沒有距離。賽斯心法可以運用在生命中所有的矛盾與困難，在其中找到連結點將之化解，然後創造出想要的實相，一旦內在的心靈能量富足後，外在的豐盛自然源源不絕地進來了。

（取材自《神奇之道》讀書會）

Oct.
9

明明白白你的心

賽斯說，不論人家以前是怎麼教你的，你必須了解，感知基本上不是肉體性的，肉體感官感知的「外境」，實際上是由你心靈的核心向外流出，由你的念頭、感受和期盼所發動，因此你自己真正使用的，是肉體以外的感官來感知資料與經驗。

當我們在感知實相的時候，「任何感知的活動會改變了感知者。」而靈魂它是一個感知者，直接感知到所有的經驗，於是也必須改變。另外賽斯更進一步說，在感知者與被感知的東西之間並沒有真正的分野，被感知的東西往往是感知者的一個

延伸。

你看到一個東西的現象，你就已經改變了，那個現象也跟著改變了。例如你看到我，跟他人看到的我是不一樣的，你看到的我是你所感知的我，可是當你感知我的時候，你已經在改變我了。好比你用不同的心情看一棵樹，看到的是不同的樹，當你用你的心在感受那棵樹的時候，樹也知道你在感知它，你和我感知的樹就不一樣。所以觀察這個動作，就改變被觀察的現象，任何東西都是互動下的產物。

你所看到的我，是你跟我互動的結果，可能你看到的我是搞笑的、有趣的；但另一個人跟我互動，他看到的我，可能是權威的、霸道的。你跟周遭每一個人的互動，能夠關照到自己，以及對方。你跟這個世界互動，可能這個世界回應給你殘酷與無情，但也許這個世界回應給我的，卻是溫暖和熱情。所有你看到的，皆不離你自己；所有你感知到的，皆不離你的心，你看到的皆由你的心所顯現。

教育孩子也是一樣，用什麼心跟孩子互動，孩子就呈現什麼樣子給你看。當你覺得孩子不好，沒有未來，你看到的是孩子，還是你的心？你的心！你透過你的心與孩子互動，感受到的也許是孩子沒有未來。可是如果孩子是跟我互動，搞不好我感受到的是這孩子沒有問題，未來光明燦爛。

你跟萬事萬物互動的結果，所看到的不是萬事萬物，而是你的心。心之作用，無遠弗屆，無論大小。例如你身上有癌症，你以賽斯心法的心跟你的癌症互動，癌症就不見了；若以醫學告訴你的，可能會如何恐懼害怕的心跟癌症互動，癌症就越來越嚴重。其實這都是心的作用，所有人都要明白心是如何作用的。

你要明白你的心，心就是萬法的根本，整個賽斯心法就是在講這個「心」，心是感知、創造的作用，是一切現象的來源，除了心之外，別無其他。所謂信念創造實相，信念就是心的作用，心的能量就是感覺基調。信念透過感覺基調，心開始作用，就產生了實相。你如何感知實相，它就如何回應給你，賺不到錢、生病、夫妻感情不合、人際關係不好都是實相，全都是心的作用。

找到了心，就找到了宇宙的本質，你就解脫了。如果你的心沒有對那個人生氣，那個人做出令你生氣的事情，你會不會生氣？不會。你心中沒有累積的憤怒，沒有人可以惹你生氣，但是心中有累積的憤怒，隨便一個風吹草動，就會暴跳如雷了。你感知到讓你失望、憤怒的人事物，其內你就有一個失望、憤怒的心，讓你感知到失望、憤怒的人事物。當你帶著愛、慈悲去感知，感知到的就是愛與慈悲的人事物。因為被感知的東西，就是感知者的延伸。

感知就是創造。你用快樂的心來跟某甲互動，他可能就用快樂的心回應你，反之，用憤怒的心跟他互動，回應的可能就是憤怒。你看到這個世界讓你很討厭，是它讓你很討厭？還是你用一個討厭它的心去感知的結果？當然是後者。許醫師常說，困難點就是突破點。你用「困難點就是突破點」的心去感知任何困境，困難的局面就突破了。

我們必須了悟，「所有的活動都是精神性的，或者可說是心靈的活動。」思想創造實相，思想的創造者感知物體，兩者彼此根本沒有分離。是以發生在外界的各種事件、情況與狀態，就是作為創造者活生生的回饋；改變你自己的心靈狀態，也就自動改變了外境。

（取材自《靈魂永生》讀書會）

Oct.
10

容許你的情緒走到底

賽斯說，「靈魂並不為它的身分感到害怕，它對自己有信心，它總在探索，不怕被經驗或感知所淹沒。如果你對本體的性質有更透徹的了解，你就不會。」

所以，不用擔心你的情緒，或擔心你會過度憤怒而失控，如果擔心的話，就表示你對你的本體還不夠有信心。很多人害怕失控，所以害怕感受愛、害怕恨、害怕憤怒、害怕強烈的情感。請不要為你的本體擔心，它不會不見或被捲走，你可以體驗巨大的情感能量，不用擔心被情緒淹沒。

你要先容許自己的情緒是可以出來的，而不是還沒出來，就先壓回去。當因

為某事而起了某種情緒，可以去溝通那件事情，或與對方討論，有時候衝突是為了更大的和諧、更大的愛、更深的交流。你要在情緒生起來的時候，容許它走完這段旅程，可是大多數人都沒有讓它走完，不是攔腰斬斷就是剛起來就阻止了。情緒一旦產生，能量就不會消失或被回收，沒有容許它走完其歷程，就會累積、壓抑、扭曲與變形。

例如你很氣婆婆，但又想到當年坐月子的時候，她也是很照顧你（雖然是心不甘、情不願的）；或者不要氣她了啊，她也把一個兒子養到這麼好，所以算了吧！又好比一個做女兒的，交了男朋友，卻不得父母的同意認可，還有了爭執衝突，可是同時想到父母曾經辛苦拉拔自己長大、曾經為了自己的學費四處奔波，內在負面情緒就被強壓下去了。

大多數的人心想，「反正他也對我很好、反正也需要靠對方，反正……」於是就算了、算了，不要生氣、不要不爽了，可是一旦情緒壓下去，就不好處理了。內心兩股力量在衝擊，好像令狐沖體內有數道真氣在激盪、互不相融一樣，於是造成心境上的憂鬱焦慮，以及失眠、腦神經衰弱；肉體上則是形成病變、皮膚炎、癌症等等。

賽斯說過，你要信任你的情緒與感受，而且要跟著它走，好與壞的情緒沒有哪個才是你親生的或是養子女，二者都是好東西，不要用分別心去判斷。因此一定要讓那思維感受走完，之後你不用擔心，它們自然會把你引導到「其實他曾經也對我很好，曾經為我付出過，其實他很愛我」的層次，內在會幫你完成這過程，不需要頭腦的計算。任何人都要記得，所有癌症、異位性皮膚炎都來自這類的矛盾跟衝突，因此兩種對立情緒絕對不能混在一起、然後壓抑下去，要容許自己先把它們分開處理，如此一來，就算癌症也都可以痊癒。

例如很多大腸癌患者，從來都是濫好人，避免衝突，但也避免了真實的交流，沒有說真心話，最後所有的關係還是一塌糊塗。當你憤怒的時候，先把憤怒走完再講，讓它走完，它一定會帶你重新回到那個愛，能量流動了，身心才會健康。

除了生病的人之外，一般人在處理情緒時也一樣。曾經有人問我，為什麼他老是遇到強勢的、主導性強的女人？很簡單！因為他內心是這樣的人，卻不敢承認自己潛在是壞脾氣、有個性、很龜毛、喜歡掌控的，平時表現出來那種很溫和、愛好和平、很好相處的樣子，其實都是造假和偽裝。你必須先承認潛在愛掌控的那一部分，然後再回到其實某個自己是很好相處、不龜毛的那個部分。

絕對不要逃避面對負面情緒，你必須跟著負面情緒。所有負面情緒都非常的重要，甚至負面情緒才能救你，而不是正面情緒。你唯有跟著負面情緒才能找到它的根源，把它釋放掉，了悟其背後的思維與信念系統。

有句話說「憶起才是真正的遺忘」，通常你越想忘掉一件事，有意地遺忘它，其實只是記得更深刻而已，越不想記得卻只是記得更深罷了。所以忘掉事情最好的方法，是徹底地憶起它、面對它，想化解你的疾病、一切的負面情緒，就是去面對。沒有面對，就沒有療癒。正面思考在這之前一點用也沒有，你真的面對負面要夠深，才能救自己。我們的救贖不是光明，而是黑暗；不肯面對黑暗面、壓抑自己的結果，最後一定是生病。

人的內在個性不能夠對衝，要一碼歸一碼，事情要分開處理，這樣身心靈才能安頓。是以有人說，「我知道我要原諒他，我知道我不再把恨放在心中了，可是我就是放不下。」「我知道我不應該抓住這段痛苦的過去，但我就是抓住。」其實那是因為你還沒有抓得更緊一點，你一面抓一面放，當然繼續抓住啊！那就是內心不斷在衝突。

你用邏輯、頭腦去阻止你的「不應該生氣」是沒有用的。頭腦知道沒有用，你明明知道不要再氣了，可是氣了沒有？氣了！明明知道沒有什麼好忌妒的，可是你就是忌妒；明明覺得應該要原諒，卻原諒不了；明明告訴自己不要太在意，還是非常在意。因為你習慣用對衝、補償的方式，沒有容許自己忌妒、生氣、不爽、在意個夠，讓自己忌妒、生氣、不爽完再說吧！

很多人搞到後來沒有情緒，也無風雨也無晴，既無強烈的愛，也無強烈的恨，因為都在搞酸鹼中和。讓情緒走完不是要去傷害別人，是要先對自己承認你的情緒！宇宙的道，會永遠回到它自己。

（取材自《靈魂永生》讀書會）

Oct.
11

面對問題，發揮心靈力量

在《個人實相的本質》一書中，有個叫蒂寧的婦人來尋求魯柏的幫助。她面臨到生命的困境：小孩長大了，感到孤單，不再被需要，生活方式的改變，個人的精力沒有出口。賽斯說她沒有將她的問題投射到健康、美貌或外遇的情況上，反而，她選擇了作為通靈者的這個挑戰場。

當一個人的生命危機或困境發生時，那是一種選擇，你選擇自己的挑戰，每個人的困境，也是自己所選擇的。有的人把這輩子的挑戰，設定在財務、感情或健康的困難上，這些是在潛意識做的決定，你也要明白為什麼選擇某個領域作為挑戰的戰場。就像有人一輩子生活富裕、經濟無虞，身體卻出問題，得了某種慢性病；或婚姻維持良好，但子女的教育令他傷透腦筋。

「每個人都有一個稱之為『力量的心靈領土』的東西。這代表了一個不可侵犯的領域，在那兒，一個人堅持維持他的主權，覺察他自己的獨特性和能力。」賽斯說每個人「力量的心靈領土」，它是被不計代價的保護著，當你認知到它時，任何疾病都不能威脅你，因為你有能力逐退任何疾病，你認為的任何邪魔，也都不能侵犯你。

但是，心靈的其他部分可能會成為難題的戰場。「因為不同的個人特性，一個人為維護心智品質的不可侵犯，而藉身體疾病來解決挑戰，另一個人可能選擇極度的貧困，而把自己未解決的衝突投射進入那個情況當中，另外一個人可能選擇酗酒。」

問題不在問題本身，而在其背後，你為自己設定的挑戰是什麼？假設你這輩子主要的問題是在婚姻裡面，就要問自己，在你婚姻的背後，為自己設定的挑戰是什麼？當你面對了那個挑戰，才能化解問題的核心。如果試圖轉換你所選擇的衝突區域，可能會讓你有驚惶失措的感覺。好比你用生病作為選擇的戰場，以轉換內在衝突的區域，一旦病突然好了，你必須轉回去面對那真正的難局，可能是家庭的衝突，或者是工作的緊張與壓力，所以你會想讓病好起來嗎？恐怕不一定。

「但所有的內在困難藉著了解『是你形成自己的實相』以及『威力之點在當下』就可以被解決。」賽斯強調，你把你的難局或能力向外投射而進入其他的活動途徑，直到你了悟，是「你」形成自己的實相，以及你的力量是「住」在這一刻的，才能解決你的困難或正確利用你的力量。

例如你有視網膜血管發炎的毛病，首先要去找的是，哪一個在人生某個區域沒有被面對的問題，你將之投射到眼睛上面了。是你沒有面對的工作、愛情、家庭問題嗎？你把自己未解決的衝突投射出去，變成視網膜的發炎。那麼你就要告訴自己，我的視網膜血管炎是我創造的，不管別人怎麼說，而且我的威力之點在當下，我能夠改變它。

任何的問題，都是其他問題的投射跟轉移。賽斯心法強調「你造成你自己的實相」，你所處的世界、團體、朋友、個人經驗全是你的信念吸引來的。幾乎每個人都有某個領域的問題，但是，「你會嘗試選擇將一個問題向外投射，來使你自由。如果你這樣做，那個待解決的問題將彷彿永遠在你之外，無法解決卻更形放大。」你可能會認為，「只要我的病好起來，我就可以過著幸福快樂的日子。」真的是這樣嗎？當你沒有生病的時候，也經常並不幸福快樂啊！很多人覺得只要怎麼樣了，人生就沒有問題。所以我們常常會假設，只要中了樂透、娶到美嬌娘、找到好工作、那個討厭的老闆換人了，就可以過著幸福美滿的日子。這句話絕對不會成立，請不要再做白日夢，別傻了！絕對不可能！先回來一步一步走，先面對問題，做個腳踏實地的理想主義者吧！

「不去面對困難的習慣，但困難實際上是挑戰，可以變成一種『癮』。在某個地方的無力感可以被轉移到其他地方。」許多人對於人生的問題，其實都在逃避，不去面對真正的挑戰與問題。例如生病是對健康的無力感，或者你對婚姻、工作的無力感，它們一定是某個生活領域的無力感，沒有被你面對而被轉移過來的。

在「深夜加油站遇見蘇格拉底」這部電影中，男主角是個優秀的體操選手，但是騎機車不幸出車禍，大腿有十七處粉碎性骨折，當時醫生跟教練都認為他的體操生涯

已宣告結束了。可是在十個月後，他竟然重回賽場，並帶領校隊奪得美國大學冠軍。為什麼有如此神蹟？因為他發揮了「力量的心靈領土」，了解是自己創造了這個事件，沒有意志消沉，選擇勇於面對，努力復健，終於拿回自己的力量。

當一個人得了重大疾病，想好卻好不起來，或拚命想賺錢，怎麼賺都賺不到，或遭遇生活中的無奈與憂鬱，就是「力量的心靈領土」被侵犯了；為什麼被侵犯？因為他從來沒有去面對真正的問題、一直在逃避，最後會連「力量的心靈領土」也受到侵犯，可能會變得憤怒無奈，產生所謂創造性的「生死掙扎」。是以當有些人被逼到絕境，或許就會了悟到非改變不可了，這時就會發生奇蹟式的痊癒或改變。

所以賽斯講「力量的心靈領土」，它代表了你的心靈力量，你對所創造實相的不屈服，「我才不相信我一定過不下去，我相信我一定有辦法。」每個人都有屬於自己力量的心靈領土，只要你不放棄，先面對人生的問題，再腳踏實地去做，所有人生的問題都可以解決。

（取材自《個人實相的本質》讀書會）

Oct.
12

沒有事實，只有信念

賽斯說，如果你對自己在想什麼變得很能覺察，這些思想的本身就會給你線索，因為它們清楚地說出你的信念。所以你要傾聽、留心你嘴裡說出來的每句話，從你自己說出來的話當中，就可明白你如何創造自己的實相。

例如有學員分享，「我不會希望我的路是很簡單的，我從來不覺得簡單的路是好走的。」「沒有被折磨、沒有吃苦是成不了大器的，我從來不走任何簡單的路，越困難的路才是我最想要的。」於是在人生路上，他遭遇到的是許許多多的磨練挑戰，走的路途並不輕鬆順遂，他的信念把它們視為理所當然，達到成功就必須要付出相當的代價。信念本身沒有對錯，而是當你選擇了這個信念，它就會帶來相對應的實相。

不管遭遇到什麼實相，你一定要回來問自己，「是我什麼樣的信念把它帶來的？」而不是一副不解的樣子，一方面遭遇這個實相，一方面又問為什麼會遇到這些鳥事、慘事，你必須保持覺知、覺察。

覺知覺察有兩個部分，一是要傾聽周遭人所說的每句話，另一是要傾聽自己說出來的每句話。自己說出來的話，無意中會透露出你的信念。

還有一個很重要的觀念，賽斯心法說，「你務必要了解，你接受為真理的任何觀念，其實都只是一個你抱持著的信念，然後，你必須進一步告訴自己：『即使我相信它，它也未必是真的。』」

你遭遇的事實是來自信念，改變一切你認為不可變的事實，一定要從信念改變。信念就是事實的前身，例如你現在買不起台北市的房子，是事實，還是信念？它可能是一個暫時的事實，可是它絕對是一個信念。想改變這個事實，從哪裡改變？信念！你現在不健康，是一個事實還是信念？暫時性的事實，可是它絕對是一個信念。

這個世界沒有事實，只有信念！注意三個東西，你、信念及事實。某人有氣喘是事實還是信念？雖然它已「暫時」十八年了，當然是一個事實，但也絕對是一個信念。你能不能直接改變事實？可能做不到，就像你改變不了國小畢業的事實一樣。但你能不能改變信念？可以。如果事實來自信念，你需要改變這個事實嗎？要做的是改變信念啊。

以前我們常常面對事實就無能為力了，一個月只能賺三萬，賺不到五萬嘛！事實就是我這麼胖，減不了肥嘛！事實就是我沒用，比不上別人嘛！我們一輩子有多少改變不了的事實，可是每個人都有能力改變信念！改變信念只要一瞬間，而且都在能力範圍內。你若能改變信念，就能創造實相，你不需要管事實，只需要管自己，和你的信念、情緒、想像力、行動力這四者。

很多人學習賽斯心法時，學了半天有許多挫折，好像沒有進展或沒多久又回到原點，因為他們想的是改變事實、改變命運。你沒有辦法直接改變事實，可是你絕對能直接改變信念，事實也絕對會跟著改變。例如減重也是一樣，我自己曾經短期之內減了七公斤，因為我沒有在減事實，是在減信念，體重很重是一個事實還是信念？我有個信念是，我想瘦就可以瘦，而沒有在改變體重的事實。大多數人太把事實當事實，認為事實就是不可變的才叫事實啊！如今你必須降低事實的重要性，提升信念的重要性。

大家經常要提醒自己，這個世界沒有事實，只有信念。你有十八年的氣喘，誰說不能在一點八個月內好起來？你回去跟醫生說「我的氣喘已經好了」，醫生會說，「不可能，氣喘這個事實不會好啊！」你並沒有改變氣喘的那個事實，只是改變了信念。但當你的眼中越來越少事實、越來越多信念的時候，會發現一旦信念是可塑的，事實就會變得越來越可塑，「事在人為」。

賽斯說，你一定要確信自己能夠改變自己的信念，一定要願意去嘗試。把一個限制性的觀念想成是一種泥巴似的顏色，你自己這一生則是被弄髒的一幅畫。你改變你的觀念，就像一個畫家改變他的用色。

以前事實對你而言牢不可破，只有高中畢業、只能賺那麼多錢、只會做那些工作、只能過那一種人生，這些種種境況過去對你是事實，未來對你而言都叫做信念，當你把它們當作信念來處理的時候，就完全有不一樣的風貌了。賽斯說，「你的肉體感官感知的實相是你信念的結果，但是你的感官告訴了你許多不實的事。」因此改變你的信念，你就改變你的世界，永遠要記得這句話。

賽斯心法常說，生存是容易的，生活是輕鬆的，理想的達成是簡單的，困難的克服是必然的。可是為什麼學了很多年，發現還是不容易？很簡單，你的信念創造你的實相，你的實相回過頭來說服你，那個信念的真實性。所以你會覺得賺錢明明就不容易、明明生病就不容易痊癒啊！其實這還是所謂的信念。真正運用信念是告訴自己，「是的，賺錢對某些人來講，可能很不容易，可是對我而言，賺錢會越來越容易，因為我發揮了我的能力、專長。」其背後是你更深的相信，信念會創造實相。

信念為本，實相為末，實相跟著信念走。目前社會上絕大多數人都是信念跟著實相走，所以一定要拿回你們的本心。

進入賽斯心法，你們一定要改變，實相跟著信念走，實相就是驗證、學習跟成長的過程。每天提醒自己，「我是有福的，所有宇宙的造物都是有福的，實相會跟著信念走。」

（取材自《個人實相的本質》讀書會）

Oct. 13

建立良好的基本精神習慣

疾病之所以產生，有個非常主要的因素，即人的「基本精神習慣」。照賽斯所說，健康不佳主要是破壞性的思考和感受模式引起，會直接影響身體是由於它們落入電磁系統內的特定範圍。舉例來說，並非壞的健康先發生，然後才生出不健康的思維，如沮喪、憂鬱或焦慮等等，而是恰恰相反。

任何我們的思維跟感受，起心動念的精神習慣，都包含了電磁特質。此電磁特質會造成身體的電荷以及化學性的變化。當負面情緒與思考產生過多破壞性的電荷及化學的變化，在身體內逐漸地累積，在

還沒有辦法將它很快排除掉的時候，直接導致了疾病的產生。

基本的精神心態是什麼？就是每個人活著的基本心態，及起心動念的模式。例如你的孩子到晚上十一點還未回到家，也沒有電話聯絡，你的腦海可能出現的畫面與想法是什麼？是擔心出意外，還是怕被綁架了，那就是你的基本心態；或者你回到家裡，就聽見媽媽永遠在說你不夠好，或在挑你的毛病、碎碎唸，這是她的基本精神模式。

有些人生活作息正常，不菸不酒少吃肉，又有固定的運動，後來卻發現得到了癌症；還有癌症患者說，自從得到癌症後，把工作辭掉了，每天做拼布、爬山、參加志工、接受正常醫療，為什麼癌症仍然復發？這些都是因為基本精神心態沒有改變！大家把方向都搞錯了，向外追求如何養生、克服疾病，所有的外境是另一回事，但絕不能忽略內在基本精神習慣不好的問題。改變基本的精神習慣與心態，才是保持健康與治療疾病的關鍵。

你面對很多事情可能都從負面的角度出發，看到的都是這個世界不夠好的地方，及自己不夠好的地方。你骨子裡依然覺得自己是個失敗者，沒有生產價值，內心有種悲傷，覺得自己沒有用。於是乎基本精神習慣圍繞在恐懼、擔心與不安當中，當內在基本精神模式改變，身體的化學物組成與電荷狀態就馬上起變化，疾病因而產生。

身體完全有能力自我療癒，這是賽斯心法的最重要精髓，而身心靈的醫療給予身體各式各樣的機會，來發動它的潛能。不只是身體，包含憂鬱症、強迫症、恐慌、焦慮與失眠等心理症狀，所有身心問題都可以完全的自我療癒，但是過去身體一直沒有被給予鼓勵、刺激、機會與貫注。

諸如藝術、聲音與舞蹈治療，或是每天看笑話或不用大腦的搞笑影片治療，都是治療疾病的方法。當你把自己放空，身體其實也正在自我治療。賽斯說，身體每分每秒都在自我療癒。而你該給予機會讓身體這樣做，一旦方向對了，末期癌症一個月內也能好起來。因此身心靈的療癒不是如同西醫一般，用外在藥物手術的方式；也不是像中醫一樣，去改變你的體質。雖然都是療癒，但賽斯心法更強調一切的根本在於身體自身。

開始列出自己習以為常的基本精神心態與習慣。例如，我必須表現得很好，否則就是不夠好；常常自責、每件事都看到不開心的；這輩子只能靠我自己，誰都不能靠；我不能信任自己，所以周遭人也是不能信任的；我不能倒下去，否則所有的人都完了。我們的起心動念常常帶給身體無比的壓力，不斷地承受這些思維和感受，也包含其背後非常明確的化學與電磁特質，兩者是密不可分的。

假如有病痛的話，你一定要做兩件事。第一是找出直接導致你身體負面能量累積的不良精神習慣，找出基本人生觀、起心動念的模式是什麼，然後一定要改變它，這是所有治療最根本的關鍵。這個治療沒有做，無論你開什麼刀、做什麼化療放療，統

統不會有用。

第二是必須問自己，我要開始做什麼、想什麼、怎樣調整我的基本精神習慣，而哪一種基本精神習慣有利於身體的自我療癒。《健康之道》書中提到的六大生命法則，它們是與你的內在心靈，以及宇宙能量最相合的人生觀，請依照這六點，重新建立你的人生觀，並開始發動你的身體自我療癒能力。

你只要開始建立了負向的基本精神習慣，最後有一天你一定會承受不住而生病，不是得肉體的疾病，就是得憂鬱症。問題不在於你的孩子、先生或政府值不值得信任，而在於你的心是否平安，重點是要安住你的心。所有你採取的療癒，包括飲食、睡眠、改善不良習慣，或到戶外走走，親近大自然，看看笑片，都是方法與途徑，最終目的是身體完全有能力療癒它自己。

賽斯強調，「疾病的治療主要必須藉由改變基本的思考習慣。除非做到了這點，否則毛病會以不同的扮相一而再地發生。不過，身體有能力療癒它自己，而該給予它每個機會去這樣做。」

Oct.
14

表達的功夫

賽斯書的作者魯柏，她母親本身攻擊性很強，後來她的攻擊性使她經常苛責、咒罵魯柏，也轉化為類風濕關節炎的毛病。事實上，所有罹患自體免疫疾病的人，都是攻擊性很強的人，包括紅斑性狼瘡、乾燥症、多發性硬化症、硬皮症、腎臟病等等，都是壓抑的攻擊性沒有釋放的結果。這種人內在有個壞脾氣的自己，但形於外的是脾氣好，給人很好相處的印象。

此外為什麼有些人很肥胖，其中一部分原因是，你以為他脾氣很好，事實上他是個脾氣很壞的人，但他想要讓別人覺得他是個好好先生，修養到家，內在的攻擊性統統用「吃」及「體態」來偽裝。

這個世界沒有好脾氣的人，也沒有好相處的人，誰認為自己好脾氣、好相處，趕快覺醒吧！當人家踩到你的紅線、不尊重你、侮辱輕蔑你，你心裡一定是非常不爽的，很想用一支番仔火點燃一桶汽油。縱使嘴上不講，表現出來一團和氣，那都是騙人的。所有的好脾氣都是後天學的，修行修到後來，脾氣越好，反而越糟，那是壓抑了脾氣。有些人越修行身體越糟糕，還以為是扛業障、還業障，因此攻擊性一定要被釋放、理解與疏導。

自認為好脾氣的人，要開始自我面對，看看把自己騙得多慘。另外一個最可憐的人就是不計較的人，世上哪有人是不計較的，所有的不計較都是後天學來的。今天我不想計較，是因為我背後還有更大的目的，並不是真的不計較！你要先認識自己性格的本質，再做適當的調整。

賽斯心法強調，要表達「自然的攻擊性」，它是生命的動力所在。賽斯曾教過我們一個練習，溫和地提醒自己：「我是一個非常好的人。」然後再加上：「表達我自己的能力是好而安全的，因為在如此做時，我表達了宇宙本身的能量。」你不是只有你自己，每個人都代表了宇宙能量的表達途徑之一。表達是好的、安全的，而且是對的作為。

當你開始壓抑自己，或不表達的時候，也把宇宙的能量壓下去了。因為透過你在表達自己、認識自己、做自己的過程中，同時宇宙也更豐富了。請記得這句話，你是宇宙不可分割的一分子。

表達是說出你真實的想法、真正的感受和意見。然而在實際層面上，一個孩子從小說出真話的下場可能是，經常被罵、指責與矯正，以致對大多數人而言，在更深的潛意識裡，相信表達是不安全的、危險的、會帶來衝突，表達得越多，可能越容易受傷害。例如表達自己的政治立場，支持哪個政黨，可能會受到反對者的攻擊。

我們能說真心話嗎？我們越來越不敢表達，包含自己的能力與衝動，越來越不敢做真正的自己，以及害怕跟別人不一樣。例如很多先生後來都不跟太太說話，因為老公二十年前說的話，到現在老婆還記著，並不時的提起並整他。

請開始試著建立一個信念，「這個世界沒有我想像中的那麼危險，別人也沒有那麼的要攻擊我，就算有，也是假攻擊、假戰場。」「表達是會被接受的，這個世界可以接受我的表達。」

雖然你的經驗是過去表達無效，或很少被接受過。但表達是要學習的，表達未被接受可能是你的表達不到位、不夠有智慧、力道與強度不夠。表達被壓抑久了，也許你已忘了要怎麼說，或者不敢說，無法講出心裡的感受，內在真實的想法也深鎖心中了。

表達是你可以說出心裡想說的話，可以做你自己，可以勇敢的跟人家不一樣，可以表達你的思想和感受，因為生命即表達。縱使你害怕，還是可以戴著鋼盔向前衝，顫抖地跟別人說出真實的想法。你會發現你是有力量的。

（取材自《健康之道》讀書會）

Oct.
15

轉世的知識 你會知道

對於受苦與生病中的人而言，即使最不幸或嚴重的狀況，都能被改善到某種程度，賽斯永遠在鼓勵我們。但並非一夕就會改變，雖然是可能的，但主要應有「對自己生活的掌控感，會鼓勵所有精神和身體的療癒」。

一個人有生命的主控權、覺得自己是有力量的很重要。例如癌症患者應自己決定，要不要接受化療或開刀，至於家屬及醫師的意見只做參考用，這樣他會有力量，否則做什麼治療也徒勞無功。自己的人生也是一樣，不能都聽別人的，必須有自己的主見。

賽斯講到癌症者的心理特點：「許多癌症病人都有著殉道者的特點，往往多年來忍受著令人不快的情況或狀況。他們覺得無力、無法改變，不願留在同樣的位置，但他們不會實際地對抗他們的情況。」所謂殉道者是指為「正義」而犧牲的人，在宗教及政治領域尤其常見。得到癌症的人，之前也是固守那些負面信念許多年，一直在壓抑，忍人所不能忍，會找很多理由讓他留在令人無法忍受的情況裡，符合了殉道者的情懷。

問題是，這樣子的人既拿不起也放不下，也不會實際對抗所處的情況。真正的重點是內心不想再忍了，但又覺得無力，癌細胞就首先發難，爆發出來。傳統的醫學、修行讓你再忍下去，難怪會復發。最重要的是，喚起這個人對他自己力量和權利的信念。癌症病人最常感覺想要有發展、擴展，卻受到阻擾，因而產生內在的不耐煩。所以須植入新信念，以便驅散阻礙自己能量的恐懼。

賽斯也建議使用藥物於癌症病人時，小心謹慎不要過度，因為像化療、放射線等治療，常常也是最容易引發癌症的藥物。醫學強調的是對抗、消滅癌細胞，殊不知癌細胞就是你黑暗的自己，而它們通常比較有力量，與之對抗，最後死的是你自己。賽斯心法講的是接納、面對、轉化你的黑暗面，整合了內在的力量，癌症會消失很快。

去做「威力之點在當下」的練習！事情不是沒有解決之道，只是還沒想到、還沒出現。當你相信自己有力量，每個方法都是好方法，病不是不會好，而是你根本不相信自己有那個力量。此外，從事精神性的遊戲，插入幽默與消遣，例如圍棋、撲克牌等，是極端有價值的。此作用是讓你不要「太過努力」，要輕鬆不費力，這也是自發性的原則。

有人認為得癌症是一種業障病，到處求神問卜。賽斯說，「對轉世生命的知識是自發地持有的，而你能由那知識收到深奧的洞見。」你不用特別去追求轉世，所有轉世的知識，現在就在你之內，時候到了自然就會收到。去求神問卜、通靈、三世因果，沒有用！問到了也是假的，被騙錢而已。

得到轉世知識的時機何在？在你不刻意去尋求時。但透過身心靈的學習，了悟到你的生生世世是同時存在的，所有的知識就在你裡面，它們從來沒有離開你過。答案總在不預期中出現，而解決生命的困難，就在你放下執著的時候，越不急著病好起來時，病反而好得更快。行到水窮處，坐看雲起時，拚命想找解答，是找不到的。

賽斯講轉世的經驗時，並非如宗教所說的負面或業障，而是智慧、經驗與愛的累積，這些都是可以肯定自己的心靈遺產。而在某些狀況下，轉世的記憶會滲漏到我們這一生，健康不良或年老糊塗者比較會發生，青春期的少年偶爾也會。

老年人常開始用前所未有的方式，練習自己的意識。因為不需要為五斗米折腰了，時間多到在打盹發呆，也許感到寂寞，因此會發現自己在演出不同以往的經驗。

由於他們害怕未來的不確定性，常會將記憶回到年幼時，去找早期的回憶與所愛之人的聲音。在這回憶的過程中，有其他東西可能會跑進腦海，不知道者會以為是幻覺幻聽，或者老人精神病。

有人會看到前世的畫面或聲音，因為其他世的插曲片段可能進入他們的意識。大多數人對這種經驗是沒有準備的，但這些經驗相當令人安慰。賽斯書提到，「生命之前已被活過許多次的內在保證，正騎著它一起到來。」年紀大最怕的就是死亡，伴隨著老化，有些前世的片段會跑出來，它們要提醒你，之前你已經活過許多世了，而且你將再活。這可去除死亡的恐懼，對一個老年人而言，是多麼重要的經驗啊！

這樣的老人也許會喃喃自語，千萬不要把他當成精神錯亂、老年精神病，而貿然開藥，除非真的非常煩躁或混亂。但通常此種經驗是短暫的，且不會留下任何副作用。請再複習《健康之道》六大生命法則第四條：「我永遠被我是其一部分的宇宙所護持，不論我是否以肉身的形式存在。」

最後，知道轉世的訊息對我們有什麼好處嗎？有的。你會知道這一世的因緣為什麼會這樣，以及跟周遭世界會有的狀況。例如，為什麼一個男人周旋在三個女人當中，這是有原因的。但知道這些並不是要混亂這一世的重要性，而是為這一世做很好的補充，讓整個畫面更完整。但不必強求，該知道時自然會知道。

（取材自《健康之道》讀書會）

Oct.

16

先回來接受與面對現實

賽斯說死後的環境並不陰沉，相反地，它們比你現在所知的實相往往要熱烈和快樂得多。所以不需要畏懼死亡，換個角度講，我們只是學著在一個新環境裡運作，於睡眠和夢中，就已經在經歷相同的死後經驗了，所以我們要領悟到，死後經驗並非那麼陌生或不可解。

往生有個階段是選擇期，要決定走哪一條經驗的道路，例如再投胎一次，直到結束輪迴為止，或是選擇一個「可能的系統」，為下一個努力的目標。然而什麼時候會進入選擇時間，這要看一個人從肉身生活過渡之後的情形與環境。有些人做選擇不需花太多時間，幾乎立即決定。而有些人卻需要花比較多的時間，以便了解真正的情況，因為這種人必須丟棄許多阻礙性的概念與象徵，所以選擇要花很長一段時間，同時接受「老師」的輔導訓練。

為什麼會延緩選擇的時間呢？「主要的阻礙是一個人心裡懷抱的錯誤概念」，這些就是我們日常抱持的限制性信念。例如我們對天堂或地獄的信念，有人相信死後會上天堂，憧憬天堂的美好景象，直到他們學到「存在必然要求發展」，慢慢才發現天堂的生活，久而久之變成枯燥乏味、無聊透頂、死氣沉沉的境地；反而相信死後會下地獄的人，雖然到了地獄，但為了脫離恐怖可怕的環境，「自己的恐懼在內心激發了答案的釋放」，會比較快恢復神智。

還有自殺行為也會阻礙選擇時間的進行。「如果一個人殺了他自己，相信這個行為將永遠消滅他的意識，那麼這錯誤的想法，可能會嚴重阻礙他的進展，因為罪惡感會使他的處境更為惡化。」

原來自殺者最大的問題不是殺了自己，而是他相信他將永遠毀滅掉自己的意識。還有因自殺而產生的罪惡感，這個罪惡感甚至會延伸到下一世，所以我們很多的罪惡感都跟前世有關，而這一世經常做過度補償的動作。過去世沒有面對與處理的罪惡感，會延伸到我們的潛意識裡面，這一世內在會帶著很深的歉意與罪惡感，因此你常常會覺得好像虧欠了周遭的家人或朋友，因為曾經做了不能原諒自己的事，或許是自殺，又或許是殺了誰，所以最後你必須學習寬恕自己與超度自己，才能走出罪惡感的陰影。

「每個人都創造了他的經驗，這是所有意識與存在的基本事實。」信念創造實相在生前、死後都一體適用。但是存有還是很慈悲的，不論我們在哪一種情形下，總是有老師臨場指導，解釋死後真正的情況與介紹環境，並破解這些錯誤的信念。當往生之後，我們要了解，沒有一個特別設定的地方，那是所有人都必須去經驗的，所以無論是天堂或地獄的任何實相，都是幻覺幻相，賽斯向我們保證這些幻相絕對是暫時的。

當你活著的時候，有時候你要想，如果我今天離開這個世界可以嗎？總有那麼一天的。人對俗世的過分執迷同樣會產生障礙，這種人常堅持把他的感知能力與精力對準人世，在心靈上拒絕接受他已經死亡的事實，然後徘徊在家附近不肯離去。當然還是會有老師來解釋真正情況，引領此人走向下一階段。

在物質世界執迷的情況也是屢見不鮮，有人離婚之後，假裝自己沒有離婚；有人生意失敗，還假裝自己是大老闆；有人早已失業，還每天西裝筆挺，出門去「上班」；有人明明得到癌症，還說醫生騙人，不願相信。賽斯說信念創造實相，但你得先接受事實啊！拒絕面對、承認事實，說要創造實相，門都沒有！

如果沒有先接受事實，每天就會在自我欺騙中，許多人進入所謂身心靈的學習，想藉由宗教、靈修有所改變，卻沒有先接受既成的事實，那是在逃避，以為用靈性的成長，可抵消現實的面對。但是賽斯心法很殘酷地告訴你，眼睛請張大點，你就是五十歲、你就是離了婚、你就是沒有人要、你就是得到癌症，醫師說你只有三個月好活。認清現實吧！你才能開始創造實相。

很多快溺水的人，想要獲救，不是光在那裡掙扎，而是要先往下沉，腳踩到地，曲膝一蹬上來就得救了。賽斯心法就是要你腳先踩到地，才能跳起來。所以我會先跟

癌症病人說，「是的！你得到癌症了；半年後，依照醫學的統計，有九成的機率你會死掉。請你先面對你會死掉這件事，先不要想有什麼奇蹟式的復元或治療方法，先把遺言交代好，把生前告別式辦一辦，再過好每一天吧！當你面對可能會死掉，等到你放下、接受自己可以死了，就能來創造你不會死掉，然後再相信自己一定可以好好活下來。」人生遇到的種種挫折考驗，也一樣適用。

賽斯提醒我們，「任何一個在此生沒被面對的問題，就得在另一生面對。」誠實的自我面對永遠是學習身心靈必須做的功課，以前我們都用自我意識在追求目標，常常會落入執著且很辛苦，當你的自我放下了，就能夠去追求你要追求的。還是那句話，你對實相本質懷有什麼概念，將強烈地渲染你的經驗，因為你將以你的信念來詮釋經驗。

生命永遠處在「變為」的狀況，不用執迷過往，靈魂喜歡的就是感知與創造；但是，「如果選擇了拒絕經驗，肉體雖仍活著，也和自殺了沒有兩樣。」

（取材自《靈魂永生》有聲書）

Oct.

17

跟心中的敵人和解

現在的電視電影想要賣座，幾乎裡面一定有讓人咬牙切齒的壞人，善惡的對立與衝突，已經變成我們看待物質實相的慣性模式，而人類似乎也樂在其中，藉由不斷的善惡對立來學習與成長，但應該要進步了，賽斯心法要把這個觀念拿掉。

連宗教也在告訴信徒有惡魔與邪惡的存在，需要驅逐或避免。外在越泛道德化的人，越容易製造善惡對立，因為他們有更強烈的善惡觀，所以過度僵化的道德理論，反而會妨害靈性的成長。

賽斯說，「如果你相信所有的善必須被惡來平衡，那麼你就把自己束縛在一個非常狹窄的實相系統裡，而在其內含藏著極大痛苦折磨的種子。」抱持這種信念的人，在活著時造成身心極大的痛苦，連到了死後也備受折磨。

例如你遇到多少好人、好事，你可能會開始懷疑壞的去哪兒了，必然認為一定會有一個同等的「惡」隨之而至。當我們對人性有了善惡對立，容易有被迫害妄想，很容易常常假設人性是惡的，外面壞人很多，他們躲在暗處等著要害我們，因為新聞一天到晚都在播報。連國家也是，以前是萬惡的共匪，現在是萬惡的ＩＳＩＳ。人世間的所有東西，都是在玩投射，雙方互相指責對方邪惡，善惡永遠在對抗，永無寧日。

疾病也被醫學視為惡的，所以疾病是在身體層面的善惡對立。身體被區分為好細胞與壞細胞、好膽固醇與壞膽固醇。我們習慣把癌症當作壞東西，殊不知癌細胞背後的能量，是沒有被認出的善良意圖。它本來是要幫助你更快樂，捨下原來的執著，變得勇敢與追求幸福。你必須去導引這個能量，而不是只去切除、化療、放療，那是沒有用的。你一定要了悟這點，否則無法解脫，不管做任何中西醫的治療，都是在讓自己痛苦與折磨。

賽斯心法一直在講，請認出宇宙所有萬物以及人性的基本善良意圖。「那個善良意圖你們的世界裡很明顯。善良意圖在聯合礦物、植物及動物王國的合作性冒險裡，在蜜蜂對花朵的關係裡，是很明顯的。」人類卻相信其反面，相信別人沒有善良意圖，大自然不是基於愛的互助合作而生生不息的。賽斯說，雖然你們深深地對地震、暴風雨所導致的大破壞感到遺憾，但其實心知地震或暴風雨都並非惡的，它們不僅沒有壞的意圖，而且全盤的情況糾正了地球的平衡。

「老虎隨著牠的本性，但是牠並不邪惡，也許你們難以了解，但人類是善意的。你了解老虎是活在某種環境，而按照其天性反應。人類也一樣。人類的每件暴行，都是想要達到他認為是好的目的，而做的一個扭曲了的嘗試。他常未能達成那目標，或甚至不了解他的方法本身怎樣阻止他達到目的。」

賽斯說，所有達到目的的手段，一定要是善的手段，絕對不可以用錯誤的手段，達到好的目的。所以以暴止暴，不行。絕對不能用一個惡的手段，達到一個善的目的。經常我們會認為自己的本意是良善的、為他人好的、有理想的，但目的絕對不能讓手段合理化，例如為了杜絕偷竊行為，而訂定將小偷雙手砍掉的法律，這就是為了達到認為是好的目的，去做的扭曲嘗試。

看看外面的自然世界，動物的屍體變成植物的肥料，植物長成後，又被動物與人吃下去，海水蒸發變成雨落下來，又被萬物飲用，再被排放到大海。所有元素不斷的在大自然裡循環不已，沒有這種合作性的冒險，人類與萬物不可能生存下去。可是由於信念的偏差與執著，人類相信生存競爭與邪惡的存在，潛意識裡開始不安全，感受到威脅。人類看不到宇宙的善意，跟自然產生對立，更感受不到別人的善意，跟別人產生對立，老覺得自己是受害者。以致我們沒有活在平安與喜樂中，沒有覺得受到上帝的恩寵。

人類天生有合作的天性，天生有對同伴之誼的渴望，以及天生傾向於想照顧別人和做出利益他人的行為，這些都是我們生而具有的善良意圖，都被視而不見。你永遠要確定所有人類的善良意圖，一定要相信只有善沒有惡，才能得到平安、幸福與喜樂。

「如果有善，必有惡」這個觀念，其實都是自我意識玩的把戲。我們的理性頭腦為了要乾淨俐落的處理事情，為了試圖使人世生活對它而言有意義，於是設立了對比與敵對因素，當作基本假設來運作，一定要有平衡才行。可是從內我更大的角度來看，「惡只是無知」，沒有神佛魔王、天使魔鬼、上升下降的二元對立。

然而很多人終其一生，從來沒有看到別人的善良意圖，從沒有放下對立與仇恨。例如兩岸關係，互相把對方視為敵人，你如果把對岸當敵人，它就真的是敵人；白人警察越把黑人當敵人，就會有越多的白人警察被黑人所殺。

你一定要開始覺察與面對，否則敵人會在各種場合，以各種形式出現在你面前，包含政治、商業、宗教、感情和身體等等。例如醫學把癌症、疾病當敵人，就會有打不完的敵人、治不完的疾病，它們會復發、擴散或轉移，會變成狡猾、萬惡的敵人。但是所有敵人都是我們內在的投射，原來敵人從來都不在外面，而藏在我們心中。

賽斯提醒我們請看到這世界仇恨、戰爭、對立背後基本的善意。我們很容易把人類的行為，解釋成邪惡的意圖，但沒有人真正抱著純粹要做錯事或為惡的意圖。「由於你們對報紙上的世界和人類行為的負面報導貫注過深，因此每個男人和女人基本的善良意圖，就真的很容易被忽略。」雖然人的作為看來是愚蠢與破壞性的，但其背後仍是善的企圖，也不要把人類的行為與本質混淆，人類是很容易扭曲和迷失的。

相信善惡對立的信念，讓我們內在產生分裂衝突，它阻止了人去了解內在其實需要統一與合一，以及眾生是互相關聯與合作的事實。你這輩子一定要跟所有的「敵人」和解，「你心靈若要有任何的平安，你必然得相信人類與生俱來存在著善良意圖。」這善良意圖沒有人曾經失掉它，它是世代相傳的，代表了人類的希望，它一直持續點燃著。最後的關鍵一定是必須化敵為友，靈魂一定要和解，才能獲得真正的平安。

（取材自《靈魂永生》有聲書）

Oct.
18

孩子的信心指數

要怎麼教育孩子?父母得先自己心靈成長,才是第一要務,自己內在的改變、心靈的整合、自我的覺察,才是改變孩子最大的力量。不是把孩子交給老師、精神科醫師來改變,他們沒那個能力啦!孩子會從大人的身上,有形無形、語言與非語言的心電感應式學習,不是你說什麼,而是你是什麼。

父母跟孩子的互動上,一定要建立在尊重的基礎。你要讓孩子如何學會尊重、尊敬你這個媽媽(爸爸),不要讓孩子覺得媽媽所有的付出是「理所當然」,會把你的孩子寵壞、變成孩子的奴隸,也表示你沒有愛自己。一個沒有愛自己的爸爸媽媽,養出來的孩子將來一定會很糟糕。或許你以為對孩子是最好的,可是他的下場會很慘,有可能會變得很自私,只在乎自己;也有可能會過度壓抑自己,完全沒有自我,而去迎合討好所有的人,很多小時候是小霸王的孩子,到長大後,都變成小孬孬。因為他們進到社會無法適應,就把自己放很低,去討好、迎合別人,無法做到不卑不亢。

什麼叫不卑不亢?我有我的權利,跟別人互動,不覺得有什麼自卑,也不覺得別人都要聽我的,這叫做「互相」。這是很多父母犯的毛病,當孩子小時沒教會他們要

「互相」，很多東西都覺得理所當然。但孩子長大後，發現這個社會沒有跟他理所當然，因此受了很大的傷，卻不明白發生了什麼事，為什麼大家都不聽我的、不像我的爸媽任由我差遣？

在兒童心理學裡面，當一個人的需求滿足可以被延遲的時候，表示這個人將來在社會上成功的機率越高。因為他會比較成熟，懂得等待、忍耐，也比較能配合他人。孩子的需求可以被延遲，表示你可以跟他溝通、討價還價，告訴他什麼原因，學會體諒。

身為家長的你，不能一天到晚在乎孩子功課怎麼樣、有沒有在念書，或學業成績好不好。每個家長都要問自己，「我這個孩子信心指數怎麼樣？」說句實話，我寧願你的孩子功課普通，但是很有信心，也不要你的孩子都是名列前茅，卻沒有信心。如果家長總是指出小孩的缺點，沒有多讚賞他的優點長處，經常貶大於褒，老是用指導、命令的教育方式，即使小孩的功課好，將來也不會有太大的成就，請這種家長心裡要有數了。

根據很多的研究報告，決定一個人長大之後的成就，都不是當初考第幾名，而是這個人背後有多少的信心指數。所以信心比起能力、學歷，更是決定一個人未來的成就指標。

在面對新時代的孩子，我們首先要做的是信心教育，相信孩子一定可以找到他的路，因為生命最後自己會找到出路。信任、信任、還是信任，信任就是一種信心教育，沒有信任教育就沒有信心教育。當孩子出問題時，你不要急著要他怎樣，你始終保持信心，這就是修行了，需要學習，因為你的態度是最重要的。

再來要做靈性教育，以前都是向外比，靈性教育是找到真正心靈的力量與潛能，怎樣跟宇宙的智慧心靈交流。然後做獨特教育，幫孩子找出他的獨特性。每個孩子都是屬於他那個領域的第一名，孩子的優不優秀，絕對不只是功課那一樣，功課第一名不等於優秀。這不是說功課都不重要，當孩子找到他的獨特性和信心，功課自然會越來越好。

在學習上，有不會不懂的立即發問，在學習上相當重要，因為人不可能什麼都會。縱使小時不佳，經由「不恥下問」的習慣，也能慢慢的學習上來，尤其在大學階段特別重要。如果孩子自尊心過強，不肯請教別人，遇到問題無法向老師、同學求助，他永遠學不會，凡事只能靠自己。

有父母說他們的孩子非常容易緊張，常常勸他放輕鬆，用平常心，不用拚第一名

不可，但是仍然沒用。我會跟他們說，你們過去是什麼，現在又是什麼？你們自己兢兢業業，絕對不容許自己犯錯，對自己高標準高要求，所以都是在頭腦層次跟孩子講不要自我要求過高，自己都沒改變，小孩怎麼可能改變！

未來你的孩子絕不是用競爭比較的策略，而是找出他的特色是什麼、獨特性在哪裡，絕不是拿你的孩子跟別人比較成績、成就，孩子不是去外面要學什麼，而是你如何啟發孩子心靈的寶藏。過去強調的是競爭比較，但未來絕對不是用這種策略，而是你必須找出孩子的特色和獨特性。

有很多家長老是擔心孩子愛玩、愛上網，但是不愛讀書，成績會不好，於是常常問要怎樣讓孩子愛念書？其實那是老師跟家長沒本事。你要建立一個概念，孩子只要能專心的玩，就能夠專心的念書，玩跟念書不是對立的，只是我們沒有辦法把那個東西轉移過來而已。我們要想辦法使孩子在念書中找到樂趣、成就感與自我認同，覺得念書跟玩一樣的有樂趣，而非念書是必須、應該要做的，否則就會被打被罵。

未來台灣競爭的優勢在哪裡？不是用比較用競爭，而是要為孩子找出他的獨特性。每個靈魂來到世上，都有它的使命，宇宙賦予每個人不同的獨特性。建立孩子的信心，要鼓勵與欣賞他，而不是用競爭比較的心態，以致讓他失落信心。因為對自己有信心，慢慢會發現自己厲害、與眾不同之處。信心若建立起來，他今天會克服困難，就算競爭能力沒有贏過別人，也會慢慢找到自己的一片天。

Oct.

19

心靈知曉一切的答案

科學家一直對於宇宙及物種起源的答案很好奇，賽斯卻說這個答案，恐怕是存在於我們大半忽略的領域，「就是在那些你們認為最不科學的領域，以及那些看似最不會產生實際結果的領域。」或許最「不科學」的答案，才是真正的答案，現在的科學只是在自己的架構內，狹隘地製造出我們所謂合適的結果與答案，卻不能滿足靈魂的需求。

要找到宇宙起源的答案，我們必須從生活當中去研究，看進自己的「思想」和「情感」模式，以「直覺」和「創造」的本能去看周遭生物。因為在這些活動性之內，才能獲得宇宙和心靈起源的暗示。

你必須勇敢的去探入你的內心世界，因為答案本來就在我們心裡；別人可以跟你討論、給你意見、引導你、啟發你，可是解決一切問題的答案都在心裡。

「你自個兒的主觀感覺，你每一刻的親密經驗，這些都擁有你感覺宇宙所擁有的同樣神祕性質。」我們要獲得資料，不必然一定是從客觀的知識或理解而來，有知識不代表就是有智慧。然而我們頭腦一直強調的是證據，研究宇宙，最重要的是主觀感受。

賽斯舉例說，一位詩人對宇宙和自然的觀點，因為他理解到更多的自然，所以反而比科學家還更科學。以及當小孩子看到第一朵紫羅蘭的時候，那種歡喜又敬畏的笑容，顯示他的心靈與花兒的意識合一，了解到花兒內涵的深度，已經比一個學識淵博的植物學家要深得多，雖然植物學家懂得許多花草的名字與分類。孩子體會到的意涵，就好比迦葉尊者「拈花微笑」的境界，這就是心靈的知曉，真正了解宇宙物種的本質，與科學性的圖解、實驗或解剖所得到的資料完全無關。

心靈跟知識的差別在於，譬如你要走路這回事，不需要對其身體內在的機制活動，具備任何有關的知識；不論你有沒有研讀過有關身體解剖學，或其各部位相互作用的資料，你天生就能走得相當好。所有外在的各種資料，對你走路這回事完全沒有任何幫助。「你所覺察到的自我，顯然無法為你形成你的身體或讓你的骨頭成長。但它知道如何估量世界的狀況，它能演繹。你的推理能力是極為重要的，但單靠它卻不能壓送出你的血液，或告訴你的眼睛如何看。」

你的身體知道如何走路，知道如何療癒自己，如何運用滋養，如何更換細胞。這「知識」是與生俱來而付諸實行的，不用從頭腦的知識去得到有關的資料。所以你其實不需要太擔心身體會生病，身體天生就會自發地把自己顧好，反而是你的錯誤的概念，造成負向的精神習慣，干擾了身體正常的運作與調節功能。

賽斯曾講過，一個對身體沒有任何知識，而相信身體天生會健康的人，比一個

擁有豐富身體知識的人，前者對人的健康更有幫助。這就是心靈。常常我們都被頭腦騙了，就如同呼吸一樣，雖然你不知道吸進的每一口空氣，是如何透過肺泡做氣體交換，但你呼吸得很順暢自然。這就是神奇之道。

賽斯也提到，許多宇宙的重要工作，神奇之道已經幫你做好了，所以我們認為的頭腦思維和感受，之所以能夠運作，是因為內在的神奇之道早就幫你統統準備好了。當人類不斷在使用思維的時候，其實忽略了在我們的內在世界裡，大部分的工作，其實都已經幫我們準備好了，但我們卻常常覺得自己是孤單的、跟內在宇宙是分離的，那是我們並沒有去覺察到那些內在神奇活動的內涵。

理性、理智擁有的知識越多，不代表了解自己的內心越多，智慧也不見得越高。一個運動家沒有什麼體育知識，也能表現超絕；一個學有專精的心臟專家，不代表他的心臟一定比別人要好。從小到大我們在學的知識，有可能都是小我的知識，不代表從我們內在而來的「直接知曉」。心靈擁有直接知曉的能力，就像六祖慧能不識一字而能開悟，通曉佛經。我們很少體會到，真正的知識是由內而外的。

「當你與你的心靈有聯繫時，會體驗到直接的知識。直接的知識即理解。當你做夢時，你是在經驗關於你或世界的直接知識。」通常人已經跟心靈脫節了，並沒有從心靈去獲得我們需要的知識。我們慢慢的要把心靈能力打開，包含如何在夢境中學習。

我們要植入一個信念，人的心靈有直接知曉的能力，它知道一切的答案。心靈直接知道宇宙形成的奧妙、大自然一切的知識，但是後天的教育，卻從來沒有鼓勵過這件事。心靈雖然知道所有的答案，但我們還是要學習與訓練，後天的學習應該是作為輔助與啟發用的。

「事實是，答案在你自己的經驗裡。它們在你自己的自發行為裡，也就是你身心的神奇活動裡，就暗示了。」

（取材自《心靈的本質》讀書會）

Oct.
20

一切都是能量的投射

我們都有憤世嫉俗、尖酸刻薄、自卑膽小、恐懼不安的自己，這些都是我們黑暗面的自己，如果你沒有覺察，會累積成為負面的能量。賽斯曾提到魯柏與約瑟兩夫妻去海濱度假的那件事，他們親眼看到一對似曾相識的老夫婦，「在約克海灘舞廳的那對男女，獨自坐在舞池對面的桌邊。他們是你們尖酸刻薄的自己的片段體，是你們的負面和攻擊性的感覺拋出的具體化。」

長期累積負面的或攻擊性的能量，會投射成為比較差的形象片段體，也可能成為病痛、意外事件，或許許多多人生的痛苦、不順利。魯柏與約瑟在對抗他們所投射出去的形象片段體，可是換在我們身上，可能對抗的是疾病，藉由對抗某個疾病，其實是在對抗負能量。

例如負面能量投射為疾病，它們轉變成為癌症，還有慢性病，如胃潰瘍、高血壓、糖尿病等等，以及其他具體的疾病，如子宮肌瘤、乳房纖維囊腫、鼻息肉、腦瘤、脂肪瘤等等。然後再跟這個「形象」對抗，不管是做什麼治療或飲食改變，其實那就是你學習的過程，藉由在對抗疾病的任何部分，你是在認識你的存在。

賽斯心法最大的不同是，任何疾病都是我們修行的最佳功課，要藉由所有的疾病，認出那個負能量的自己。而且你投射出去的能量跟你的氣色有交互影響，如果某段期間你經常沉溺於負面的思考、低落的情緒裡，臉色看起來會比較差和蒼老。

例如很多高血壓的人，現在問他是否脾氣不好或個性急躁，他會否認並反駁，舉證說周遭的人都說他脾氣很好，可是仔細追溯，原來他年輕的時候卻不然，性格的本質可能是壞脾氣、沒有耐心，隨著歲月的磨練，他已經把脾氣壓到潛意識底層裡，有時候一個人好脾氣，只是表面裝出來的。

賽斯解釋，因為我們的攻擊性在意識上控制得相當好，假如內在性格的矛盾或攻擊性能量被壓抑而沒有好好處理，久而久之，還會固化而不會變質，產生破壞性。例如看人家不順眼、憤世嫉俗，不管你對誰不順眼，那個能量是自己的。

又譬如你肩部有肩膀關節發炎的症狀，疼痛而抬不起來，除了一般的治療外，還是要去看內在的攻擊性能量，覺察內在有沒有在抗拒什麼，是否在抗拒一段關係，或一份工作、角色跟責任，以致用手痛到舉不高，以便限制自己的衝動與行動。例如抗拒當一個女兒、老闆、家庭主婦的角色跟責任。

你的病就是你，你的病就是內在某部分你的投射。例如因為關節炎而無法行動，就是有某一個你，不管什麼原因，他不想行動或害怕行動。所以我們要經常注意自己，是否有可能意識上沒有面對，累積了嚴重的破壞性能量。

所有的自體免疫疾病，像乾燥症、紅斑性狼瘡、類風濕性關節炎、腎臟病，它內在一定隱藏著一個很強大對自己的負能量，就是怨嘆自己沒路用，覺得自己不夠好，內心很多的自我指責。就好比憂鬱症的患者，在鬱期發作的時候，都會有一個現象，常常會覺得都是自己不好，「一切都是我的錯」，這是一個壞習慣，很多人一邊覺得自己不好，一邊卻又改不了。如果自責又改不掉，幹嘛自責呢！

但是我們經常也會跟別人說，「一切都是你的錯，都怪你不好，都是你害的。」經常會這樣怪別人的人，就會這樣對自己說話，內在隱藏著責怪自己的模式，儼然是受害者的姿態，把責任推給別人就沒事了。

學習賽斯心法後，你要認出來，絕對不要再當受害者了，受害者是拿不回自己力量的族群。受害者像「變形金剛」一樣，常常有很多隱藏的形態，包括大家都不了解我、大家都對我不好、沒有人了解我、沒有人幫得上我的忙、最後還不是一切都要靠我自己、我做的事別人都看不到、我經常被主管誤解，經常說這種話的人，其實就是不知不覺把自己變受害者，這些是變形金剛式的受害者情節。

我們常常覺得是很多東西的受害者，例如，我的不幸福都是我的伴侶、婆婆害的，今天的不快樂與不順利都是社會的不公平害的，反正一切都是阿共的陰謀啦！我們很習慣統統怪別人，千錯萬錯都是別人的錯。如果不擺脫受害者的心態，你不會拿回力量，越懷抱這個信念，你會越活越痛苦悲哀。

我們常常都是事情發生了，才去找背後的蛛絲馬跡，過一段時間後，回頭去看，你會覺得一點也不意外，但在當下你會驚訝「無常」。例如孩子為什麼會離家出走、婚姻會破裂，你可能會說都跟你無關、都不是你的錯、都不用負責、都是被害的。會不會某個部分，我們其實是加害人，因為我們一直活在不甘願、受傷、委屈裡面，只看到別人對我們做了什麼，可是沒有看到我們自己。從對方的角度，其實我們是更大的加害人。

透過心靈的覺察，透過你跟別人的愛恨糾葛，而看到裡面所有心靈的運作，最後解脫掉自己的痛苦，而讓真正內心那一份愛的能量起來。當你發現自己不只是受害者，同時也是加害人，但已不存在了。原來這就是輪迴轉世，所以這一世的受害者，可能是下一世的加害人，這就是真正眾生一體跟同理心的概念。

賽斯激勵我們，「在破壞的同時，你們也在創造。」有破壞性的負面能量，當然也有創造性的能量，這創造能量仍存在於我們的潛意識之內，要把它們釋放出來，變成有意識的創造者。所以在命運最糟糕的時候，同時也是最大的轉機，你不知不覺創造出那些糟糕的命運，但不知道那是你的能力。

從來問題都不在於我們的黑暗面，而在於我們不去面對跟接納。一天到晚點光明燈不見得有用——如果你的內心還是一樣的黑暗。要開始面對你的內心，起光明、喜悅的念頭，對未來人生充滿興奮、大量喜悅期待，陽光般的念頭比陽光還重要。賽斯講過，縱使是最負面的自己，都有轉化的機會，其背後都隱藏了很大的創造力。

（取材自《早期課1》讀書會）

Oct.
21

覺察精神上的懶惰

很多嚴重的身體疾病與心理疾病，都跟懶惰有關。這無關於你是否懶得做家事，或不想去上學、工作之類的怠惰，而是精神上的懶惰。什麼是精神上的懶惰？常常容許自己的內心雜亂無章，幾乎不肯自我面對、自我整理或自我覺察，例如遇到困難就馬上逃避，不想怎麼去面對，遇到痛苦與衝突，馬上就假裝沒有。

有了精神上的懶惰怎麼辦？每天要花點時間面對自己，去覺察看看，「我的內心到底是個怎樣的人？」例如當我們在覺察的時候，發現了一個每天在比較和嫉妒的自己，有競爭和不安全感的心理。此外，還要學習如何接納這不夠好的自己，很多的問題都不在於你不夠好，也不在於自卑，而是自卑但是沒有去面對，不敢面對、接納、承認你的不夠好。你通常把不夠好的自己藏起來，然後努力表現出好的自己，呈現出來給別人的是報喜不報憂、完美主義、好強、愛面子的外在，把不夠好的、差勁的、自卑的樣子放在心裡，不敢讓人家發現。

每天花一點時間去覺察自己很重要，不只是你所認識的自己，還包含了你不敢面對的自己，那些自卑的、恐懼的、憤怒的、想放下一切責任的自己。

賽斯說，「雖然你們在意識上沒有認出他們，但在無意識裡，你們知之甚詳，在無意識中，你們看見自己破壞傾向的形象，而這些形象自身又激起你們去對抗它們。」常常我們表面意識不知道，但內心統統知道。為什麼我們要去了解內心？因為所有的答案都在內心，所以你一定要夠信任自己，願意聽自己內心世界的聲音，不要一直聽外面世界的聲音。

例如，每年都有流行性感冒的爆發，時間點大概都是在耶誕節到新年及農曆年，為什麼會這樣？因為我們在面對這些節日到來的時候，也是內心最焦慮的時候，要面對年夜飯的壓力、平常就很不喜歡看到的人、回父母家或公婆家、今年的成績單和業績好不好，當面對這些壓力時，內在存在著無力感，而集體的無力感就是流行性疾病爆發的根源。真正傳染性疾病的預防，是要從民眾的無力感著手，但醫學看不到，它只考慮病毒疫苗、氣候、傳染途徑，並不知道真正發生的原因在哪裡。很多流行病根本跟病毒無關，那些流行病受害者是死於對生命的無奈。所以打不打預防針，我沒有意見，可是如果今天你能夠面對心中的無力感，內心有力量與希望，就不會變成流感的受害者了。

賽斯說，那些形象，例如無力感，就是你們自己，而這個事實顯示，雖然你們的破壞力具體顯現於外在世界，但其實已經轉向內在。「回想起來，你們可以說這個效果具有療癒作用，但是，如果你們在潛意識接受了這些形象，那你們個人和創造力都會開始發生嚴重的變質。」

在負面的破壞性能量已嚴重累積下，賽斯建議，「劇烈的行動是最好不過了。」有時候在面對負面能量的時候，採取一個劇烈的、具體的行動，讓你的生涯做一個轉變，可以馬上把負面能量蒸餾。當你採取具體有力的行動時，使你脫離平時的物質和心靈環境，也不必盡日常生活的義務，可以釋放這些能量。

而採取行動的能量，來自我們心靈的庫存，它們保留在潛意識裡，以備不時之需。所以有時候我們在嚴重的心理衝突時，潛意識會給我們能量，突然給出一個洞見、直覺與靈感，指引我們一個明確的方向，自己就不再掙扎、猶豫不決了。潛意識某一個自己會跳出來救我們，賽斯說，這時候就要使用神奇之道，你只要簡單的告訴自己：「那不是我的領域，我要將那問題的解答留在它所屬的地方，在這兒，我們將利用神奇之道。」

例如你想要腫瘤好起來，但如何療癒並非你熟悉的領域，所以要把讓腫瘤好起來的這個問題，留在它的那個領域。然後告訴自己，「我將使用神奇之道，雖然不明白它是怎麼運作的，可是我將信靠神奇之道來幫助我，療癒我的健康。」具體而言，你可能不知道如何讓自己賺到很多錢、生命重大的決定怎麼做，可是你將動用神奇之道來幫助你。

「形象片段體其實擁有其雙親全部的力量，只不過那些力量可能潛伏著。」你今天就可以決定要當一個負面、憤世嫉俗的自己，還是做一個快樂、喜悅、滿足、相信人性本善的自己。很多思覺失調的過程是，此人容許他的主人格被次人格取代，他創造出一個負面的自己，最後被這個負面、不快樂的自己篡位，坐上主人格的寶座。賽斯說，我們真的會被一個負面的自己所取代，但是決定權還是在我們身上。你要當哪一個自己、成為哪一種人呢？

（取材自《早期課1》讀書會）

Oct.
22

自我欺騙造成假象的後果

到醫院診所看病，經醫師診斷後，領藥回去服用，是最迅速解除症狀的方式。例如你五十肩或關節疼痛，整隻手痛得抬不起來，使用非類固醇消炎鎮痛劑之後，可能相關部位在幾個小時內可以維持止痛效果。到底經過藥物治療而達到所謂的健康，跟真的打從內心，不管是做心理治療，還是身心靈的學習，所達到的健康狀態，有什麼不一樣？

例如，以前一個心理治療療程，一星期一次可能要做三年，現在只需要吃兩個月的藥，就能使你擺脫憂鬱的情緒，從悲觀變樂觀，也不用花那麼多的治療費。所以自從百憂解之類的藥物發明後，心理治療就走下坡了，因為全世界的精神科都在開藥，失眠焦慮也是，只要吃藥，症狀瞬間就減輕了，所以大家會說：「幹嘛要身心靈成長、做心理治療，太麻煩了，我吃藥就好了啊！」

所有的身體疾病也是比照辦理，去看醫生就好了，反正醫學能醫嘛！因此整個醫學發展，慢慢變成只要按照醫療的模式，就算得到癌症，無論化療、開刀、標靶治療等等，都有各式各樣的方法可對付疾病。憂鬱症吃藥當然會改善，失眠吃安眠藥當然

會睡得著，焦慮吃抗焦慮藥當然會降低，身體痠痛吃止痛藥，還真的會很有效。

我絕對不否定西醫與藥物，它們真是非常有效的治療方式。但無論是使用藥物，還是在身體層面做其他治療，就像是在生理上造假帳，涉及了生理上的欺騙，生理現象、檢驗數值似乎變好了，血糖、血壓或膽固醇等等降低下來，你好像也覺得效果展現了，身體變舒服了，然而所有的進步都是假象，造成疾病的真正內在原因仍在，裡面還是沒有改變。

假設今天這個人變得樂觀開朗、不憂鬱，是藥物導致的，是藉由大腦血清素的變化，這個生理上的假象會更加使你的開朗產生無力感，因為它不是你自身的力量導致的，藥物進一步削弱了你的心靈能力，你跟你的心靈距離越來越遙遠。其實你的內在沒有這個能力，人格沒有整理好，沒有面對痛苦跟壓力的能力，可是藥物卻在血清素、大腦的層面，創造出一個假象，讓你覺得好多了。

賽斯心法沒有反對吃藥，可是如果你只靠吃藥，來讓自己健康，而從來不願意從身心靈去探討，那就要倒大楣了。你要知道所有藥物的治療都是短暫的，治標不治本，必須從心靈的角度來問自己，「我為什麼生這個病？是我哪一個黑暗的、負面的、不敢面對的自己創造這個疾病？」賽斯心法是透過你心靈的改變，做一個能量的釋放和發揮，內在熱情的展現，讓你的血壓、血糖自然下降，而不是藉由吃藥，硬改變你的生理現象，創造出正常的假象。

賽斯曾提到，我們體內化學的變化，例如荷爾蒙狀態，如果不是信念的改變造成，而是藉由用人工藥物來遮蓋，病人的問題依舊存在，而且會導致更嚴重的後果。「就個人而言，這種投射到外面的問題永遠不能真的被解決，因為它們的根源沒有被了解。」疾病也是同樣的道理，若根源沒被了解，任何外在的努力都不會真正有效的。

我們的心理經常自我欺騙。好比你今天很悲傷難過，可是要去參加同事的婚禮，不能臭著一張臉去啊！縱使心裡悲傷難過，臉上還是帶著微笑，那是假的開朗。有很多陽光型憂鬱症的人，有人在場他就搞笑，當人家的開心果，可是他內心知道自己是悲觀、不快樂的，尤其當一個人的時候，就悲傷得不能自已了。就算不是使用藥物，我們都可能自我欺騙與偽裝，甚至壓抑住真實的感受。的確，我們可以是內心很難過，表情卻是掩飾住的；內心可以很無助悲傷，表面上卻不想接受別人的幫助。

意識心或自我意識具有卓越的自我欺騙能力，而且這能力從小就開始培養了，我們常常用頭腦在欺騙內心，否定真實的感受，可以做到表裡完全不一致。例如你可能根本不愛這個人，只是因為他的收入跟安全感，所以跟他在一起，自我欺騙自己是愛他的。所以，絕對不要忽略人在心理上具有卓越的自我欺騙能力，因為我們有一個小我、頭腦、自我意識，甚至可以自我欺騙到「感覺不到自己的感覺」，明明你的感覺是東，可以硬把它說成是西。明明一個已經罹患嚴重憂鬱症的人，心裡已經有自殺念頭了，他有可能告訴你一切都很好。明明你心裡孤單寂寞得要死，還回答人家說自己喜歡獨處。

當我們開始走身心靈道路的時候，至少不要做到自我欺騙。你必須很真實地面對自己真實的感覺，這是學賽斯心法時，唯一且最重要的要求。憤怒就是憤怒、嫉妒就是嫉妒、想占有就是想占有、沒有安全感就是沒有安全感、自卑就是自卑、好色就是好色、貪心就是貪心、小氣就是小氣、壞脾氣就是壞脾氣，沒有什麼好丟臉的，很誠實的自我面對與接納。

如果你是一個不對自己真實感受誠實的人，說要身心靈成長，門兒都沒有，學再多的理論、看再多的書，都是假的，因為你沒有面對自己。再次強調，你一定要很真實地面對自己真實的感受，絕對不要欺騙到，連自己都不知道到底真實是什麼樣子。

（取材自《個人實相的本質》讀書會）

Oct.

23

主要經驗與次要經驗

賽斯提到，事件的發生對我們而言，產生了主要經驗與次要經驗兩種。主要經驗就是，在我們時間的這個片刻裡，身體與環境的接觸，直接以感官方式存在的經驗；也就是你現在坐在這裡，當下的這一刻，你的眼耳鼻舌身對周遭的直接感官經驗。

次要經驗則是，「那些透過如閱讀、電視、與他人討論、信件等而來的資料。」這些經驗大半是象徵性的，例如你坐在家裡的客廳看電視，看到台南的地震，大樓傾倒下來，你的主要經驗是溫暖的客廳跟安定的環境，次要經驗是你透過電視，看到當地的人們被地震壓死。

賽斯舉例說明，「在一個安靜的、陽光普照的下午談到戰爭，與你在那戰爭裡並非一回事，不論他形容得如何栩栩如生。或者讀到能源短缺，與你坐在一個寒冷的屋子裡面不一樣。」

人活在兩個世界，一個是當下的物質環境，一個是活在自己觀念的世界裡。你永遠要記得這件事：「我活在自己主觀的觀念世界裡。」每個人都活在自己的認知與觀念裡。當你主觀的觀念世界出了錯誤，就算你的物質環境很好，也會充滿了焦慮、憂鬱、恐懼與沮喪。好比說，你有沒有可能坐在一個平安的房間裡，而感覺世界末日要來臨了；或者走在街上，卻覺得隨時有人要害你。

找出你活在哪一個觀念的世界裡，非常重要。因為身體不只對實質的物質環境起反應，它更會對你所活的觀念世界起反應。「在我們所關注的層面，身體主要必須對當下的、即刻的、時空裡的主要存在反應。在其他層面，它有設備去處置許多其他種類的資料。但身體靠著有意識的心智，來給它對所占據的精確時空情況一個清楚的評估。」

你十分安全地坐在一間舒適的屋子裡，眼前沒有危險，然後開始去想沒有工作後，怎麼活下去，或萬一天塌下來要怎麼辦，這是神經病！因為身體會收到兩個東西，一個是你的頭腦不斷傳給它的，關於實相的概念；一個是身體不斷的針對當下的物質環境起反應。

所以我們給身體的畫面常常是矛盾的，明明在安全溫暖的房間裡，可是給身體的畫面常常是恐怖的、擔心的、害怕的想像畫面。身體機制嚴重地迷失了方向，因為給身體的訊號非常矛盾。大部分的生病成因是，身體累積了一段時間的負面能量，它必須用疾病來釋放這些能量。

「如果以主要經驗來說，是自然地安全狀況下，你被來自次要經驗的不安全信號嚇壞了，例如由閱讀或不論什麼，而表現出缺乏辨識力。你不能分辨身體上目前安全的狀況，與那想像中也許是不安全的情況，而導致了危險的警訊。」如果這種矛盾的狀況繼續下去，你就不再知道自己是在真的危險或想像的危險裡。「於是你心智強迫身體處於一種經常的警備中，更不幸的是，你訓練自己去忽略當下這一刻你直接的、感官的回饋。」

賽斯說，我們不斷用想像力，把假警報投射到當下這一刻，還繼續投射到未來每一刻，「身體今天不能做明天的事，它的感官必須清楚。這導致無行動能力的感覺，引起了不同程度的無望心情。」這就是為什麼那麼多人活在無力感與絕望之中的原因。這種焦慮不安來自你的頭腦，你能夠預防孩子不被壞人砍頭嗎？永遠無法預防，你永遠是用想像的畫面，而讓當下這一刻，變得焦慮不安和恐慌。所以對所有災難的預先冥想，完全沒有好處，並且吸引它的機會將大大增加。你如果每天都在發防空警報，在還沒遇到那些瘋子之前，身心早已疲倦而生病了。

我們的頭腦、自我總是不讓身體活在平安喜樂中，身體無法經常處於警戒與危險中，它必須每隔一段時間排除負面能量，這就是生病。人必須平安的活在當下，才能過日子。因此修行就是永遠問自己，「我經常在什麼心境中？我經常活在什麼樣的心態裡？」世界上為什麼那麼多人得到失眠、焦慮症？全都是被次要經驗取代了主要經驗。賽斯心法是請你趕快用所有的主要經驗，回頭來取代次要經驗。

由於次要經驗的渲染，以致我們常常忽略了在日常生活的片刻裡，那豐盛美好、活力與安適的感官實相。安住你的心，身體就能健康，身心皆安頓。這並不是說要把眼睛轉開，不去看世上悲慘的情況，而是專注於當下切身的主要經驗，簡單的說，就是「活在當下」。如此做時，「你盡了責任，能在自己的經驗裡有所行動，因而影響別人。」如此就可以依你所能，對世界有所助益。

（取材自《心靈的本質》讀書會）

Oct.
24

用「快樂原則」過人生

有時候伴侶愛不愛我們、外在環境安不安全其實沒那麼重要，那是一個外在的事情。可是你有沒有覺得你是被愛的、安全的，這種感覺其實是比較重要的，因為它是直接作用在你的身心。

很多時候你可能都知道，自己很在乎別人對你的看法、沒有安全感、很怕人家誤解，可是並沒有從這一點去深入的探討。很多時候你學習身心靈成長，都停留在頭腦的知道。我知道、我知道，常常都是我知道，但那是不夠的！任何的負面情緒、心態是需要深入的覺察它，並且繼續探索，在乎人家看法的背後是什麼？我為什麼那麼在乎？有沒有辦法做到不在乎？因為我們可能知道，卻又同時維持以前的慣性，負能量就繼續累積。

當我們很努力向上，覺得自己一直是個很堅強的人，請記得回來照顧那個軟弱的、不夠堅強的自己。

當你覺得自己一路都表現得很好，而且被人家肯定，你一定要回來照顧那個害怕表現得不夠好、不被肯定的自己。

當你一路以來都很成功，表現得很優秀，請記得回來照顧那個萬一你是失敗的、不夠優秀的自己。

當你一路以來都是承擔責任的人，而且把每個責任都擔負得很好，你一定要回來照顧那個其實什麼責任、壓力都不想承擔的那個人。

當你一直都很累，覺得自己都是孤軍奮鬥的時候，你一定要回來照顧那個其實很想休息的自己。

心靈一定是平衡的，可是我們常常急於當某部分好的自己，而忽略了回來照顧後面那個負面、陰影、黑暗的自己。例如你想當個脾氣很好、修養到家的人，經常氣一上來就把它給壓下去，是否已經忘了回來照顧那個壞脾氣的自己。你一定要記得這個，經常不斷的自我提醒，才不會容許內在負面能量累積到某個濃度，最後導致憂鬱症的發作，或產生任何疾病讓你倒下來。

如果一個人的過去，是藉由一直表現得很好而被父母與他人肯定，那萬一表現得不夠好，或做得很失敗的時候，還覺不覺得自己是被愛、被包容與支持的呢？所以，當你表現得很好的時候，例如當上了律師、醫師，賺到幾百萬、幾千萬，回到家受到父母及街坊鄰居的肯定，先不要高興得太早、爽得太快，因為爬上山終究要下山的，只有最後一次「出山」才不用下山。你內在一定有一個自己，它永遠在懷疑：「若我表現得不好，他們還愛不愛我？當今天我失去光環了，還能不能被愛？」

任何人不發脾氣，不跟人家起衝突，當然人際關係好啊！你要問的是，「如果我今天發脾氣、不聽爸爸媽媽的話了，他們還愛不愛我？」或者，「今天我跟你關係很好，沒什麼好奇怪的，因為我都聽你的，但若我不聽你的了，我還心不心安？」你錢賺得多，被先生或太太肯定，這沒有什麼好高興的，但是有一天，萬一你錢賺得不夠多呢？還是不是被愛的？事情總有一體兩面，我們常常只看到一面，忽略了還有另一面。

照顧那個害怕不夠好的自己，跟另一個可以覺得自己不夠好的自己和解，簡單來說，就是真的打從內心相信，自己是可以不夠好的，而且還是被愛的！但這並不是說，你不能越來越好，因為本來每個人就一定會越來越好。然而當你在越來越好的過程當中，你有沒有相信，你是可以不夠好的。甚至一個越相信自己是可以不夠好的人，他才能真的越來越好，而且這個越來越好才會持續下去，否則到某個階段一定會掉下來。

還有一點非常重要的是，在你朝向越來越好的過程當中，達到任何人生偉大的目的或理想的時候，你一定要用「快樂原則」。你的手段不能是扭曲跟辛苦的，否則慢慢會產生負能量，這負能量最後會拉低、汙染了你的理想與偉大目標。

所以各位，你不能辛苦的賺錢，要快樂地賺錢；不能辛苦的念書，要快樂地念書；不能辛苦的經營一段婚姻，也不能辛苦的扮演一個媳婦、女兒或兒子的角色。不能在達到任何崇高理想的過程裡，參雜著辛苦、委屈、壓抑的調味料，因為這不是宇宙的真理。

宇宙的真理是「快樂原則」，輪迴轉世的本質是快樂的，人生是透過快樂原則找到自己內在靈魂的天命，透過快樂原則發揮你最高的潛能，最後利己利人利益眾生。賽斯曾說，人的價值完成有一個明顯的特性，就是快樂的效應，內在想要活力洋溢、放任地追求快樂。「透過追隨快樂，每個有機體也找到並且滿足了需求。生命處處都具有一個嚮往快樂本身之肯定特質的品質的欲望。」

如果你不是當一個快樂的父母親，你就錯了。你以為教育很成功，教出哈佛畢業的小孩，學會很多技能，可是這個孩子可能並不快樂。最好的教育是，父母本身是快樂的父母，唯有快樂的父母，才能教出快樂的小孩。今天不管你再怎麼教育成功，多麼含辛茹苦，孩子成就有多優秀，如果你不快樂，以賽斯心法來說，一切是徒勞無功。

世界所有得到糖尿病的人，都是透過辛苦的、不快樂的過程，而預期得到一個快樂的結果。只要過程是不快樂的，結果也不會是真正的快樂。你最後會賺到錢、小孩會有成就、會得到所有你得到的，最後你會買了房子、車子，獲得物質上你得到的，但是你早失去了快樂。

你永遠會有個假設，「如果……我就會快樂了」。例如，「如果孩子不拒學，我就快樂了」、「孩子上學或考上大學了，我就快樂了」、「等我的孩子不吸毒了，我就快樂了」、「等那個人放過我了，我就快樂了」、「等我退休了，我就快樂了」。你一輩子在期待快樂，卻永遠過得不快樂。

我們必須記得，永遠在所有過程中是要快樂的。而當下就是過程，快樂永遠在過程中，永遠沒有結果，只有當下。當你的手段是辛苦的，最後你的心一定是辛苦的，任何辛苦的手段都是不好的手段。只有快樂的土壤，才能結出快樂的果實。賽斯心法是要當下讓你離苦得樂，不是只有快樂的結果，而是連過程都要快樂——人生所有的過程都要是快樂的。

如果讀書的目的是為了考試，那麼有誰考完試了，還會再看書？如果讀書的目的是為了喜悅，那麼你還會繼續再看書。人生百分之九十九點九的時間，都在過程中，結果通常只有短暫的一秒鐘就結束了。世人都有個錯誤的信念，「人生是苦」、「吃苦當吃補」、「吃得苦中苦，方為人上人」，然後自我欺騙必定會苦盡甘來。可是萬一苦沒有盡呢？萬一甘不來呢？真正的快樂絕對不在未來，不在結果，而在當下，當下離苦得樂，不是苦盡甘來。

如果你不能在過程中快樂，不要奢望結果是快樂的，過程與結果必須一致。經過許多扭曲、不快樂過程的人，就算是得到結果，得到快樂，它都會是扭曲的。一個快樂的人不會做出傷害別人的事，所以如果你是一個快樂的人，就已經是對這個社會做出最大的功德了。

Oct.
25

到底是誰在叛逆

許多家長很想提出的問題是，「孩子很叛逆，不愛念書，開始拒學了，我怎麼辦？」「我要如何對付很叛逆的孩子？」「孩子晚上不睡覺，喜歡玩網路，該怎麼辦？」「孩子會罵三字經，頂撞老師，我怎麼辦？」

身為家長的父母親，必須先有一個觀念，我們都只想如何解決孩子的問題，從更深的角度來看，反而是孩子透過他的問題，把父母親帶來做心理治療。孩子心靈有創傷，可能來自父母本身也是有心靈創傷的人，常常孩子因為不語症、自閉症、拒絕上學，被父母親帶來醫治，但其實需要被醫治的，應該是父母親本人，問題小孩的問題出在哪裡？父母身上！

例如孩子有躁鬱症，可能是夫妻潛在衝突的延伸。先生一開始就不贊成太太的養育態度，太太則抱怨先生長期在國外做生意，經常不在家，教育孩子的重擔都落在她的身上。所有夫妻相處沒有解決的潛在矛盾，統統會透過孩子展現出來。因此透過孩子的偏差行為或疾病，回過頭來做夫妻治療，去看到彼此之間，有多少年的無奈、內在潛伏的矛盾，把矛盾化解了，孩子自然越來越好。

所有孩子的問題，一定點出這個婚姻的問題，還有父母親內在沒有面對的問題。婚姻是很好的學習課程，夫妻絕對沒有誰對誰錯跟贏家，不是一起贏，就是一起輸，要麼就是全對，要麼就是全錯。很多夫妻喜歡在孩子面前爭誰對誰錯，證明自己是對的、對方是錯的。不是說孩子有問題，一定是誰的錯、誰的問題，也不是要指責誰。而是如果你的孩子有任何狀況，它是父母親自我面對、自我成長，以及探索自己的最好方式，這就是解脫之道。

只有父母的心靈成長，才能了解孩子為什麼叛逆。假設你的孩子很叛逆，我會問的第一個問題是，你遇到了一個很叛逆的孩子，這個孩子的行為代表了什麼？往往孩子的叛逆是代表夫妻之間，永遠只是表面一致，沒有真實的交流跟溝通。當孩子很叛逆，你首先要來面對你們的夫妻問題，夫妻是否只是養兒育女、各做各的，沒有真正的心靈交流？或許你可能會說，「我的婚姻沒有問題！」但是所有婚姻都有要面對內在的功課，也就是每個婚姻都有它自身的問題。夫妻內在心靈能量的瞭解真的很重要，否則你的孩子再怎麼教也教不好。

有一個案例是孩子剛上大學，吵著要最新型的手機，爸爸說不行，不給買，但轉個頭媽媽就買給他了；孩子不念書，爸爸說不念書就不要念，也不要幫他繳學費，生活費也不給，自己想辦法，然而太太卻偷偷地幫他繳了，還塞錢給孩子。你怎麼教？問題出在夫妻之間，從來沒有好好地溝通。

第二，當你說孩子很叛逆，我要問的是，其實想叛逆的是誰？孩子的叛逆有可能代表了想叛逆的是媽媽或者爸爸，而把叛逆的能量給了孩子。孩子不肯上學，有可能是爸爸或媽媽本來就不是很想上學，可是當年的時空不允許，而今天孩子有了不上學的自由跟機會，其實是在完成你當年不想上學的心願。很多孩子的叛逆，是父母親當年想要的叛逆，但是苦無機會，從某個潛意識的角度，孩子透過他的叛逆在滿足他自己，也在滿足你，他做了其實你不敢做的事。所以，如果透過孩子的叛逆，為你自己、婚姻跟家庭重新找回生命力，為這個家帶來新鮮的能量，叛逆不一定是壞事，反而是美事。

要怎麼處理孩子的叛逆？支持他的叛逆，有可能你對的機會比較高，這是反向操作法。譬如孩子跟你說他不想念書，你馬上就說：「好，非常好，其實念書沒有什麼了不起，雖然我們希望你去上學，但是不想去那就不要去。」你可能心想萬一真的同意他休學，卻一直都不去復學怎麼辦？但你不同意他不去上學，他仍然不會去，你同意他，他會回頭，因此你對的機率比較高。孩子休學幾個月，甚至一年，他自己會跟你要求再回去上學。如果硬逼拒學症的孩子上學，用找心理醫師、斷網路、手機等等手段，不但解決不了問題，還會讓問題更嚴重。你如果斷他後路，軟硬兼施，跟他翻臉，就沒有回頭路了。

還有人為了不准孩子上網，幾乎都要打起來，還有要勒死媽媽的情況發生。我的

建議是，給他上網，無限上網，最好讓他看到眼睛瞎掉。但真的會瞎掉嗎？不會啦！其實父母都太杞人憂天了，整天煩惱孩子，搞不好眼睛先不好的是父母本身，孩子還好端端的。我們有太多負面的恐懼、擔心與焦慮，投射到孩子身上了。

所有的孩子，最想得到的是父母親的認同、信任、支持跟鼓勵。常常最重要的東西沒給孩子，不重要的東西卻一直塞給他們。不是說信任孩子，孩子就不會做錯，而是信任他，如果他做不對了，他會學習、成長、回頭，其實我們都希望父母這樣對我們，可是我們都沒有這樣對孩子。

你會說，孩子明明做錯了，怎麼認同他？認同是認同這個人，不是那件事。你認同這個人，他就有機會去學習、去嘗試錯誤、去改進。人怎麼可能從小開始做什麼事都正確無誤？然而父母都期待孩子不會犯錯，不要走錯路，什麼事都幫孩子打理好，什麼決定都幫孩子做，神經病一個！孩子可能會走錯路、做錯決定，但是因為在認同、支持、鼓勵之下，猶如點燃一盞燈等他回來。他一定會因為走錯路，最後得到寶貴的知識、智慧，而走到正確的道路。開玩笑地講，有時候最無能、什麼都不懂的父母親，反而是最好的。

例如孩子要踢足球，好！不想做醫生，要朝唱歌發展，好！要跳舞當舞蹈家，好！但許許多多父母的第一句話會說：「以後能當飯吃嗎？」馬上用現實觀念去框住他。要知道你一句話，孩子的心就涼了，也抹殺掉從小到大你對他的好，因為孩子受傷了，他心想：「原來所有你對我的好，都只是希望我走你要我走的路，原來當我不想按照你說的方式走，你就不愛我了。」

現在的父母親不容易，有時候你一句話，莫名其妙傷了孩子而不自知，孩子就跟你越來越疏遠，漸漸地，他很多東西都不告訴你了，因為你太快把你的想法加給他，太快告訴他什麼才是對的、什麼是應該的。如果你能夠花一點點時間來學習身心靈，來了解孩子的心靈，了解孩子的感受，讓孩子覺得你跟他的感受是在一起的，你是支持與鼓勵他的，會輕鬆自在許多。孩子可能會犯錯、可能會失敗，可是因為有一個堅強家的後盾，他一定會找回自己的信心。

孩子的叛逆是來幫助你、是來給你力量、是要讓你跟他共同成長，也可能是代表孩子想要找出自己生命的道路。所以在做法上，你不見得會認同他，可是在感受層面，如果能夠去支持他、同理他、理解他，讓孩子覺得「爸爸媽媽很了解我、支持我」，這個愛與支持，會讓他慢慢地找到自己的路。

Oct.

26

快樂不假外求

做夢跟睡眠是人生最重要的快樂來源之一。賽斯曾說，人類有時候其實只是為了單純的快樂，而進入夢境。一個很愉快的夢，會打散累積兩三個月的憂鬱能量，對我們的身心靈健康有重要幫助，這是心理學與醫師忽略的地方。所以，開始記錄你的夢，尤其你醒過來特別讓你神清氣爽、精神愉快的夢。賽斯說：「如果你曾記得某一種夢，在醒來時會讓你感到精力充沛，那麼在睡前就有意的去想那些夢，並且告訴你自己它們會再回來。」

神奇之道裡面講「欲望即行動」，亦即當你起了一個意念，它就帶來內在心靈世界的自我實現。所以你必須有個意念，「我希望在夢境裡面，帶給我自己身心靈最大的愉悅，我希望暗示我自己，能夠在夢的領域來感受到我身心靈最大的快樂能量。」但這不是鼓勵在日常生活遇到挫折的人逃避到夢境，而是很建設性地在夢境裡面得到能量的補充，最後回到現實世界去面對。

也可以從夢的記錄、回想，到學會如何孵夢。以好玩且有趣的心態，有意識的為自己虛構一個白日夢，這是一個重要的身心靈修行與學習。例如可以煮杯咖啡、泡杯茶，坐在夏日午後的陽光下，開始胡思亂想，從有意的、幻構的白日夢中，得到很大愉悅的感覺，從中獲得身心靈的補充。

尋找快樂的方法中，有一個是脫離角色，問：「我是誰？」在人世間，我們都非常努力地想要把角色扮演好，想要做什麼像什麼，但是會不會「入戲太深」呢？把自己框架在角色裡面，那幾乎是我們所有不快樂的根源。當你把世間所有的角色脫離，不再是兒子、媽媽、女兒、太太、員工了，把自己從種種的角色身分中拉出來，把自己還給自己。重新體會當你還是個學生、兒童階段，還沒有進入所有成人角色之前，你的喜悅、自由自在、無拘無束，那種解脫的快樂。

在沒進入這個角色之前，你是誰？既非男非女，也不是爸爸與媽媽，你是一個不來不去、不增不減、不垢不淨的靈魂和本體。例如你是一個很好的媽媽、盡責的媳婦，但是有沒有忘記你自己？忘記那個小屁孩的自己，忘記你的本體？當你往生那天，你的角色自然就消失了，不再是誰的爸爸、媽媽、兒子，那只是角色！還活著的時候，就要經常提醒自己，「我除了是一個兒子、爸爸、公司的高階主管外，有沒有忘記要把我還給自己，到底我是誰，我有沒有為自己而活？」現在就去感受那個解脫的自己，那個輕鬆自在的自己，而不是等到往生時還放不下。

你到底有沒有愛自己？如果連自己都搞不清楚，就談不上愛自己了。很多時候你愛的自己，其實是那個角色，很多人給自己買名牌包、出國旅行、吃美食，說穿了只

是幫那個角色買行頭而已，那不是你自己，你連自己都還搞不清楚是誰，只是在為那個角色而活。要開悟解脫，就是除了你所扮演的角色之外，真的開始問：「除了這些角色之外，我是誰？」

事實上更大的快樂是，你不是人類，而是天空的一片雲、是水裡的一條魚、一棵櫻花、一隻在曠野中飛翔的老鷹，那就是你！我們被框架在人類的身分當中，當你打破了人類的身分、肉體的局限，看到你與天地萬物根本是一體的，你就會明白自己是從那裡來的，不再感覺到孤單。

另一種追尋快樂的方式是「追劇」，我建議要完全忘記你的現實生活，去看韓劇、日劇或小說。過去父母親會擔心我們沉溺在電視，我們現在可能也會懷疑自己是否會陷溺其中無法自拔，其實這種擔憂是多餘的。當你把所有的現實放一邊，進到某一個劇情、某一個角色裡面，它們真的會給你帶來很多巨大的快樂，也滿足了我們在日常生活當中的框架與局限，那甚至是一個被結構好的白日夢。

最後要全然的「No mind」。賽斯心法有個練習，全然的只使用肉體感官，而活在這個當下。這個練習就是把心思放空，注意力完全貫注在眼耳鼻舌身等肉體感官，然後專心的問自己，「我現在聽到什麼、看到什麼、聞到什麼、嚐到什麼味道以及接觸到什麼。」藉由這個練習來讓大腦停止運作，暫停那些胡思亂想，把感官與物質實相在這個當下做全然的連結，達到「No mind」。因為我們常常坐著，就不由自主的胡思亂想了，心開始四處飄蕩，飄到過去與未來、煩惱與恐懼。

所以你要開始學會收攝，把你的意念駐在感官上面，藉由感官重新恢復你所有感官單純的快樂。耳朵喜歡聽悅耳的聲音，眼睛喜歡看賞心悅目的畫面，讓所有的感官回到一種最敏銳、最舒服、最當下的覺知，然後體驗到什麼叫做快樂，既無過去心，也無未來心，既無煩惱，也無擔憂，全然地駐在當下、放鬆，達到絕對的專注，而跟心靈做連結。

（取材自《個人實相的本質》讀書會）

Oct.
27

學習能量的運用

什麼時候可以結束輪迴？賽斯說：「當一個人學到了自律，終於喚醒了自制、同情，而最後學到的教訓：對創造與愛的正向欲望超過了毀滅與恨，當這也學到了，輪迴的循環就終止了。」

人類建造文明，也犯下不可原諒的暴行，人類由他自己的錯誤中學習，正如由成功中學習一樣。當我們學習到自律與同情，把所有累生累世輪迴積聚的不平衡、憤怒、仇怨等等負面能量，所形成的毀滅與恨，轉成正向的創造與愛。一旦你做到了這一點，輪迴就會結束，這正是我們來人世間的功課。

賽斯一直在講，我們要對自己的能量負責。自私自利沒有錯，愛自己沒有錯，因為你照顧好自己，但在自私自利的同時，你願意了解別人的苦難，又學會幫助別人，那就不一樣了，你的能量開始正向了。但是，我們要如何把生命的能量花在正向上？請問，你有多少時間花在自暴自棄、自責，覺得自己沒有用、不平衡的人生方向？我們花一輩子的力氣無法原諒別人，姑且不論那個人值不值得原諒，但你不快樂啊！所以，我們在人世間輪迴，真的是在學習把能量用在正向上。

為什麼人要受那麼多的苦難？賽斯說，以這種方式來學得這些教訓是有原因的。「最初，宇宙只有創造，毀滅只是形式的改變，疾風驟雨從來不知道什麼是毀滅。」從人類的角度來看，因地震造成大樓倒塌、引發海嘯，許多人喪命，看起來似乎是毀滅性的災難，但所有的災難都是化了妝的祝福，以整個地球而言，它並不是毀滅，一切塵歸塵、土歸土，只是回到原來的形式而已。又假設地殼劇烈變動，整個台灣沉入海底，對台灣來說是毀滅，可是所有的物質回到大海，重新又變成其他的新形式，所以大自然根本就沒有毀滅這回事。

「暴風雨震動了夏季的天空，帶來雷霆和閃電。地震也許蹂躪了鄉間，你們深深地對所導致的大破壞感到遺憾，但心知暴風雨或地震都並非惡的。它們不僅沒有壞的意圖，而且全盤的情況糾正了地球的平衡。」所以大自然不用學習，它知道毀滅了會再重生，都是在創造。但這同樣的能量禁閉在人類形體中又是另一回事，我們要學習如何使用能量。

颱風一來造成淹水，許多人死亡，這跟你發了一場大脾氣是同樣道理，脾氣一失控也會縱火毀屋砸車，人類必須學會能量在不同種類的創造性、能量焦點之特殊化，這些都是億萬個能量分子暫時與活生生的意識結合起來出現的結果。整個能量在大自然是自由自在的，而能量回到人類身上，我們每個人就好比大自然，也要學習導引這個能量。人類要學習的最重要功課之一就是能量的運用，如何把能量導引到建設性和

愛上面。什麼是你的能量？你的人生、學習、買菜、待人接物、求學、賺錢、家庭、婚姻，所有你面臨的一切，就是你的能量。

人是一個自覺單位，要開始為自己的能量負責任，要學會掌控與導引我們的脾氣，你在家可以隨時不高興都可以，但是到了外面的場合，就要視情況而定，拿捏得宜。我們的一生在學習為我們的人生負責任，人生是你必須去思考、經驗與決定的。你感覺到內在有能量，人格必須決定能量怎麼用。例如有時候你用來形成生病、感冒跟發燒的能量，其背後是你有一個很強的創造力，可能想創業、談一場戀愛，可是你沒有使用它或把它壓抑住了，能量產生而且累積了，需要藉由感冒發燒才能把能量宣洩掉。所以，任何的能量可以變成行動或是疾病，因此任何一個疾病的背後，都有一個沒有被採取的行動。

要常常去思考你們的內在，有什麼東西是你想做的，能量就起來了，人永遠在學習能量的轉換。例如，將想要自殺的能量轉換為求助的能量，去服務、關懷其他人；或者對自己期許很深，有那個渴望、創造力，想要做點什麼，可是因為對自己沒有信心，於是能量跑去癌症的生成了。因此你們的衝動起來了，就要開始思考如何去落實，如果你有一個很強烈的渴望、能量，又對自己沒有信心，害怕做不好、失敗，不敢採取進一步的行動，那些行動就累積、轉化為疾病。

所以身而為人，你們絕對不可能逃避創造的責任，當你的能量起來了，一定是要為這個能量尋找出路，如果能量不用到建設性上面，它就會變成破壞性的。你的人生就是你如何使用能量的方式，很多人被信念限制住，第一對自己沒信心，第二踏不出去，或是把心封閉了，這些都不對，你要採取行動。一個地方的氣候和人心有很緊密的能量關聯；台灣的颱風為什麼有那麼多能量？因為每個人對能量的掌握還不好，可能還會使用能量去發呆、沒信心、抱怨、不肯定自己，如果大家開始使用能量與創造，氣候會有改變。

你要建立良好的基本心態，首先要對自己有信心，做好做壞不管；然後試著去做做看，把能量導引出來。因為創造性的使用能量，你會做得越好，能量最怕碰到對自己沒有信心，然後不敢採取行動。你就是去做、去嘗試，做得好不好不重要，當你開始走出那一步的時候，把能量用在正向，給自己信心，就會越來越好。

（取材自《靈界的訊息》讀書會）

Oct.
28

愛自己與愛別人的方法

愛自己是否代表自私呢？它沒有標準答案。什麼叫做「自己」？當我們在說愛自己，或愛別人，你覺得什麼是你？很多人說，「我對自己很好，每年都出國玩，買名牌包給自己，學唱歌跳舞，難道還不愛自己嗎？我有愛自己呀！每天偷懶睡覺看小說，哪裡沒有愛自己？」

賽斯心法裡講到「自己」的定義，是不一樣的，賽斯說：「你必然會以為你的自己只及於你的皮膚與空間相會的地方，你只在你的皮囊之內。」通常你以為肉體之外的杯子、天花板不是你，賽斯說它們統統都是你，「你的環境也是你自己的延伸，它們仍是你經驗的實體，凝聚而成實質形式。」肉體是直接的你、是你熟悉的自己，外界環境是間接的你、是你的延伸、是你未知的自己、是內在心靈能量的投射。

心靈是你不知道的自己，而你以為的自己，在物質實相操縱的部分，叫做自我意識。舉例來說，心靈越豐盛的人，他的周遭人事物會越豐盛，而心靈匱乏的人創造出來的外在豐盛，早晚會失去的。所以身體直接反映了你，周遭環境間接反映了你，卻是直接反映出你的心靈。因此，進入一個人的房間，可以看到這個人的個性，好像看

到他的內心世界；有些人在外面做事井井有條，但你到他房間卻會嚇一跳。你認識的自己，只是你自己以為以及別人看到的表面，原來你還有一個內心世界。所以賽斯心法是由內而外，從心靈的豐盛本身創造出外在實物的豐盛。

嚴格來說，假設你得到了肝癌，並不是你的身體得到第四期的肝腫瘤，也不是身體由於某個外來的、不知怎麼發生的原因，所導致的肝腫瘤。其實肝癌不是發生在你身體的一個疾病，肝癌就是你，你就是你的肝癌，這代表什麼呢？請你思考得病之前，有多少不快樂、鬱卒、不甘願的自己，腫瘤不是一個外在的疾病，它是一個從你不快樂的心靈、悲觀難過的思想、痛苦想不開的情緒長出來的。疾病不是一個外來發生在你身上的東西，沒有辦法從外面被治療，是要從心靈去化解。唯有你開始認識自己、了解自己，疾病才能療癒。

賽斯心法說，所有這輩子發生在你身上的每一件事，其實就是你。並不是有一件事情、有一個你，然後在時空當中偶然相遇了。「吸引力法則」說發生在你身上的每一件事，是被你的能量跟磁場吸引來的，它只說對了前半段。實情是，發生在你身上的所有事情就是你，統統是被你的思想和感受吸引來的，它本來就是你心靈的思想與感受形成的磁場創造出來的，根本就是你的創造物；而且是你沒有認出來的更大的自己，也就是你沒有覺察到的自己。意思是說，如果你內在有很多負面的、壓抑的、扭曲的思想與感受，你同時會吸引相對應的外在同樣能量磁場的事件。所以，不是事情、機率莫名其妙地發生在你身上，它根本就是能量的對應。

賽斯曾說過，你想認識自己是誰、是什麼？很簡單！看看你周遭的親朋好友是什麼樣子，他們全部加起來就是你。你可能會說，我很好啊，可是我先生很爛啊！我認真工作努力賺錢，怎麼會有惡妻孽子？或者我對朋友很好，可是我周遭的朋友卻會欺騙我啊！對不起，「什麼人玩什麼鳥」。因為你還沒有覺察到，是你自己吸引了發生在你身上的每件事，只是你還沒有真正準備好要面對。

如果你不是一個快樂的人，你可能沒有辦法真的愛自己。如果你不是一個快樂的人，你也沒有辦法真正持續的、有耐心的、長久的愛別人。甚至如果你是一個不快樂的人，你可能會用不快樂的方法愛自己，以及愛別人，這叫做扭曲的愛，於是愛又會生出恨，愛恨糾葛不斷。假如沒有探索自己的黑暗面，你說愛自己是沒有用的，你對別人的愛會變成恨。

愛永遠沒有錯，而是方法錯了。我常說，自認為對別人付出最多的人，有時候最可惡。賽斯說，「我恐怕你們所謂的自我覺察，是找出自己的缺點而加以改進；我恐怕你們的自我認識、所謂的修行，是發現自己犯了多少業障原罪因果，或觸犯了多少的戒律，然後努力想把自己變好。」你努力想把自己變好，這永遠沒有錯，然而錯在哪裡？方法！你的方法是找出你轉世上、靈性上犯了什麼錯，是否定自己，還是判自己的罪？

在學習身心靈的時候，最常出現的錯誤認知是，你所認為的自我覺察，是在克服自己人性糟糕的地方，克服自己的懶惰、自私，是在消滅人性所有的黑暗面跟陰影面。而你所謂的自我認識，是把自己塑造成你心目中認為的，很好的自己的版本，然後永遠試著想隱藏或改正缺點。

什麼叫做愛自己跟愛別人？我們所謂的愛，其實都帶著很多框架式的條件與思考。甚至我們所謂的自我接納，通常只接納我們認為好的部分。例如父母對孩子的愛，如果孩子表現得很好就愛他，表現得不好、吵鬧，就說他壞壞，就不愛他；或是等到孩子把缺點改好了就愛他，這樣愛的方式，今天如果換做你是那個小孩，也會被愛得很不爽。

請記住，唯有當我們不夠好的地方，真的被自己接納了，勇敢的承認、面對、接納自己的黑暗面，那才叫做真正的愛。而不是你又怕說錯什麼、做錯什麼、怕被人家罵，那是防衛機轉！如果我們不是真正面對我們的內在，雖然知道內在有黑暗面，自私、小心眼、愛生氣、愛計較、愛比較、愛錢等等，所以外在努力表現良好，讓自己不被別人拋棄，這是面對嗎？就好比說，我知道自己沒有安全感，因此抓住每一個情人，跟他們說「離開我你就死定了」，這叫做自我覺察嗎？不是！我知道我很懶惰，所以花了一二十年克服我的懶惰，這是我們一直以為的接納、面對。我知道我好恐懼，所以告訴自己不要恐懼了；我知道我很小心眼，所以每天告訴自己不要再小心眼了，這哪是在修行啊！這不叫做自我覺察，叫做批評、改進缺點、有條件的自我接納，不叫做愛自己。

我們總以為自我面對是找出自己的缺點，並且加以克服，那個東西不叫做愛。問題出在「方法」上，因為你的方法是用克服缺點的，而不是接納和愛。可能你會懷疑，如果愛那個懶惰的自己，會不會變得越來越懶惰？試問假如你喜歡喝可樂，會每天喝、喝到掛嗎？不會嘛！

接納自己的黑暗面是一種包容、整合、理解，接納是一種重新拿回自己真正的力量，而不是把它趕出門，當作沒看到，或藏在櫃子裡面假裝不存在。所以，愛自己與愛別人包含了對自己存在的不斷理解、覺察與認識，是你真的能面對它，而接受如同你的左手是你的一部分。

你內心的焦慮、不安面對了沒有，面對是一種帶著愛心的接納。接納你的黑暗面，會不會變得越來越黑暗？試問你接納左手是你的一部分，會被左手控制嗎？接納你的黑暗面，才不會被你的黑暗面控制啦！當你沒有接納自己的黑暗面，你的黑暗面扭曲的能量，將會具體化為你的肉體疾病，或形成你的精神官能症，如焦慮、恐慌、失眠，或躁鬱症、思覺失調症等精神疾患。如果你不接納內心的黑暗面，所有黑暗面也會以外在不好的事情發生在你身上，即所有人頭腦無法理解的「無常」。

宗教所謂的「無常」，是因為我們看不到所有背後的原因，因為我們一直任由自己的慣性，任由我們內在沒有面對的黑暗面，一直引導我們前進。其實哪來的無常？事情就是這樣發生的，那是我們看不到的潛意識、集體潛意識、心靈深處拉出來的訊息。所以學了賽斯心法，你看這個世界的角度會不一樣，其實你的內在知道這不是無常，只是你從來都不願意面對。

當我們面對自己的小愛愛，不是用傳統的框架去評論它們，自我覺察是沒有批評性的，帶著批評的覺察就不叫做覺察。批評自己怎麼這麼自私，這是自我覺察嗎？不是，任何帶著批評、目的的覺察，都不見得是真正的覺察。常常很多人以為賽斯心法跟自己的某個老師講的道理很像，表面看起來有點像，其實一點都不像，賽斯心法是內在很深很深的覺察與關照啊！

（取材自《個人實相的本質》讀書會）

Oct.
29

愛的功課

什麼叫做背叛？什麼叫做愛與受傷？忠於一份關係，是不是就不背叛？背叛是我背叛你，還是這份關係，還是這份婚姻契約，還是背叛我對你的信任？我們背叛了什麼？其實事情都很好處理，最難處理的是心、是不滿和怨恨。然而這一切都是「愛的功課」。

任何的痛苦，不管是你覺得背叛了別人，造成別人的受傷，產生罪惡感，這叫做愛的功課；或者你覺得人家背叛了你，傷心、難過想要自殺，這也是愛的功課。然而物質世界裡，有規定誰一定要愛誰、一定要給誰愛嗎？

請記得，愛跟尊重與自由一定要連在一起，愛就等於尊重、等於自由。真正的愛，會產生真正的尊重；真正的尊重，會給予真正的自由，自由不是自私。如果這份愛裡面，沒有尊重，那很可怕的，累世會不斷的糾纏。不管怎樣的情況與理由，傷害了對方，就違背了愛的真理。

愛你越深的人，會讓你覺得越自由，因為你有自由，所以能留在他身邊，而不想離開他，決定跟他在一起。不是因為你有婚姻，也不是因為今天你跟他在一起了，所以不能離開他，沒有自由，也不能到外面的世界去。你因為被給予了自由，而出於自由，你跟他之間彼此分享、連結，共同追求身心靈的成長。

真正的愛是一種尊重，不是我愛你，而是感謝你給我愛；真正的愛，不是我愛了你、你是我的。愛不是一種控制，愛不是要別人按照你的意思，愛是去傾聽他的心，讓對方感覺到，在你的心目中，他被賞識了。宣稱愛你的人，如果打你，那就不是真正的愛。

在《個人實相的本質》裡賽斯提到，真正的愛是能夠在你愛的人身上，或是愛你的人身上，感受到自己真正的價值。「你愛的人把你內在最好的部分吸了出來，在他的眼中，你見到了你可能成為的樣子。在別人的愛裡，你感覺到自己的潛能，這不是指在你愛的人內心，你只對理想的自己反應，你也可以見到，在你愛的人內心潛在的理想自己。」

愛是全人類共同的信仰，當一個人愛你的時候，透過他對你的愛，你找到自己的價值。所以當你被愛的時候，讓你感受到，你是被宇宙造物者神佛的能量所恩寵，喚醒你的靈魂，你終於找到最深的感動，了悟到自己的價值是至高無上的，自己的生命是神聖而有意義的。

當你去愛人的時候，你自己最接近神、佛、一切萬有造物主的本質。當你去付出愛、無條件去愛的時候，就像太陽一般的無私。當你自己全心去愛的時候，最後會進入無條件的愛，一種很強大的力量與勇敢，你內在的愛源源不斷地湧現出來。所以愛與被愛，是我們生而為人，這輩子最深的功課。

人生最大的悲哀，是感覺不到愛，就是賽斯講的失去恩寵。當你小時候，最感到痛苦的是覺得爸媽不愛你，一個感覺不被爸媽愛的小孩，是天底下所能發生最悲慘的悲劇了，會找不到自己的價值。所以各位父母們，你的孩子功課好不好不重要，表現好不好也不重要，重要的是，你要告訴孩子你是愛他的，讓孩子知道他從小就是被愛的。

再談到背叛。你覺得你被心中的愛所背叛了！你無法背叛一份關係，也無法背叛一個人，但是你被心中感覺到的愛背叛了，那是人最深的痛苦。但是賽斯身心靈的觀念是，不管愛在不在，愛都在，它只是落回到細胞的層面，只是你在理性上感受不到，然而，不管愛在不在，愛都在！一旦你起了懷疑，就會開始痛苦。

對愛的認知跟信任，應該是你這輩子最大的宗教信仰。不管是基督徒、佛教徒，一旦你失去了愛，什麼都不是。只有當你失去了對愛的信仰，那麼是你背叛了愛，不是愛背叛了你。例如老公外遇了，你因此得到一個結論，「他不愛我了！」你不再相信愛了，請問是愛背叛你，還是你背叛愛？也許他已經不愛你了，可是表示你不被愛了嗎？今天他不愛你，表示一輩子沒有人愛你了嗎？你因為他的外遇，覺得他背叛了你，其實是你背叛了愛，你不再相信愛。當你不再相信愛的時候，你背叛了愛。

給大家一個徹底的觀念，只有你背叛了愛，沒有愛背叛你。愛不會背叛你，就像陽光不會背叛你，它永遠在那裡，是我們不要了、不相信了，是我們背叛了心中的愛，因為我們不再相信自己是被愛的。今天你可以說，「我的長官（朋友、伴侶）背叛我。」可是到最後真正發生的那件事，是你覺得你不再被愛，這是一個認知，還是事實？

當你不再相信你是被愛的，你就沒有了價值，只有沒有價值的東西，才不會被愛。所以，當你不被愛的時候你痛苦，是因為掉入了一個沒有價值的自己，但其實是你背叛了愛。當你不再相信愛的時候，不管發生任何事，立刻失去了在宇宙當中幸福的角色，心境上開始痛苦了。大家回來問自己，你自己內在的價值找到了沒有？你到底是為誰而活？許多人為什麼在被背叛的時候，還抓狂、殺人或自殺？那只不過暴露出他內心無價值的自己而已。因為他從別人愛他或是那份關係裡面，覺得自己是有價值的，可是當別人把愛暫時抽掉了，在失去了愛的加持之後，他就變得什麼都不是。

有時候，愛是一種考驗，考驗出你在自己的心目中到底有多少價值。如果你本來就沒什麼價值，活得沒什麼意義，就會在失去愛的時候尋死覓活。例如你可能會說，「我幫他照顧媽媽、養育小孩，盡心盡力，他怎麼這樣對我！」因為你都過得從來沒有自我，這輩子都是為別人而活！所以先生讓你發現，從以前到現在心中有這麼多的不平衡、不甘願，也從來沒有在自己的人生中找到快樂；更讓你領悟到生命主要為自己，然後順便利益周遭，不要只為別人而活。

告訴大家一個真理，不管你的伴侶有沒有背叛你，你的孩子、朋友、長官有沒有背叛你，愛永遠與你同在，你永遠是被愛的，這是一個信仰。真愛當中沒有背叛，真的沒有任何人背叛你，如果有的話，是你背叛你自己，是你背叛你心中的愛，你不再認為你是被愛的、有價值的。真正的愛是一種尊重、自由，認識到自己存在的價值，而伴侶的相處是互相彰顯對方的價值、互相成長，不是硬要控制自己或對方。

（取材自《個人實相的本質》讀書會）

Oct.

30

開創健康富足的心靈

你對金錢投射的能量是什麼？為什麼很多人常常害怕沒有錢？因為沒有掌握心靈能量。真正的心靈能量是取之不盡、用之不竭的，我們要學會把心靈能量變成創造力。

當我們想要把心靈能量用在創造財富的豐盛上，要先回來問自己，「我有沒有真的回來認識自己、了解自己的獨特性、如何對自己更有信心、更理解自己內在心靈的創造力、有沒有經常顧慮到眾人的需求？」把你的能力與智慧，發揮在別人的需求上面。

賽斯心法一直提到，「親愛的，外面沒有別人，所有你外面顯現的，都是你內在的投射。」自我意識忙著應付外面的食衣住行，卻沒有回來看自己的內心世界。如果一個人是住在心靈世界的豐盛富足喜悅，那麼這心靈能量一定可以投射到外在的物質實相。

一個人的外在生活，其實就是你內心對自己的看法。真正要下工夫的是內心世界，當你把能量焦點放在內心世界，就不會被外面的世界所迷惑。當你了悟內在的心靈財富，還怕創造不出外在的財富嗎？當你拚命想抓住外在的財富，財富反而會跑得越快，讓你疲於奔命。

在我們想要追求財富與富足的過程中，某部分潛意識裡，有沒有一個自己會「恨」追求到的財富？如果有的話，為什麼？原因有可能是怕財富到手了，會不再追求理想，或失去理想了；或因為擁有財富，但失去自由，好像被財富綁住，變成守財奴；也有可能為了賺到錢，失去人的尊嚴，或者迷失了自己。

好好想想，財富對自己而言，是喜歡的、還是痛恨的？為什麼我們對金錢有這麼多複雜的心理？大部分人基於種種考量，會選擇較高薪卻沒那麼喜歡的工作，因為有面子、可以養家活口、甚至有助於找對象，所以在這個過程中，經常失落了我們的靈魂。

因此，你真的打從內心喜歡錢嗎？如果不處理這個東西，以創造實相而言，你絕對不可能在富足的道路上繼續有錢，因為潛意識會自動生出對錢的厭惡感。例如賽斯曾經跟約瑟講，你這輩子之所以會這麼窮的原因，其實跟你的上輩子有關。因為約瑟上輩子曾經為了錢，而放棄自己畫畫的理想，所以這輩子他一直在選擇，是要繼續有錢而放棄畫畫的理想，還是要堅持畫畫的理想而寧願很窮。後來約瑟的潛意識選了後者。

整個世俗生活本來就是我們心靈的投射和具體化，所以賽斯心法引導的富足，一定是從心靈的富足開始。當我們在追求財富的時候，不能因此而忽略了生命理想的追求。最好的情況是你追求理想，然後帶來財富，要不然就是你做的事不見得是你的理想，可是當你有了一點錢，就可以開始追求理想。如果是用犧牲你的理想，而換得到的財富，就算這一世讓你很有錢，下一世都很有可能變成窮光蛋，就像約瑟那樣，因為你會恨那個財富，恨它阻礙了你的理想。

你追求財富，絕對不要犧牲尊嚴和委屈自己而來，因為財富本身應該是彰顯了你存在的價值，而不是讓自己被錢糟蹋，這個能量不對；如果你讓自己被錢糟蹋了，有一天得到金錢後，你會反過來糟蹋錢。還有用犧牲健康的方式去換取金錢，這樣的做法也不可取，最後可能以錢去換命，甚至沒有命來花錢，因為你對財富的心態是負面的。追求財富絕對是和健康均等。

假設一個人放棄理想，而去做高薪的工作，為什麼最後得到了癌症？因為他沒有在過生活，他所有的一切是以得到錢為目的，或者可能是為了家族、爸媽的面子。你今天成功賺錢，成為別人的面子，是你要的嗎？當你努力想成為面子的時候，迷失了自己，其實內心是痛苦的。所以當你在追求財富和金錢時，得去處理背後帶來的迷思。

你要相信宇宙的資源與豐盛是無窮無盡的，宇宙的能量取之不盡、用之不竭，所以心靈的能量是富足且豐盛的。對比於很多人覺得錢很難賺、要跟別人競爭，回

到賽斯心法，先從心靈著手。要進入心靈的富足，你必須經常有豐盛的概念，因為人常常會被匱乏的觀念催眠，包含社會不景氣、工作不好找、競爭很激烈等等。例如很多人會覺得最好的時機已經過了，當初怎麼沒有去投資、買房子，永遠都在後悔錯過賺錢的時機，可是每個時代永遠有它賺錢的機會。

接下來要建立價值，每個人內心都有根深柢固的自我價值，你有沒有打從內心去肯定它？任何的東西都不是因為價格，而是因為價值，你覺得沒有價值的，十塊錢也不會買；覺得有價值的，花一千萬也會買。價值決定價格，心靈也是一樣，你對於你所做的事情、你的存在、你自己，有多少的自我價值？你有沒有在心靈層面，看到自己存在的價值感？那是一個人對自己的肯定，跟對生命重要性的意義與詮釋。

人常常要回來深深面對自己的無價值感。你用什麼來看自我的價值？很多人可能都用錢的價值，來取代生命的意義。所有的生物，只有人類必須在後天裡面，重新得回生命的意義感。人如果沒有存在的意義感，絕對活不下去。所以尋找生命的意義感，在任何癌症的療癒、疾病的恢復健康，永遠比有機食品、飲食重要。找不到生命的意義感，吃什麼都沒有用，找到生命的意義感，吃什麼都會有用。

你要不斷地問：「我活著有什麼意義？」「我活著有什麼趣味？」這要用內心回答，它是構成健康最重要的因素。賽斯心法有句話很重要，當一個人找到了生命不可或缺的意義，他會抓住最微小的機會，到時候吃什麼東西進去，都會變成仙丹。賽斯心法是把疾病的療癒，變成身心靈的開悟成長。當你開始發現，疾病來自心靈的成長、提升、整合與自我面對，原來這才是生病的原因，你便可以透過它，讓疾病在最快的時間療癒。

我們不是在追求財富本身，也不是物質豐盛本身，而是在學習使用心靈能量。問題是，你對於豐盛偉大的心靈能量認識多少？把心靈能量轉成外在的物質財富時，你轉換得好不好？財富本身是虛幻的，你要問自己，走對方向了沒有？你對於心目中的結果，有幾分確定？

建立心靈的財富，透過賽斯心法的神奇之道是，「思想信念先決定，情緒感受跟著來，想像能力大發揮，實際行動不可少，實相創造就發生。」開始跟著賽斯心法口訣，把心靈的能量與財富，轉成物質上的價值完成吧！

Oct.
31

看到自己存在的價值

到底什麼是價值？是否經濟穩固，收入夠多了，你才會有安全感？是否你賺得夠多，職業越高尚，你才覺得自己有價值而且是有用的？是否你的收入很高，才代表你的創造力是很棒的？你的存在與人生是否凸顯出你的價值，還是你的價值完全由錢來決定？世人統統看到價格、追逐價格，卻沒有看到價值，但價格是跟著價值決定的。請問你有沒有看到自己的價值？你如何看到自己的價值、創造出自己的價值？

例如，以前牛樟芝一斤八百元還賣不出去，現在則是供不應求，是什麼來決定的？價值！早期我們父母親在買東西的時候，都是看價格，貴的，買不起，不要買；便宜的，就多買一些。問題不在東西的價格，而在它對你的價值。或許你認為自己是家庭主婦，沒有賺錢，來上課還要付學費，然後回去又被老公罵，認為對這個家沒有貢獻，但是你對這個家的維持，是無形的資產、無形的價值。你真的看到自己的價值了嗎？

價值是很奇怪的東西，它通常是由我們內在的心靈能量決定的。有人會覺得身心靈虛無縹緲，看不到摸不著，是有錢人吃飽飯沒事幹的玩意，如果飯都吃不飽了，還要心靈幹什麼，不對！原來心靈是讓我們從裡到外，看到且發現你的價值。你有價值了，於是你的婚姻有了價值，於是你的生活、工作、健康有了價值，於是你每一天的行住坐臥都在價值完成當中。因為太多人是等著別人來肯定的，但是你要看到自己的，不是價格，而是價值。

當你找到自己的價值，價格隨你開啦！這就是身心靈的觀念，它不是讓你不斷地追逐價格。價值分兩種，一種是世俗的價值，一種是在你個人心目中的價值。有一種價值會讓你感受到更高興、更喜悅，那是當市場還不知道你的價值時，或根本沒有價格的時候，你就看到了自己的價值；因你對自己價值的肯定，因你對自己所做的事、擁有的智慧、人生經驗與生命的體會，你已經先肯定了你存在的價值。

世人都被騙了、沉迷了，一直看到外面的價格，房子、車子、衣服、包包價格多少，忽略了真正的價值來自我們的內心。世人往往不了解所有的價格，來自內在對自己存在價值感的肯定。俗話說得好，「世間錢世間用，離開世間沒路用。」任憑你多少的價格，人一死就一點關係也沒有了！我們說拚經濟，其實身心靈才是真正決定經濟的關鍵。例如一個成名的畫家、演員、歌星，都是在眾人還沒有給他訂出價格之前，他就知道自己的價值了。他不在乎價格，一路以來在創造價值，他知道價值出來了，要多少價格隨便他開。所以，你要多有錢隨便你，你創造你自己的實相。

如果是你需要的東西、有價值的物品，付一百萬、一千萬你都甘願，都會想辦

法籌出來；沒價值的東西，用送的你也不會要。價格是「凡所有相皆屬虛妄」、「本來無一物，何處惹塵埃」，它是偽裝實相，所有一切的金錢跟經濟是幻相、是修練、是讓我們看到本心價值多少的東西。可是世人都被價格迷惑了，以為問題出在價格，這個太貴，那個怎麼樣。很多人以為拿到便宜的價格了，卻損失了更高的價值。

如果你是一個只看價格買東西消費的人，一輩子恐怕不會翻身了，因為其背後是自卑與無價值感。你去買一些便宜貨，不如存錢去買一個好東西，你去買十棟便宜的房子，不如去買一棟有價值的房子。當你認為每件東西是用價格來決定的，表示你根本沒有看到自己真正的價值，你一輩子都被金錢這個幻相所騙、都被價格這個偽裝實相所隱瞞。根本不是錢的問題，是你在內心裡面，對你所過的生活、你的存在，所抱持的價值。

未來你追求的，不是價格，那是鏡花水月。你要追求的，是認出自己生命中的價值，看到你人生當中的價值。這個價值不是你賺了多少錢，而價格只是衡量價值最後的物質手段，而且是最不必要的手段，因為當眾人認出了其價值之後，就會開始追逐搶標了。例如LV包、柏金包為什麼這麼貴？因為早年有人把它的價值創造出來了，以致後來演變出它的價格。所以，年輕人先不要管現在賺多少，18K也好、22K也好，不管幾K，重點是，到底你的價值是被價格決定的，還是你有一種內在的決心，會知道自己的價值在哪裡，肯定自己，努力學習，有一天讓別人知道自己的價值。

賽斯曾說，有些人不需要認識賽斯，因為他們認識自己，覺察到存在的生命力，認識並享受自己存在的真實，所以他們很滿足。而你看到自己的價值了嗎？身為一個媳婦、女兒，你看到自己存在的價值了沒有？那是存在的安全感、生命的肯定、情感上的重要性、對生命喜樂的心。以前我們都沒有看到這些東西的價值，其實它們才是真正的價值所在。

愛的推廣辦法

看完這本書，是否激盪出您內心世界的漣漪？

如果您喜歡我們的出版品，願意贊助給更多朋友們閱讀，下列方式建議給您：

1. 訂購出版品：如果您願意訂購一千本（印刷的最低印量）以上，我們將很樂意以商品「愛的推廣價」（原售價之65折）回饋給您。

2. 贊助行銷推廣費用：如果您認同賽斯文化的理念，願意贊助行銷推廣費用支持我們經營事業，金額達萬元以上者，我們將在下一本新書另闢專頁，標上您的大名以示感謝（每達一萬元以一名稱為限）。

請連絡賽斯文化或財團法人新時代賽斯教育基金會各地分處，我們將盡快為您處理。

●愛的連絡處

如果您認同本書的觀念及內容，想要接受我們的協助：如果您十分認同本書的理念，想依循本書的觀念成為一位助人者的角色；如果您樂見本書理念的推廣，而願意提供精神及實質的協助；請與財團法人新時代賽斯教育基金會各地分處連繫：

●總管理處　電話：02-89789260
E-mail: ho.ad@seth.org.tw
新北市新店區中央五街四十六號二樓

●新店辦事處　電話：02-22197211
E-mail: xindian@seth.org.tw
新北市新店區中央五街四十六號一樓

●台中教育中心　電話：04-22364612　傳真：04-22366503
E-mail: edu10731@seth.org.tw
台中市北區崇德路一段六三一號A棟十樓之一

●台北辦事處　電話：02-25420855
E-mail: taipei@seth.org.tw
台北市中山區長安東路二段四十九號六樓

●新北辦事處　電話：02-26791780
E-mail: xinpei@seth.org.tw
新北市樹林區柑園里學成路四九五號

●新竹辦事處　電話：03-659-0339
E-mail: hsinchu@seth.org.tw
新竹縣竹北市光明六路東二段二一八號

●嘉義辦事處　電話：05-2754886
E-mail: Chiayi@seth.org.tw
嘉義市吳鳳北路三八一號四樓

●台南辦事處　電話：06-2134563
E-mail: tainan@seth.org.tw
台南市中西區開山路二四五號十樓

●高雄辦事處　電話：07-5509312　傳真：07-5509313
E-mail: kaohsiung@seth.org.tw
高雄市左營區明華一路二二一號四樓

●屏東辦事處　電話：08-7212028　傳真：08-7214703
E-mail: pintong@seth.org.tw
屏東市廣東路一二〇巷二號

●賽斯村　電話：03-8764797　傳真：03-8764317
E-mail: sethvillage@seth.org.tw
花蓮縣鳳林鎮鳳凰路三〇〇號

●賽斯ＴＶ　電話：02-28559060
E-mail: sethtv@seth.org.tw
新北市新店區北新路一段二九三號七樓之三

●香港聯絡處　電話：009-852-2398-9810
E-mail: info@seth.hk
香港九龍旺角花園街一二一號利興大樓5字樓D室

●深圳市麥田心靈文化產業有限公司　許添盛微信訂閱號：SETH-CN　微信：chinaseth　電話：86-15712153855

●新加坡　新加坡賽斯基金會籌備處　電話：869-957-652　E-mail: andelynoh@gmail.com

●馬來西亞　賽斯學苑　電話：012-250-7384　E-mail: sethlgm@gmail.com

●澳洲　澳洲賽斯身心靈協會　電話：006-432192377　E-mail: ausethassociation@gmail.com

●台灣身心靈全人健康醫學學會　電話：02-22193379　傳真：02-22197106
E-mail: tshm2075@gmail.com
新北市新店區中央七街二六號四樓

賽斯文化　遇見賽斯　每天的生活，都是靈魂的精心創造　*You create your own reality.*

賽斯文化網 www.sethtaiwan.com 改版上線新氣象 提供好康與便利

優質身心靈網路書店

- 睽違許久的賽斯文化網，爲了提供更方便與完善的服務，終於以嶄新面貌重現江湖囉！電子報亦同時重新改版發行。而賽斯文化電子報，除了繼續每月爲網站會員帶來剛出爐的新書新品訊息，讓大家能以最迅速的方式獲得賽斯心法以及身心靈修行的第一手資訊外，更將增闢讀者投稿專欄，讓大家能共同分享彼此的學習心得與動人的生命故事。
- 只要上網註冊會員，登錄成功後，立即獲贈100點購物點數，購買商品亦可獲贈點數，點數可折抵消費金額使用。另有各種不定期的優惠方案、套裝系列及精美紀念品贈送等活動，如此優惠的價格與好康，只有在賽斯文化網才有，大家千萬不要錯過了！

五大優點最佳選擇

- **優惠好康盡掌握**

網站定期推出最新的獨賣優惠方案及套裝系列，可獲最多、最新好康。

- **系列種類最齊全**

最齊全的賽斯心法與許醫師作品系列各類出版品，完整不遺漏。

- **點數累積更划算**

加入會員贈點，每項出版品亦可依價格獲贈累積點數，可折抵購物金額，享有最多優惠。

- **最新訊息零距離**

每月電子報定期出刊，掌握最即時的新品、優惠訊息與書摘、讀書會摘要等好文分享。

- **上網購物最便捷**

線上刷卡、網路ATM等多元付款方式與宅配到府服務，輕鬆又便利。

優質的身心靈網路書店，結合五大優點，是您的最佳選擇。
賽斯文化網址：http://www.sethtaiwan.com/
想接收更多即時的最新消息與分享，歡迎上賽斯文化FB粉絲專頁按讚。

賽斯文化 特約點

台北	佛化人生	台北市羅斯福路3段325號6樓之4	02-23632489
	政大書城台大店	台北市羅斯福路三段301號B1	02-33653118
	水準書局	台北市浦城街1號	02-23645726
中壢	墊腳石中壢店	桃園縣中壢市中正路89號	03-4228851
台中	唯讀書局	台中市北區館前路5號	04-23282380
斗六	新世紀書局	雲林縣斗六市慶生路91號	05-5326207
嘉義	鴻圖書店	嘉義市中山路370號	05-2232080
台南	金典書局	台南市前鋒路143號	06-2742711 ext13
高雄	明儀圖書	高雄市三民區明福街2號	07-3435387
	鳳山大書城	高雄縣鳳山市中山路138號B1	07-7432143
	青年書局	高雄市青年一路141號	07-3324910

依爾達 特約點

台北	SMOR GAFE	台北市中山區吉林路299巷6號1樓	02-2586-0080
	食在自在Spaco Café	台北市大安區羅斯福路二段101巷10號	02-2363-2178
桃園	大湳鴻安藥局	桃園縣八德市介壽路二段368號	03-3669908
	彭春櫻讀書會	桃園縣楊梅市金山街131號7樓	0919-191494
新竹	新竹曼君的店	新竹市東南街96巷46號	035-255003
台中	賽斯興大讀書會	台中市永南街81號	0932-966251
彰化	欣蓮欣香香鍋	彰化縣大村鄉福興村學府路32號	0912-541881
高雄	天然園	高雄市林園區林園北路264號	07-6450406
花蓮	海蒂斯民宿	花蓮縣吉安鄉東海15街80巷19弄40號	0981-855-566
美國	北加州賽斯人	sethbayareagroup@gmail.com	
馬來西亞	賽斯學苑	sethlgm@gmail.com	009-60122507384
	沙登賽斯推廣中心	pc.choo8@yahoo.com	009-0122292686
	檳城賽斯推廣中心	SethPenang@gmail.com	009-60194722938

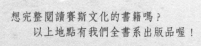

百萬CD
千萬愛心

請加入賽斯文化　百萬CD推廣行列

自2006年10月啟動「百萬CD，千萬愛心」專案至今，CD發行數量已近百萬片。這一系列百萬CD，由許添盛醫師主講，旨在推廣「賽斯身心靈整體健康觀」，所造成的影響極其深遠。來自香港、馬來西亞、美國、加拿大、台灣等地的贊助者，協助印製「百萬CD」，熱情參與的程度，如同蝴蝶效應一般，將賽斯心法送到全世界各個不同角落——隨著百萬CD傳遞出去的愛心與支持力量，豈止千萬？賽斯文化於2008年1月起，加入印製「百萬CD」的行列。若您願意支持賽斯文化印製CD，請加入我們的贊助推廣計畫！

百萬CD目錄

（共九輯，更多許醫師精彩演說將陸續發行）

1. 創造健康喜悅的身心靈
2. 化解生命的無力感
3. 身心失調的心靈妙方（台語版）
4. 情緒的真面目
5. 人生大戲，出入自在
6. 啟動男人的心靈成長
7. 許你一個心安
8. 老年也是黃金歲月
9. 用心醫病

贊助辦法

在廠商的支持下，百萬CD以優於市場的價格來製作，每片製作成本10元，單次發印量為1000片，若您贊助1000片，可選擇將大名印在CD圓標上；不足1000片者，可自由捐款贊助。

您的贊助金額，請劃撥以下帳戶，並註明「贊助百萬CD」。
賽斯文化將為您開立發票，並請於劃撥後來電確認。
郵局劃撥：50044421 賽斯文化事業有限公司　　聯絡方式：02-22196629分機18

心靈的殿堂 賽斯學院
需要您慷慨解囊 一起播下愛的種子

賽斯鼓勵每一個人都應該去建立內在的「心靈城市」...

賽斯村就是賽斯家族內在的「心靈城市」，就是心中的桃花源，就是我們心靈的故鄉。

在這裡沒有批判，沒有競爭，沒有比較，充滿智慧，每個生病的人來到這裡就能得以療癒，每個失去快樂的人來到這裡就能重獲喜悅，每個生命困頓的人來到這裡就能找到內在的力量，重新創造健康、富足、喜悅、平安的生命品質。

「賽斯村-賽斯學院」由蔡百祐先生捐贈，從心中藍圖到落實為一磚一瓦的具體建築，民國103年第一期工程「魯柏館」及「約瑟館」終於竣工；在這段篳路藍縷的興建過程中，非常感謝長久以來各方的贊助與支持，「賽斯學院的建設計畫」才能順利進行。

第二期工程「賽斯大講堂」即將動工，預估工程款約三仟萬，期盼您的持續贊助與支持~~竭誠感謝您的捐款，將能幫助更多身心困頓的人找回生命的力量！

服務項目

◎住宿 ◎露營 ◎簡餐 ◎下午茶 ◎身心靈整體健康觀講座 ◎身心靈成長工作坊
◎賽斯資料課程及讀書會 ◎個別心靈對話 ◎全球視訊課程連線
◎企業團體教育訓練 ◎社會服務

捐款方式

一、匯款帳號：006-03-500435-0　銀行：國泰世華銀行 台中分行
戶名：財團法人新時代賽斯教育基金會

二、凡捐款三仟元以上，即贈送「賽斯家族會員卡」一張，以茲感謝。
（持賽斯家族卡至賽斯村住宿及在基金會各分處購買書籍、CD皆享有優惠）

地址：花蓮縣鳳林鎮鳳凰路300號　電話：(03)8764-797
http：//www.seth.org.tw/sethvillage　Mail：sethvillage@seth.org.tw

心靈魔法學校 -賽斯教育中心啟建計劃

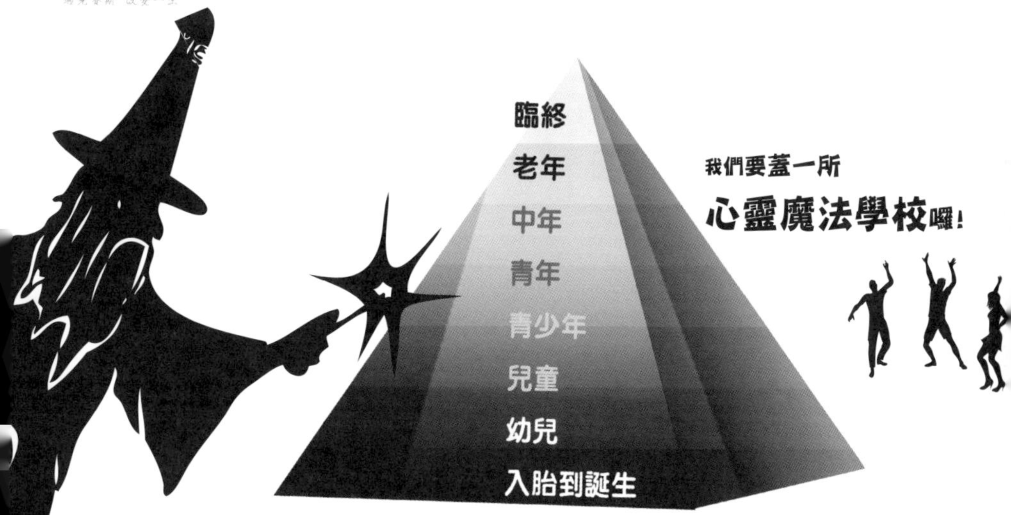

每個人都有不可思議的心靈力量，無分性別與年紀。啟動心靈力量，可以幫助人們自幼及長，發揮潛能，實現個人價值，提升生命品質，明白我們都是來地球出差、旅遊、學習、考察間玩耍的實習神明！

理想

賽斯心靈魔法學校，是基金會實踐心靈教育的具體呈現，整合十幾年來推廣賽斯心法的經驗，精心設計一套完整的人生學習計畫，從入胎、誕生至臨終，象徵人類意識提升的過程。讓賽斯引領每一個人回到心靈的故鄉。

現址

只要每個人一點點的心力，就能共同創造培育『心靈』與『物質』同時豐盛的魔法學校。
第一期建設經費預估四千萬，懇請支持贊助。
賽斯教育中心預定地，設置在台中潭子區，佔地167坪
弘文中學旁邊(中山路三段275巷)

共同創造

賽斯教育中心啟建計畫　贊助專戶
戶名：財團法人新時代賽斯教育基金會
銀行：國泰世華銀行-台中分行(013)
帳號：006-03-500490-2

SethTV 賽斯公益網路電視台 www.SethTV.org.tw

這是一個24小時無國界的學習與成長，連結網路科技，傳播心靈無限祝福的能量！

2016年7月1日 開放了

賽斯公益網路電視台SethTV播映許添盛醫師及賽斯家族推廣的賽斯心法，提供全人類另一種"認識自己"及"認識世界"的新觀點。

打開視野，擴展生命本自具足的愛、智慧、慈悲、創造力與潛能！

邀請您成為賽斯公益網路電視台的「守護者」

共同為人類意識的擴展，美好的未來盡一份心力。

您可以選擇：

1 每月定時贊助

2 自由樂捐

3 成為贊助發起人

每月一百元不嫌少，讓我們匯聚個人的力量，成為轉動世界的能量！！

贊助方式

SethTV專戶

戶名 財團法人新時代賽斯教育基金會
銀行代號 013
國泰世華銀行 台中分行
帳號：006-03-500493-7

現場捐款
(請洽各辦事處)

線上捐款

任何需要進一步說明，請洽 SethTV Email:sethtv@seth.org.tw Tel:02-2855-9060

社團法人台灣身心靈全人健康醫學學會 *NPO Taiwan Society Of Holistic Medicin*

秉持著推廣身心靈三者合一的新時代賽斯思想健康觀念
培訓具身心靈全人健康思維之醫療人員與全人健康管理師
提升國人身心靈整體醫療照護，創造健康富足的新人生

期望您加入TSHM會員給予實質支持

一、醫護會員：年滿二十歲以上贊同本會宗旨之醫事人員或相關學術研究人員。
二、團體會員：贊同本會宗旨之公私立醫療機構或團體。
三、贊助會員：贊同本會宗旨之個人。
四、學生會員：贊同本會宗旨之大專以上相關科系所之在學學生。
五、認同會員：認同本會宗旨之個人。

感謝您的贊助，讓TSHM推廣得更深更遠
本會捐款專戶：
銀　行：玉山銀行（北新分行）ATM代號：808
帳　號：0901-940-008053
戶　名：社團法人台灣身心靈全人健康醫學學會

服務電話：(02)2219-3379
上班時間：每週一至週五上午10:00至下午6:00
地　　址：231新北市新店區中央七街26號四樓

心情。筆記
Note

心情。筆記

Note

心情。筆記

Note

心情。筆記

Note

心情。筆記

Note

心情。筆記

Note

心情。筆記

Note

心情。
Note 筆記

國家圖書館出版品預行編目(CIP)資料

一日一修練：重新找回你的感覺／許添盛主講；戴禹鐀執筆. -- 初版. -- 新北市：賽斯文化, 2016.09

面；　　公分. --（粉賽斯；3）

ISBN　978-986-6436-93-2（平裝）

1.心理衛生　2.生活指導

172.9　　　　105015440

每天的生活，都是靈魂的精心創造

You create your own reality.

每天的生活，都是靈魂的精心創造

You create your own reality.